vom Verfasser
freundlich
übereignet

Gießen, den 3. 8. 1987
Gerhold

Osteuropastudien der Hochschulen des Landes Hessen

Reihe I

GIESSENER ABHANDLUNGEN
ZUR AGRAR- UND WIRTSCHAFTSFORSCHUNG
DES EUROPÄISCHEN OSTENS

Band 149

herausgegeben

vom

Zentrum für kontinentale Agrar- und Wirtschaftsforschung
der Justus-Liebig-Universität Gießen

in Verbindung mit der Kommission für Erforschung der Agrar- und
Wirtschaftsverhältnisse des europäischen Ostens e.V.

1987

In Kommission bei

DUNCKER & HUMBLOT · BERLIN

Richard Gerhold

Staatsgüter in der Volksrepublik China

Funktion, Betriebsführung und wirtschaftliche Reform

1987

In Kommission bei

DUNCKER & HUMBLOT · BERLIN

Gesamtherstellung: Offset Köhler KG · 6300 Gießen-Wieseck

Printed in Germany
ISBN 3 428 06262 0

Inhalt

Vorbemerkung

1. In der Volksrepublik China werden staatliche Betriebe der Pflanzenproduktion, Forstwirtschaft, Tierproduktion und Fischerei nach der bisher einzigen, erst 1986 bekanntgewordenen, umfassenden Statistik solcher Betriebe <1> in folgende Bereiche unterteilt:

Bereich	Betriebe	Beschäftigte
1. Neulandgewinnung <2>	2 048	4 512 000
2. Landwirtschaft <3>	5 074	647 000
3. Forstwirtschaft <4>	4 145	498 000
4. Fischerei <5>	1 000	97 000
5. von Übersee-Chinesen betrieben <6>	86	260 000

Diese Unterteilung trennt weniger Bereiche unterschiedlicher Produktionsrichtung voneinander, als sie einer organisatorischen Gliederung folgt, deren Gründe nur zum Teil bekannt sind. Die fünf Bereiche dieser Unterteilung sind in Organisation und Verwaltung voneinander unabhängig und überschneiden einander nicht, doch erzeugen sie z. T. gleichartige Produkte.
Nur von den Betrieben, die zum Bereich Neulandgewinnung gehören und auf die 75 Prozent aller Beschäftigten der oben aufgeführten Betriebe entfallen, handelt die vorliegende Arbeit. Für diese Betriebe wird der Begriff "Staatsgüter" gebraucht. Alle übrigen staatlichen Betriebe der Pflanzenproduktion, Forstwirtschaft, Tierproduktion und Fischerei bleiben unberücksichtigt, weil über sie fast nichts oder gar nichts bekannt ist und sie, gemessen an der Zahl ihrer Arbeitskräfte, im Vergleich zu den Neulandgewinnungs-Betrieben von untergeordneter Bedeutung sind.

2. Einer anderen Systematik zufolge werden staatliche Landwirtschafts-Betriebe nach Unternehmen und öffentlichen Einrichtungen unterschieden. <7> Beiden Organisations-Typen ist gemeinsam, daß

- ihre Produktionsmittel wie Boden, Maschinen, landwirtschaftliche Geräte, Tiere usw. Staatseigentum sind,

- ihnen Kader-Personal durch den Staat zugewiesen wird,
- sie nach dem Staatsplan produzieren und
- der Staat über ihre Produkte verfügt.

Die hauptsächlichen Pflichten der Unternehmen sind u. a.:
- Aufbau moderner landwirtschaftlicher Warenproduktion,
- Belieferung der Städte mit Rohstoffen,
- Belieferung der Städte mit Nahrungsmitteln zur Ergänzung des chinesischen Grundnahrungsmittels Getreide,
- Bereitstellung von Exportgütern für den Handel,
- Akkumulation von Geldmitteln für den Staat,
- planmäßige Erschließung von Ödland, um die kultivierte Fläche zu vergrößern

Diese Unternehmen werden dem Bereich der Neulandgewinnung zugerechnet.

Öffentliche Einrichtungen werden auch als "landwirtschaftliche Versuchsbetriebe" oder "Landwirtschaftliche Demonstrationsbetriebe" bezeichnet. Ihre wichtigsten Pflichten sind u. a.:
- durch wissenschaftliche Experimente auf kollektive Landwirtschaft ausgerichtete neue Techniken zu lehren (vgl. S. 23f. und dort die Anmerkungen <15> und <16>) und
- Qualitäts-Saat- und -Pflanzgut zu verbreiten.

Der Staat unterstützt diese Betriebe, indem er deren Fehlbeträge ausgleicht. Vermutlich gehören diese Betriebe zu den 5 074 Betrieben, die der Landwirtschaft zugerechnet werden (vgl. S. 7), über deren Funktion aber nichts bekannt ist.

In der vorliegenden Arbeit werden vorwiegend Unternehmen, aber kaum öffentliche Einrichtungen behandelt.

3. Um Aufschluß über Organisation und Management der Staatsgüter in dem in der vorliegenden Arbeit verwendeten Wortsinn zu erhalten, wurden in einigen von ihnen wiederholt mehrtägige Interviews durchgeführt, und zwar in solchen, die sich in der Provinz Heilongjiang im Nordosten Chinas befinden. Der Staatsgütersektor jener Provinz wurde ausgewählt, weil mehr als

die Hälfte der kultivierten Fläche der chinesischen Staatsgüter in jener Provinz liegt, weil die Staatsgüter dort überdurchschnittlich groß sind, weil sie mehr als die Hälfte des Marktgetreides aller Staatsgüter liefern und weil ihre Mechanisierung vergleichsweise weit fortgeschritten ist. (Vgl. S. 49f., S. 60, S. 65, S. 218f., Übersicht 24, S. 222f., Übersicht 25 und S. 259ff.)

<1> International Liaison Department of the Research Centre for Rural Development of the State Council: The Rural Economic and Social Statistics of China, o. O. o. J., S. 7. Diese Angaben zeigen, daß selbst eine so einfache isolierte Feststellung wie die von Chung Min Pang und De Boer verfänglich ist, denen zufolge Chinas Landwirtschafts-Sektor aus den zwei Komponenten "Kommunen" und "Staatsgüter" bestand. Chung Min Pang und De Boer, A. J.: Management Decentralization on China's State Farms, in: American Journal of Agricultural Economics, Ames/Iowa, 65. 1983, 4, S. 657. Solange nicht "Landwirtschafts-Sektor" und mindestens einer der Begriffe "Staatsgüter" und "Kommunen" definiert sind, ist diese Feststellung mehr verwirrend als hilfreich.

<2> Staatliche Betriebe im Bereich der Neulandgewinnung betreiben außer Pflanzen- und Tierproduktion auch Forstwirtschaft, Fischerei und Nebengewerbe (vgl. S. 249f., Übersicht 31) und sind darüber hinaus in Industrie, Transport, Bauwesen und Handel tätig. (Vgl. S. 216f., Übersicht 23.) Da sie aber auf von ihnen selbst urbar gemachtem Land wirtschaften, sind sie gesondert einer Abteilung des Landwirtschaftsministeriums unterstellt, die aus einem speziellen Ministerium für Staatsgüter und Neulandgewinnung hervorging. (Vgl. S. 71.)

<3> Zur Landwirtschaft zählen entweder - dem landläufigen Sprachgebrauch in China entsprechend - Betriebe, die nur in der Pflanzenproduktion arbeiten, oder Betriebe, die sowohl in der Pflanzenproduktion als auch in Tierproduktion, Forstwirtschaft, Nebengewerbe und Fischerei arbeiten. Jingji Guanli Jianming Cidian (Kurzes Wörterbuch Wirtschaft und Betriebsführung), Taiyuan 1984, S. 97. Welche Definition des Begriffs "Landwirtschaft" verwandt wurde, ist in diesem Fall nicht zu ersehen. Die Zahl der 5 074 Betriebe im Bereich der Landwirtschaft ist in keine bekannte Kategorie staatlicher Betriebe einzuordnen und hat in keiner der für die vorliegende Arbeit verwandten Quellen eine Entsprechung. Die Funktion dieser Betriebe ist unbekannt.

<4> Die staatlichen Betriebe im Bereich der Forstwirtschaft unterstehen anscheinend nicht dem Landwirtschaftsministerium, sondern dem Ministerium für Forstwirtschaft. (Vgl. S. 214f., Übersicht 22.) In chinesischen Quellen

werden für das jahr 1984 drei verschiedene Angaben über die Waldfläche der Staatsgüter gemacht. (S. S. 214f., Übersicht 22 und S. 218f., Übersicht 24).

<5> überwiegend Binnenfischerei, vgl. Editorial Board of China Agriculture Yearbook: China Agriculture Yearbook 1985, Beijing 1986, S. 106.

<6> Übersee-Chinesen sind repatriierte Ausländer chinesischer Abstammung.

<7> Jingji Guanli Jianming Cidian (Kurzes Wörterbuch Wirtschaft und Betriebsführung), a. a. O., S. 101f.
Die chinesische Unterscheidung zwischen Unternehmen und öffentlichen Einrichtungen besagt, daß 1. Unternehmen kommerzielle, gewinnorientierte Betriebe sind, die ihren Erfolg am von ihnen erwirtschafteten Gewinn und ihren Mißerfolg am von ihnen erwirtschafteten Verlust messen und 2. öffentliche Einrichtungen staatliche Dienstleistungen anbieten, ohne dem Gewinnziel Priorität einzuräumen.

0 Ziele und Methoden

0.1 Ziele

1. Die Staatsgüter in der Volksrepublik China hatten bis zu Beginn der 1980er Jahre eine gemessen am Produktionswert zwar relativ geringe Bedeutung <1>, doch zeichneten sie sich durch wichtige Besonderheiten aus, die auch ihre direkte Unterstellung unter zentrale Ministerialbehörden rechtfertigen:

 * Produktion von Nahrungs- und Industrie-Rohstoffen mit strategischer Bedeutung für die Versorgung des Landes unter den Bedingungen begrenzter Einfuhrmöglichkeiten;

 * hoher Vermarktungsanteil der erzeugten Produkte zur Versorgung der Städte im Vergleich zu dem lange Zeit fast nur auf Subsistenzniveau produzierenden bäuerlichen bzw. kollektiv-bäuerlichen Sektor;

 * Neulandgewinnung in entlegenen, wenig erschlossenen Gebieten;

 * Beispielsfunktion für kollektive landwirtschaftliche Betriebe <2> und für Integration von Landwirtschaft, Industrie und Handel.

 Bei weitem erlangten die Staatsgüter in China nicht den Anteil am Produktionswert wie die Sowchose, die staatlichen landwirtschaftlichen Betriebe in der Sowjetunion <3>, wenn auch die Sowjetunion den Aufbau des ersten chinesischen Staatsguts unterstützte und diesem Modellcharakter zugedacht war. (Vgl. S. 38.)

 Mit Einsetzen der chinesischen Landwirtschaftsreform seit 1978 wurde auch die Frage nach der Funktion der Staatsgüter und ihrer Entwicklung in der Zukunft unter dem Gesichtspunkt der Übernahme oder Ablehnung des sowjetischen Konzepts landwirtschaftlicher Staatsbetriebe aktuell: Beibehaltung oder Veränderung von Zahl, Größe und Aufgaben der Staatsgüter und, davon abhängig, ihrer Organisation und ihres Managements.

Voraussetzung für die Beschäftigung des Verfassers mit der Frage nach der künftigen Veränderung des Staatsgütersektors war zunächst dessen Deskription. Noch 1986 existierte nach Kenntnis des Verfassers keine zusammenfassende Darstellung des Staatsgütersektors und auch keine umfassende Analyse seiner wirtschaftlichen Probleme und der Versuche zu deren Lösung. Erstes Ziel der vorliegenden Arbeit war deshalb die Bestandsaufnahme des Staatsgütersektors. Sie war durch das chinesische Informationsmonopol, die Sprachbarriere und mangelhafte Übersetzungen aus dem Chinesischen der schwierigere Teil des Vorhabens.

2. Zweites Ziel dieser Arbeit war, den Einfluß wirtschaftlicher Reformen auf die Staatsgüter zu beschreiben und zu analysieren. Dazu war erforderlich, einerseits den Beitrag der Staatsgüter zur industriellen und landwirtschaftlichen Produktion zu bestimmen und andererseits vor allem auf Entscheidungen, Information und Motivation ihrer Produktionseinheiten einzugehen. Es galt, die Wirkung vermehrter und verbesserter Entscheidungen, Information und Motivation auf die Effizienz der Staatsgüter einzuschätzen. Das Hauptaugenmerk richtet sich auf die Untersuchung des Einflusses, den alternative Gestaltungen des Wirtschaftssystems auf betriebliche Strukturen und Abläufe in den Staatsgütern und auf deren Effizienz nahmen oder nehmen würden. Diese Untersuchung erfolgt in Form eines Vergleichs dieser Gestaltungen anhand tatsächlicher und möglicher Ergebnisse, weil weder normatives Vorgehen noch Empfehlungen angebracht sind. Der Verfasser zielt darauf ab, Potentiale aufzuzeigen, Tendenzen zu beschreiben und die Tagespolitik in den Hintergrund zu stellen.

0.2 Methoden

Das methodische Vorgehen der vorliegenden Arbeit wurde sowohl vom Untersuchungsgegenstand als auch von den besonderen Umständen seiner erschwerten Zugänglichkeit bestimmt. Aufgrund unzureichenden primär- und sekundärstatistischen Materials war die Quantifizierung von Aussagen über wirtschaftliche Zusammenhänge im chinesischen Staatsgütersektor von vornherein stark eingeschränkt <4>. Der Mangel an verläßlichen Angaben in chinesischen Veröffentlichungen auf diesem Gebiet <5> zwang dazu, die verfügbaren Informationen erst auf ihre Plausibilität hin zu prüfen und dann zusammenzufügen. Weil die Beschaffung verläßlicher Daten ein Problem darstellte, ist erforderlich, methodisch darauf einzugehen.

Es ging zunächst um deskriptiven Methoden vorgeordnete Verfahren der Informationsgewinnung. Die Sekundärstatistik, von der neben offiziellen chinesichen Dokumenten englisch- und deutschsprachige Publikationen ausgewertet wurden, war unvollständig und lückenhaft. Alle weiteren herangezogenen Quellen waren verstreut und boten meist lediglich unübersichtliche Einzel-Informationen, die sich nur schwer in einen systematischen Zusammenhang bringen ließen. Doch das Zusammenfügen dieser ungeordneten Teilstücke zu einem Bild war oft weniger schwierig, als sie zu finden, denn häufig waren sie in Quellen versteckt, deren Titel keine Angaben zu Staatsgütern versprachen. Zum Beispiel kommt eine Zusammenstellung wichtiger Informationen über die ersten Jahre der Staatsgüter in China nach Kenntnis des Verfassers ausschließlich in einem Buch über die Bevölkerungsentwicklung vor <6>. Weil das Aufspüren relevanter Quellen wegen der erforderlichen umfangreichen Lektüre sehr zeitraubend war, ist verständlich, was Woodward zu den Arbeiten über Chinas Staatsgüter anmerkte:

> "In der Regel gehen Arbeiten über die Wirtschaft Chinas, selbst besondere landwirtschaftliche Untersuchungen, völlig an Staatsgütern vorbei oder widmen ihnen wenige oberflächliche Seiten." Woodward führt mehrere Beispiele an. <7>

Chinesische Darstellungen, die Aufschluß über Staatsgüter geben, sind außerhalb Chinas sehr selten. So weit sie dem Verfasser bekannt sind, enthalten sie keine Quellenangaben <8>. Gleiches gilt für Literatur, die nur in China erhältlich ist. Eine Ausnahme ist ein Buch von fast 400 Seiten über die Wirtschaftsgeschichte von Staatsgütern einer Provinz <9>. So fehlen meist nicht nur weiterführende Hinweise, sondern die Wissenschaftlichkeit der meisten solcher Darstellungen ist auch zweifelhaft. Oft sind deren Zahlenangaben nicht in Übersichten und Tabellen zusammengefaßt, sondern in den Text eingestreut. (Vgl. die Quellen von Übersicht 4 auf S. 50 und von Übersicht 18 auf S. 166.)

Die Unzugänglichkeit von Informationsquellen beruht nicht nur auf dem Mangel an Büchern im Buchhandel, sondern auch auf Restriktionen der chinesischen Seite gegenüber Ausländern. Das Ausleihen eines Wirtschafts-Jahrbuchs der Provinz Heilongjiang, in der sich 1978 der größte Teil der Fläche aller Staatsgüter Chinas befand, wurde dem Verfasser 1985 in der Bibliothek der Akademie für Landwirtschaftswissenschaften in Beijing nach ursprünglicher Zusage freundlich verweigert unter Hinweis auf einen Vermerk im Impressum dieses Buches. Dieser Vermerk besagte, daß es sich bei diesem Buch um eine Inlandsausgabe handelte. Eine weitere Erschwernis für die Informationsgewinnung über chinesische Staatsgüter bestand in der Geheimniskrämerei chinesischer Behörden. (Vgl. S. 60 und S. 67 sowie S. 153f.)

Ist das Auffinden quantitativer Angaben über Staatsgüter bereits ein Problem, so sind Vergleich, Prüfung und Zusammenstellung dieser Angaben um so schwieriger, weil sie ihr häufiges Wiederauffinden in vielen verschiedenen Quellen und Textpassagen erfordern.

Ergänzend wurde für die Primärerhebung von Daten die mündliche Befragung als eines der Verfahren zur Gewinnung statistischen Urmaterials <10> und als häufig verwendete Methode der Soziologie <11> gewählt. Die soziologische Seite des Interviews gab Aufschluß über das Verhalten der Befragten - die bei Fragen, die die Wirtschaftspolitik berührten, meist Rücksprache mit ihren Vorgesetzten nahmen - oder in bezug auf die Erhebungssituation, die nur wenige Einzelgespräche zuließ. Obwohl die Umstände der Erhebung bei der Interpretation der durch sie gewonnenen Daten zu bedenken sind, ist in diesem Fall nicht von teilnehmender Beobachtung, sondern von Interview im Sinne von zielgerichtetem Gespräch die Rede <12>. Der den Interviews zugrundegelegte Fragenkatalog ist im Anhang aufgeführt. Die Interviews wurden in Staatsgütern der Provinz Heilongjiang durchgeführt.

Änderungen des politischen Kurses komplizierten die Darstellung der Staatsgüter in der chinesischen Presse. So wurden verfeindete Faktionen der Kommunistischen Partei Chinas gemeinsam für Fehler der Staatsgüter verantwortlich gemacht, obwohl ihre Wirtschaftskonzepte einander entgegengesetzt waren. Als kurz darauf die Rehabilitierung einer dieser Faktionen begann, wurde diese nicht mehr beschuldigt, aber der anderen wurden Maßnahmen angelastet, die deren Politik völlig zu widersprechen, doch mit der ihrer gegnerischen, rehabilitierten Faktion übereinzustimmen schienen. <13>

Wie stark bei der Berücksichtigung auch des westlichen Schrifttums zeitgeschichtliche Umschwünge zu beachten waren, die zu Vorbehalten diesem gegenüber Anlaß gaben, ist aus der unterschiedlichen Darstellung ersichtlich, die die chinesischen Staatsgüter vor und nach der außenpolitischen Öffnung der Volksrepublik China gegenüber den USA im Jahr 1972 erfuhren. In einigen, in den USA entstandenen, unter westlichen China-Beobachtern sehr einflußreichen Wirtschaftskompendien, die dem "Joint Economic Committee" des Kongresses der USA vorgelegt wurden, war der Wandel der Beurteilung deutlich zu erkennen <14>.

Auf bloß aktuelle Vorgänge fixierte Beobachtung würde durch derartige Vorgänge ebenso irregeleitet wie eine historische Untersuchung, die zwar bis in die Entstehungszeit der Staatsgüter zurückgreift, einschneidende Ereignisse der Gegenwart aber in der Regel nicht wahrnimmt. Gegenwartsereignisse sind über die Wahl geeigneter Untersuchungsperioden zeitgeschichtlich einzubinden. Daher stützt sich die vorliegende Arbeit auf die historische Methode, um bei der Informationsbeschaffung nicht ausschließlich gegenwärtige Quellen zu verwenden.

Historisch wichtige, für die Untersuchung der Staatsgüter relevante Einschnitte sind die Gründung der Volksrepublik China im Jahr 1949 (obwohl bereits vor 1949 einige Vorläufer der Staatsgüter existierten), das Einsetzen der Politik des Großen Sprungs 1958, der Beginn der Kulturrevolution 1966, die Öffnung Chinas gegenüber dem Westen 1972 und die 3. Plenartagung des XI. Zentralkomitees der Kommunistischen Partei Chinas 1978.

Die auf die Sowjetunion angewandten Untersuchungsmethoden <15> sind bei der Untersuchung chinesischer Verhältnisse ebenfalls unerläßlich, weil zeitgenössische chinesische Informationsquellen wie das seit 1980 erscheinende Landwirtschaftliche Jahrbuch Chinas die in der Vergangenheit entstandenen Dokumentationslücken bei weitem nicht schließen und zu wenig differenziert sind, um mehr als ein für die Einordnung von Einzelheiten nötiges grobes Gegenwartsbild zu ermöglichen. Ishikawa erläuterte zum Wirtschaftsjahrbuch Chinas 1981, das auch einen Abschnitt über die Staatsgüter enthält:

> "Die seit kurzem angewandte Politik der Herausgabe von Wirtschaftsinformationen kennzeichnet einen neuen Zeitabschnitt. Doch ist nicht zu vergessen, daß die Qualität der Statistik, besonders die für den Zeitraum, in dem eine Sperre für statistische Informationen aufrechterhalten wurde, als nicht hoch eingeschätzt wird." <16>

Spektakuläre Fälle von Fehlinformationen in derartigen Informationsquellen wie im Falle des Kreises Xiyang <17>, wo von 1973 bis 1977 Erntestatistiken um insgesamt 24 % überhöht wurden, sind bisher sonst nicht bekannt geworden. Doch gab es hinreichend Gründe, bei der Verwendung von Quellen vorsichtig zu sein und daher die historische Methode in dieser Arbeit durchgehend anzuwenden.

Bei der starken Parallelität dieser Arbeit zur Sowjetunion-Forschung in der Methodik der Informationsbeschaffung ist der Hinweis erforderlich, daß es nach übereinstimmender Meinung von Ostwissenschaftlern keine der Ostforschung eigene Methoden gibt. Einhelligkeit in dieser Hinsicht besteht bei Gerhard Simon und Helmut König. Dieser plädierte: "Die Ostwissenschaft kann lediglich in ihren einzelnen Zweigen die mehr oder minder empirisch gesicherten Methoden der jeweiligen Disziplinen sich zunutze machen, die alle zusammen die Ostforschung bilden." <18> Im Fall der vorliegenden Arbeit kamen neben den bereits ausgeführten Methoden die der deskriptiven Wirtschaftsstatistik in Betracht.

<1> Der Bruttoproduktionswert von Landwirtschaft und Industrie betrug 661,9 Milliarden Yuan im Jahr 1980 in Preisen von 1970, entsprechend der Bruttoproduktionswert der Landwirtschaft 162,7 Milliarden Yuan und der Bruttoproduktionswert der Industrie 499,2 Milliarden Yuan. Statistisches Zentralamt der Volksrepublik China: Kommuniqué über die Erfüllung des Volkswirtschaftsplans 1980, in: China aktuell, (Hamburg), Jg. 10, April 1981, S. 276. Demgegenüber betrug der Gesamtwert der landwirtschaftlichen und industriellen Erzeugung der Staatsgüter (im Bereich Neulandgewinnung, vgl. S. 7 der vorliegenden Arbeit) 8,6 Milliarden Yuan im Jahr 1980, knapp 1,3 % des Bruttoproduktionswertes von Landwirtschaft und Industrie. Dazu trug innerhalb der Staatsgüter die Landwirtschaft 55,6 Prozent bei, die Industrie 44,4 Prozent. Guo Chunhua, China's State Farm and Land Reclamation Sector, in: Almanach of China's Economy, Hongkong 1982, S. 412. Zur Bedeutung des Begriffs Bruttoproduktionswert von Landwirtschaft und Industrie s. S. 242, Anmerkung <1>.

<2> Diese Zielsetzung blieb konstant während verschiedener Perioden, die durch jeweils entgegengesetzte Leitlinien der Agrarpolitik gekennzeichnet waren, entfiel aber nach Dezentralisierungs-Maßnahmen innerhalb der Staatsgüter. Wang Chen: China's State Farms - Production Bases of Farm and Animal Products, Beijing Review, 28. 4. 1961, S. 15; We Must Run State Farms Well (I-ting yao pa kuo-ying nung-ch'ang kao-hao), in: People's Daily (Jen-min jih-pao), 20. August 1977, englisch in: Chinese Economic Studies, Fall-Winter 1978-1979 / Vol. XII, No 1-2., S. 9.; Guo Chunhua, a. a. O., S. 407f. S. auch S. 274 der vorliegenden Arbeit.

<3> Vgl. Anmerkung <1> und Wädekin, K.-E.: Die sowjetischen Staatsgüter, Wiesbaden 1969, S. 7.

<4> Ishikawa, S.: China's Food and Agriculture: Performance and Prospects, in: Reisch, E. M. (Hrsg.): Agricultura Sinica, Berlin 1982, S. 90:
"Im Zeitraum von 1960 bis 1976 drangen fast keine Informationen über die chinesische Wirtschaft nach außen."

<5> Zum Teil beträchtliche Abweichungen chinesischer Zahlen untereinander lassen an deren Konsistenz Zweifel aufkommen, solange nicht bekannt ist, wie sie erhoben wurden. Dies trifft auch auf Veröffentlichungen zu, die in die Amtszeit des Ministerpräsidenten Zhao Ziyang (seit September 1980) fallen, während der wirtschaftliche Daten über China für Ausländer verläßlicher und in größeren Mengen publiziert wurden als früher. (Vgl. S. 43ff., Übersicht 3 und S. 61ff., Übersicht 6.)

<6> Tien, H. Y.: China's Population Struggle, Columbus 1973, S. 103-162.

<7> Woodward, D.: A New Direction for China's State Farms, in: Pacific Affairs, Vancouver, 55. 1982, 2., S. 231. Woodwards Artikel selbst weist die Mängel auf, daß in ihm enthaltene Feststellungen nicht immer durch Quellen belegt sind (S. 232ff.), daß er über die Kostenrechnung der Staatsgüter spekuliert, statt Fakten anzuführen (S. 236, vgl. S. 89f. der vorliegenden Arbeit; S. 241) und daß er bestreitet, über die Profitabilität der Staatsgüter sei vor 1966 etwas bekannt gewesen (S. 242, vgl. S. 47 der vorliegenden Arbeit). Er ist unzureichend geordnet und fragmentarisch, stellt die wirtschaftlichen Schwächen der Staatsgüter nicht deutlich heraus und beschreibt Maßnahmen zu ihrer Reform nur unvollständig. Teilweise ist dies dadurch bedingt, daß er sich weitgehend auf die Jahre nach 1977 beschränkt und nicht über 1981 hinausreicht. Für diesen Zeitraum ist er die umfassendste Darstellung in der für die vorliegende Arbeit verwandten Literatur.

<8> Eine solche Darstellung ist die bereits genannte von Guo Chunhua. Guo Chunhua, a. a. O., 407ff.

<9> Heilongjiang Sheng Guoying Nongchang Jingji Fazhan Shi (Entwicklungsgeschichte der Wirtschaft der Staatsgüter Heilongjiangs), Harbin 1984.

<10> Kellerer, H.: Statistik im modernen Wirtschafts- und Sozialleben, Reinbek 1972, S. 27f.

<11> Friedrichs, J.: Methoden empirischer Sozialforschung, Reinbek 1973, S. 207ff.

<12> König, R.: Handbuch der empirischen Sozialforschung, Stuttgart 1973, Bd. 2, S. 50f. und Friedrichs, J., a. a. O., S. 207 und S. 220.

<13> We Must Run State Farms Well, a. a. O., S. 7. und SWB FE/5775/BII/12 (30 March 1978), zit. n. Woodward, D., a. a. O., S. 236. Vgl. S. 93f. der vorliegenden Arbeit.

<14> Vgl. S. 92f. der vorliegenden Arbeit.

<15> Simon, G.: Zeitgeschichtliche Sowjetunion-Forschung: Methoden- und Theorie-Probleme, in: Borcke, A. von und Simon, G.: Neue Wege der Sowjetunion-Forschung, Baden-Baden 1980, S. 21. Simon zufolge ist die Sowjetunion-Forschung auch bei rein aktualitätsbezogenen sozialwissenschaftlichen und politikwissenschaftlichen Fragestellungen auf die historische Methode angewiesen, "weil sie nämlich im Unterschied zu dem häufig in den Sozialwissenschaften angewandten Verfahren ihr Material nicht selber produzieren kann, sondern wie der Historiker auf bruchstückhafte Überlieferung bzw. bewußte Fehlinformation angewiesen ist."

<16> Ishikawa, S.: China's Food and Agriculture: Performance and Prospects, in: Reisch, E. M.: Agricultura Sinica, Berlin 1982, S. 90f.: "The recent policy of releasing economic information marks a new phase. It should be noted, however, that the quality of the statistics, especially those for the period for which a statistical black-out was maintained is regarded as not high."

<17> China aktuell, 9., Juli 1980, S. 560.

<18> König, H.: Ostforschung - Bilanz und Ausblick, in: Osteuropa, 25., Nr. 8/9 1975, S. 791. Simon, G., a. a. O., S. 20.

1 Geschichte der Staatsgüter

1.1 Entstehung

Die organisatorischen Anfänge der Staatsgüter in der Volksrepublik China gehen auf landwirtschaftliche Betriebe zurück, die bereits 1942, sieben Jahre vor der Proklamierung der Volksrepublik China, in kommunistischen Stützpunkten zur Versorgung der gegen die japanische Besetzung kämpfenden Truppen durch Neulandgewinnung errichtet wurden. <1> Innerhalb der folgenden fünf Jahre änderte sich die Aufgabenstellung solcher Betriebe: ihre Hauptaufgabe wurde Vermehrung und Verbreitung guter Pflanzensorten, Popularisierung fortgeschrittener Anbautechniken, Verhinderung und Beseitigung von Schädlingen, Düngung sowie Anleitung der Bauern bei der Verbesserung der Anbautechniken. <2> 1949, noch vor Ende des Bürgerkrieges, gab es 26 solcher Betriebe mit einer Gesamtfläche von 3 000 ha. <3>

Das erste Dokument der kommunistischen Regierung Chinas war das Gemeinsame Programm der Politischen Konsultativkonferenz vom 29. September 1949. Es sah u. a. vor, daß sich die Streitkräfte in Friedenszeiten an der Agrarproduktion beteiligen und daß der geplanten Migration zur Neulandgewinnung Aufmerksamkeit geschenkt werde. <4> Entsprechend fuhr das chinesische Militär fort, Landwirtschaft zu betreiben. Nach wie vor bestanden die landwirtschaftlichen Flächen, die es bearbeitete, aus von ihm selbst urbar gemachtem Land:

> "Nach der Gründung der Volksrepublik bestand die Notwendigkeit, die Wunden des Krieges zu heilen und die Wirtschaft wieder aufzubauen. Der Vorsitzende Mao Zedong teilte die Volksbefreiungsarmee zu landwirtschaftlicher Arbeit ein, indem er sofort 31 Divisionen dem Ödland im Norden und Nordwesten zuordnete." <5>

Unter der Annahme, daß die zahlenmäßige Stärke einer chinesischen Division nicht wesentlich von der von E. Joffe für Anfang der 1970er Jahre angegebenen abweicht, belief sich die Zahl der zur Neulandgewinnung eingeteilten Armeeangehörigen auf ca. 400 000. <6>

Der Zeitpunkt der Umbenennung der landwirtschaftlichen Betriebe des Militärs in Staatsgüter wird in zwei Artikeln chinesischer Autoren, die die Geschichte der Staatsgüter beschreiben, nicht angegeben, <7> doch geht die Namensgebung aus der Tatsache hervor, daß die Armee nicht-bäuerliches, mithin staatliches Land erschloß. Während der von 1950 bis 1953 durchgeführten Landreform wurde das Land der Grundeigentümer und bestimmter reicher Bauern an arme Bauern und Landarbeiter verteilt - nicht an Staatsgüter. <8> Darauf weist auch Lei Yuxin hin:

> "Um die Nutzung von Land zu vermeiden, das den Bauern gehörte, befanden sich die meisten Güter auf entlegenem Ödland - Wüsten, Küsten, Marschen und Alkali-Niederungen, wo es keine Einwohner gab." <9>

Das Gesetz über die Bodenreform in China vom 30. Juni 1950 sah Kollektivierungsmaßnahmen im bäuerlichen Bereich nicht vor, wohl aber landwirtschaftliche Versuchsstationen und Staatsfarmen in den Artikeln 15 und 19. <10> Wang Chen berichtet im Zusammenhang mit Staatsgütern von 52 großen mechanisierten Farmen mit über 220 000 ha Land und wenigstens ein oder zwei örtlichen Versuchsfarmen in jedem Kreis im Jahr 1952. <11> Das deutet darauf hin, daß das Agrarreformgesetz in bezug auf die Staatsgüter eingehalten wurde. Wang Chen macht keine Angaben über den Ursprung des lokalen Staatseigentums. Unklar bleibt daher, ob lokal vorhandenes Ödland urbar gemacht wurde oder ob bereits kultiviertes Land verstaatlicht wurde. Ebenso deutete auch Mao Tsetung in seinem Gespräch vom 15. Oktober 1953 an, daß staatliche Versuchsbetriebe entstehen sollten, gab aber keinen Hinweis auf die Entstehung des lokalen öffentlichen Eigentums in Stadtnähe. <12> Über die regionale Verteilung der Staatsgüter teilte Wang Chen 1961 mit:

> "China verfügt über große Ödlandgebiete, die erschlossen werden können; der größte Teil davon befindet sich in den Grenzgebieten und entlang der Küsten und Binnenseen. Dieses Ödland, das lange Zeit brach lag, kann durch Urbarmachung in gutes Ackerland verwandelt werden. Großangelegte Neulandgewinnung in dünn besiedelten Gebieten verlangt großangelegte Umsiedlung, die vom Staat organisiert wird, und den Einsatz moderner Maschinen. Die Staatsgüter

> haben viel zur Neulandgewinnung und zum Ausbau der Grenzgebiete in den letzten elf Jahren beigetragen." <13>

Laut Wang Chen bestand nicht nur in dünn besiedelten Grenzgebieten und in Küstennähe, sondern auch im Landesinnern die Möglichkeit der Errichtung von Staatsgütern auf zuvor ungenutzten Flächen.

Der Mechanisierungsgrad der Staatsgüter war nach ihrer geographischen Lage verschieden. Die relativ großen Staatsgüter in abgelegenen Regionen waren mit Maschinen ausgestattet. Die übrigen kleineren Staatsgüter hatten keine derartige Maschinenausstattung. Dies kommt in den Ausführungen Mao Tsetungs vom 31. Juli 1955 zum Ausdruck:

> "Während sich unter den Bauern die Bewegung für den genossenschaftlichen Zusammenschluß in der Landwirtschaft entwickelte, wurde in unserem Lande gleichzeitig auch eine kleine Anzahl von Staatsgütern geschaffen. Bis 1957 wird die Zahl der Staatsgüter 3 038 und die von ihnen bearbeitete Fläche 16 870 000 Mu [1,125 Millionen ha] erreichen. Das werden 141 mechanisierte Staatsgüter (die mechanisierten Staatsgüter, die es 1952 gab, zuzüglich der im ersten Planjahrfünft errichteten) mit einer Anbaufläche von 7 580 000 Mu [505 333 ha] sein, sowie 2 897 nicht-mechanisierte Staatsgüter mit 9 290 000 Mu [619 333 ha] Anbaufläche, die den örtlichen Behörden unterstellt sind." <14>

Mao Tsetung zufolge war bis zum Ende des ersten Planjahrfünfts im Jahr 1957 vorgesehen, wenige mechanisierte Staatsgüter mit einer Durchschnittsgröße von etwa 3 500 ha zu schaffen gegenüber vielen nichtmechanisierten Staatsgütern mit einer Durchschnittsgröße von ca. 200 ha. Die Funktion der lokalen Staatsgüter wurde 1951 durch Beschluß des Zentralkomitees der Kommunistischen Partei Chinas festgelegt, der hervorhob, daß Staatsfarmen durch verbesserte Anbautechnik und neuartige Geräte die Überlegenheit solcher modernisierter Betriebe demonstrieren und die Bauern erziehen sollten. <15> Diese Aufforderung wird im Nationalen Programm für die Landwirtschaftliche Entwicklung 1956-67 - bezogen auf die kollektivierten Bauern - wiederholt. <16> Sie war vor allem an die weit überwiegende

Zahl der lokalen Staatsgüter gerichtet. Die mechanisierten Staatsgüter abseits der bäuerlichen Gebiete kamen kaum in Betracht. Deren Aufgabe bestand vor allem in der Erzeugung von Marktgetreide und industriellen Rohstoffen. Am 31. Juli 1955 nannte Mao Tsetung deutlich diese Aufgabe und bezeichnete ihren Umfang:

> "Wenn wir nicht imstande sind, in etwa drei Planjahrfünften das Problem des genossenschaftlichen Zusammenschlusses in der Landwirtschaft in der Hauptsache zu lösen, das heißt, einen Sprung zu vollziehen [...] - wozu die ausgedehnte Erschließung von Neuland durch Neuansiedler gehört, eine Erschließung, die vom Staat organisiert wird und unter Anwendung von Maschinen erfolgt (im Verlauf von drei Fünfjahrplänen sollen 400 bis 500 Millionen Mu [26,6 bis 33,3 Millionen ha] Neuland erschlossen werden) - so werden wir nicht in der Lage sein, den Widerspruch zwischen dem von Jahr zu Jahr wachsenden Bedarf an Marktgetreide und industriellen Rohstoffen und dem gegenwärtig allgemein sehr niedrigen Stand der Produktion der wichtigsten landwirtschaftlichen Erzeugnisse zu lösen; ..." <17>

Die Größenordnung 400 bis 500 Millionen mu erschließbaren Neulands ist keineswegs unrealistisch, wenngleich sich Mao Tsetung über den Zeitraum täuschte, den eine derart umfangreiche Neulanderschließung noch immer in Anspruch nimmt. <18> Er präzisierte nicht, auf welche Weise die von ihm genannte Fläche genutzt werden sollte, erwartete aber, daß sie sich zumindest teilweise für den Anbau von Getreide und Industriepflanzen eignete. Laut L. Kuo, der sich bei seiner Angabe über die Neulandreserven Chinas auf Chiang Chi - hsien, den damaligen Vize-Minister für Staatsgüter und Neulandgewinnung, bezog, beträgt das gesamte Ödland Chinas etwa 1 500 Millionen mu [100 Millionen ha]. Chiang Chi - hsien bezifferte das mit vergleichsweise niedrigem Kapitaleinsatz zu erschliessende Ödland auf 500 Millionen mu [33,3 Millionen ha]. <19>

Neulandgewinnung durch staatlich organisierte Umsiedlung stimmt mit dem ersten Dokument der Konsultativkonferenz von 1949 überein. (Vgl. S. 21.) Große mechanisierte Staatsgüter waren auch bereits in der Zeit des ersten Fünfjahrplans, der 1953 begann, Gegenstand staatlicher Wirtschaftsplanung. <20> Doch die Notwendigkeit, in großem Umfang Staatsgüter zu errichten, deren Fläche die der vorhandenen dutzendfach zu übertreffen hatte, um Marktgetreide und industrielle Rohstoffe zu produzieren, zeichnete sich erst 1953 ab.

Der direkte und indirekte militärische Nutzen der Staatsgüter während bewaffneter Auseinandersetzungen mit Nachbarstaaten wurde noch einige Jahre später deutlich. Nichts spricht dafür, daß den Staatsgütern von vornherein militärische Funktion in diesen Auseinandersetzungen zugedacht war oder daß sie gar im Hinblick auf diese Konflikte eingerichtet wurden. Auf den militärischen Nutzen der Staatsgüter wird deshalb in Kapitel 6.8 eingegangen.

Im folgenden Abschnitt ist dokumentiert und erläutert, welche politischen und wirtschaftlichen Grenzen der Getreidebeschaffung aus der bäuerlichen Landwirtschaft gesetzt waren. Das Bestehen solcher Grenzen trug dazu bei, in der Ausdehnung des staatlichen landwirtschaftlichen Sektors (vgl. S. 23f.) einen Ausweg zu suchen.

<1> Lei Yuxin, State Farms Today, in: China Reconstructs, Januar 1985, S. 54.

<2> Guo Chunhua: China's State Farm and Land Reclamation Sector, in: Almanach of China's Economy, Hongkong 1982, S. 407.

<3> Lei Yuxin, a. a. O.

<4> The Important Documents of the First Plenary Session of the Chinese People's Political Consultative Conference, Peking 1949, Artikel 24 und 34, englisch in: Wu, Yuan-li: China, A Handbook, Newton Abbot 1973, S. 793 u. 795.

<5> Lei Yuxin, a. a. O.

<6> Joffe, E.: The People's Liberation Army, in: Wu, Yuan-li, a. a. O., S. 263.

<7> Lei Yuxin, a. a. O. und Guo Chunhua, a. a. O.

<8> Yeh, K. C., Agricultural Policies and Performance, in: Wu, Yuan-li, a. a. O., S. 489.

<9> Lei Yuxin, a. a. O.

<10> The Agrarian Reform Law of the People's Republic of China, Peking 1950, S. 9f., angegeben bei Schweizer, H.: Sozialistische Agrartheorie und -praxis, Bern 1972, S. 131.

<11> Wang Chen: China's State Farms - Production Bases of Farm and Animal Products, in: Peking Review, 28. 4. 1961, S. 15.

<12> Mao Tsetung: Gespräche über den genossenschaftlichen Zusammenschluß, in: Mao Tsetung: Ausgewählte Werke, Bd. 5, Peking 1978, S. 149: "Da die Randbezirke der Städte fruchtbares und ebenes Ackerland haben, das darüber hinaus im öffentlichen Eigentum ist, können dort gleich große Genossenschaften gebildet werden [...] Wir müssen Versuchs-Genossenschaften gründen [...] ." Zu der Vermutung, daß Mao die Errichtung nicht-staatlicher Betriebe auf öffentlichem Eigentum beabsichtigte, be-

steht kein Anlaß, denn er führte aus: "Das Staatseigentum muß durch Errichtung neuer Staatsunternehmen sowie durch Umbau und Ausbau der alten ausgeweitet werden." a. a. O. Zwei Jahre später gab er als Ziel für das Jahr 1957 an, fast 3 000 örtliche Staatsgüter zu schaffen. (Vgl. S. 23f. der vorliegenden Arbeit.)

<13> Wang Chen, a. a. O., S. 16.

<14> Mao Tsetung: Zur Frage des genossenschaftlichen Zusammenschlusses, in: Mao Tsetung: Ausgewählte Werke, Bd. 5, Peking 1978, S. 207.

<15> Wang Chen, a. a. O.: "Bereits 1951 hob das Zentralkomitee der Partei in seinen 'Entscheidungen über gegenseitige Hilfe und Zusammenarbeit in der landwirtschaftlichen Produktion' hervor, daß 'Staatsgüter verbreitet werden sollen,' und entsprechend 'durch verbesserte Anbautechniken und Verwendung neuartiger Geräte die Überlegenheit solch modernisierter Güter zeigen, um die Bauern zu erziehen. Gleichzeitig sollten landwirtschaftliche Gruppen der gegenseitigen Hilfe und Genossenschaften landwirtschaftlicher Produzenten technische Hilfe und Anleitung erhalten, falls möglich.' "

<16> National Programme for Agricultural Development 1956-67, Peking 1960, S. 19: "Alle Staatsgüter sollten sich mit ihren benachbarten landwirtschaftlichen Genossenschaften zusammenschließen, ihnen helfen und ein gutes Beispiel in der Anbautechnik geben, wie es von ihnen erwartet wird."

<17> Mao Tsetung, a. a. O., S. 218.

<18> Lei Yuxin bezifferte die Fläche des von den Staatsgütern kultivierten Neulandes 1985 auf 4 Millionen ha. Lei Yuxin, a. a. O., S. 55.

<19> Kuo, L.: The Technical Transformation of Agriculture in Communist China, New York 1972, S. 38: "Of China's some 1,500 million **mou** (250 million acres) [100 Millionen ha] of wasteland, about 800 million **mou** (53,3 Millionen ha) had been preliminarily surveyed by the end of 1957 and 500 million **mou** (33,3 Millionen ha) could be reclaimed 'at a comparatively low capital

cost,' according to Chiang Ch'i - hsien, Vice-Minister of State Farms and Land Reclamation."
"Von den etwa 100 Millionen ha Ödland in China waren Ende 1957 etwa 53,3 Millionen ha vorläufig vermessen und 33,3 Millionen ha konnten 'bei vergleichsweise niedrigen Kapital-Kosten' urbar gemacht werden, laut Chiang Ch'i - hsien, Vize-Minister für Staatsgüter und Neulandgewinnung."

<20> Li Fu-Chun: Report on the First Five-Year Plan for Development of the National Economy of the People's Republic of China in 1953-57, Peking 1955: "Im Bereich Landwirtschaft und Wasserbau werden 91 mechanisierte Staatsgüter und 194 Traktoren-Stationen [...] in der ersten Fünf-Jahr-Periode aufgebaut.") Li Fu-Chun legte diesen Bericht 1955 als Vorsitzender der Staatlichen Planungskommission dem Nationalen Volkskongress vor. Wiedergegeben ist dieser Bericht in: Wu, Yuan-li, a. a. O., S. 811ff., die hier zitierte Passage auf S. 813.

1.2 Agrarreform und die Grenzen der bäuerlichen Marktgetreidelieferungen

Staatsgüter und bäuerliche Betriebe bestanden in isolierten Sektoren nebeneinander, abgesehen von der Hilfe, die den Bauern zu leisten die Staatsgüter aufgerufen waren. Dennoch hing die Entwicklung dieser beiden Sektoren voneinander ab, weil die Staatsgüter zur Ergänzung der benötigten Marktproduktion in dem Maße herangezogen werden mußten, wie die Marktproduktion des bäuerlichen Sektors hinter dem Bedarf zurückblieb. Auf diese Weise verhielten sich beide Sektoren komplementär zueinander. Die praktische Konsequenz, die Fläche der Staatsgüter in großem Maßstab auszudehnen, wurde erst gezogen, als die Zurückhaltung des bäuerlichen Sektors bei der Lieferung von Marktgetreide nicht mehr zu übersehen war. Doch der Gedanke der erheblichen Expansion des Staatsgütersektors war nicht neu. (Zum Begriff "Staatsgütersektor" s. S. 95.)

Die 1950 landesweit begonnene Agrarreform war Anfang 1953 beendet. <21> Sie war der Vermarktung des Getreides durch Nivellierung der Betriebsgrößen abträglich. Getreide nahm in der Volksrepublik China seit ihrer Gründung eine zentrale Position in der Pflanzenproduktion ein, die wiederum in der gesamten landwirtschaftlichen Erzeugung weit überwog. Die Getreidefläche belief sich nach chinesischen Angaben 1952 auf 87,8 % der Fläche der gesamten Pflanzenproduktion. Auch wenn nicht erkennbar ist, ob diese Angaben sich auf die Aussaatfläche oder die Anbaufläche beziehen, die wegen Mehrfachernten nicht identisch ist, zeigen sie deutlich die Dominanz der Getreideproduktion. Der Bruttoproduktionswert der Pflanzenproduktion betrug im selben Jahr 83,1 % des Bruttoproduktionswerts der gesamten landwirtschaftlichen Erzeugung. <22> Zwar ist der chinesischen Statistik zu entnehmen, daß in der Zeit von 1950 bis 1953 der Anteil der vermarkteten Agrarprodukte an der gesamten Agrarerzeugung von 17 % auf 28 % stieg, doch handelt es sich bei diesen Zahlen um grobe Annäherungen, die darüber hinaus Getreide nicht gesondert ausweisen. Der Vergleich mit entsprechenden Zahlen aus der Zeit vor dem Zweiten Weltkrieg ist ebenfalls mit

Unsicherheiten behaftet, so daß die Feststellung, die Getreide-Vermarktungsquote habe 1952 den Vorkriegsstand mit 24,5 % gegenüber 18 % bei annähernd gleichen Erntemengen übertroffen, fragwürdig ist. <23> Die Getreideerzeugung lag 1952 mit 163 900 000 Tonnen um fast 50 % über der von 1949 <24> und geringfügig über den Vorkriegsernten <25>. Dennoch war die Menge vermarkteten Getreides 1952 eher geringer als in den 1930er Jahren, wenn auch höher als 1949. Dies geht aus den Zahlen hervor, die auf ihre Konsistenz mit anderen überprüfbar sind. Sie betreffen die Bodeneigentums-Verteilung nach 1949, von der maßgeblich die Getreidemenge abhing, die die einzelen Bauern-Haushalte besaßen. Der Getreidebesitz der einzelnen Bevölkerungsteile bestimmte wiederum, in welchem Umfang Getreide vermarktet wurde.

Die Reform des Systems des Bodeneigentums mit dem Ziel, das Land dem zu geben, der es bebaut, war ein wichtiges Programm der demokratischen Revolution Chinas. <26> Das Agrarreformgesetz von 1950 sah die Einführung des Systems bäuerlichen Bodeneigentums vor. Es richtete sich gegen die Grundeigentümer, die weniger als 10 % der ländlichen Bevölkerung ausmachten und denen ein unverhältnismäßig großer Anteil des kultivierten Landes gehörte. 300 Millionen arme Bauern und Landarbeiter, denen wenig oder kein Land gehört hatte, erhielten durch die Agrarreform 46 Millionen ha kultivierten Landes und wurden von einer jährlichen Pacht von 35 Millionen Tonnen Getreide befreit. <27> D. Perkins führt eine chinesische Quelle aus dem Jahr 1954 an, die sich auf 14 334 Bauernhaushalte in 21 Provinzen stützt, derzufolge die Grundeigentümer weniger als 4 % der Bevölkerung ausmachten, doch über etwa 20 % der Getreideerzeugung verfügten. Den Grundeigentümern wurde nach diesen Angaben 282 Millionen mu [18,8 Millionen ha] Land und damit 30 Millionen Tonnen Pacht entzogen. Perkins weist darauf hin, daß all diese Zahlen nur grobe Schätzungen sind. <28> Von ihnen stimmt die Angabe über die enteignete Fläche der Grundeigentümer mit anderen chinesischen Daten in bezug auf die Getreidefläche, Getreideernte und Pachtsätze nicht überein. 1952 betrug die Getreidefläche 1 860 Millionen mu [124 Millionen ha] und die Getreideernte 163 900 000 Tonnen, mithin der durchschnittliche Getreideertrag 1,32 Tonnen pro ha. <29> Mit diesen Erträgen wäre auf 18,8 Millionen ha keine Pacht von 30 Millionen Tonnen einzutreiben gewesen. Eine Pacht von 30 Millionen Tonnen entspricht aber den von Perkins genannten etwa 20 % der Getreideerzeugung in Höhe von 163 900 000 Tonnen. W. Kraus gibt unter Bezugnahme auf eine andere chinesische Quelle der damaligen Zeit das bis August 1952 enteignete Ackerland der Großgrundeigentümer mit ca. 47 Millionen ha an. <30> Bei vormaligen Pachtsätzen über 50 % ist in diesem Fall die Entlastung der Bauern durch den Wegfall der Pacht von 30 oder 35 Millionen Tonnen plausibel.

Litten arme Bauern und Landarbeiter vor der Agrarreform Hunger, weil sie einen großen Teil des von ihnen erzeugten Getreides als Pacht an die Grundeigentümer abführten, verfügten sie danach über dieses Getreide. Einiges spricht dafür, daß es zunächst keinen Anlaß für sie gab, dieses Getreide zu verkaufen. Dem Getreideverkauf stand der Wunsch der Bauern nach Getreidekonsum entgegen. Nach der Agrarreform hatten sie mehr Gelegenheit als zuvor, sich diesen Wunsch zu erfüllen. Ferner reichte das Angebot an industriellen Konsumgütern nicht aus, um die Bauern zum Getreideverkauf zu bewegen. <31>

Im Zeitraum 1950-53 beschaffte der Staat Getreide mittels Aufkäufen auf dem freien Markt und zum überwiegenden Teil mittels Natural-Agrarsteuern, um es über seine Handelsorganisationen den Konsumenten zugänglich zu machen. Ziel des staatlichen Getreidehandels war, Spekulation und Inflation unter Kontrolle zu bringen. <32> 1953, im ersten Jahr des ersten Fünfjahrplans, stiegen die Investitionen um 84 % gegenüber 1952, und die städtische Bevölkerung nahm um über 6 Millionen Menschen, mehr als 8,4 %, auf 77 670 000, zu. <33> Die daraus resultierende Nachfrage nach Markt-Getreide stellte ein ernstes Problem dar. 1953 beliefen sich die staatlichen Getreidebeschaffungen auf wenig über 40 Millionen Tonnen, denen ein städtischer Getreidekonsum von ca. 20 Millionen Tonnen und Getreidelieferungen an ländliche Zuschußgebiete in etwa der gleichen Höhe gegenüberstanden. <34> Bei einer städtischen Bevölkerung von 77,670 Millionen und einem städtischen Konsumniveau von 231-243 kg pro Person und Jahr in den 1950er Jahren <35> wurde folglich der Getreidekonsum in den Städten weitgehend aus dem staatlichen Getreidehandel gespeist. Der private Getreidehandel beschränkte sich demnach 1953 vorwiegend auf die ländlichen Gebiete. Nicht nur verkauften die Bauern kein Getreide in den Städten, sondern sie waren auch daran interessiert, Getreide in den Städten zu kaufen, da im Oktober 1953 die Verbraucher-Preise für Getreide auf dem Land um 20 bis 30 % über den städtischen lagen und der Getreidekonsum in ländlichen Gebieten hinter dem städtischen zurückblieb. <36> Zudem stieg die Agrarproduktion 1953 und im folgenden Jahr nicht wie in den vorhergehenden Jahren. <37> D. Perkins erläuterte die damalige Situation:

> "Infolge dieser rasch zunehmenden Nachfrage nach Getreide sahen sich die chinesischen Kommunisten Ende 1953 einem Dilemma gegenüber. Sie konnten den Druck auf den Getreidemarkt durch Beschneidung des Investitionsprogramms mildern, doch wesentliche Kürzungen würden die Inkaufnahme einer niedrigen Rate des industriellen Wachstums verlangen. Alternativ dazu konnten sie die notwendigen Getreideablieferungen durch den Markt mittels Erhöhung der Getreide-Ankaufpreise erhalten. Doch die Preiserhöhung würde so groß sein müssen, daß sie das Regime zwingen würde, einen großen Teil seiner Investitionsmittel vom Investitionsgüter-Sektor zum Konsumgüter-Sektor zu verlagern. Da diese beiden Möglichkeiten nicht akzeptabel waren, blieb nur die Wahl zwischen Aufgeben des Marktes und Beschaffung der notwendigen Getreidemengen durch Zwangsablieferungen oder Ergreifung noch radikalerer Zentralisierungsmaßnahmen in dem Versuch, die Wachstumsrate der landwirtschaftlichen Erzeugung zu steigern. Im November 1953 fiel die Entscheidung zur Einführung von Zwangsablieferungen." <38>

Mit der Einführung der Pflicht-Getreideablieferungsquoten war das Problem der Getreideversorgung nicht beendet. Vielmehr sah die Parteiführung ein, daß die motivationsmindernde Wirkung überhöhter Pflicht-Abgabequoten auf die Bauern nicht ignoriert werden durfte und die Pflicht-Abgabequoten nach der Produktionsmenge bemessen werden mußten. Darüber sprach Mao Tsetung am 25. April 1956 vor dem Politbüro des Zentralkomitees der Kommunistischen Partei Chinas:

> "Unsere Beziehungen zu den Bauern waren immer gut, aber in der Getreidefrage haben wir einmal einen Fehler begangen. Im Jahr 1954 führten Überschwem-

mungen in einigen Teilen unseres Landes zum Absinken der Erträge. Trotzdem haben wir sieben Milliarden Djin [3,5 Millionen Tonnen] Getreide mehr angekauft. Absinken der Erträge, Steigerung des Ankaufs - dies führte dazu, daß im Frühling vergangenen Jahres in vielen Orten fast jedermann von der staatlichen Marktversorgung mit Getreide sprach, daß fast jeder Haushalt davon redete. Die Bauern waren unzufrieden, sowohl innerhalb als auch außerhalb der Partei gab es viele Klagen. Obwohl nicht wenige absichtlich übertrieben und die Gelegenheit benutzten, um uns anzugreifen, kann man doch nicht sagen, daß wir keine Unzulänglichkeiten hatten. Ungenügende Untersuchung und Unklarheit über die tatsächliche Lage führten zum Mehrankauf von sieben Milliarden Djin; das war eine Unzulänglichkeit. Nachdem wir diese entdeckt hatten, kauften wir dann im Jahr 1955 sieben Milliarden Djin weniger an. Außerdem führten wir das System der "drei festgelegten Quoten" ein, d. h. festgelegte Ertrags-, Ankaufs- und Verkaufsquoten. Dazu kam noch eine gute Ernte. Durch Senkung des Ankaufs und Steigerung des Ertrags haben die Bauern über 20 Milliarden Djin [10 Millionen Tonnen] mehr Getreide zur Verfügung." <39>

Auch in Zhou Enlais späterem Kommentar zu den Pflicht-Abgabequoten des Jahres 1954 kommt zum Ausdruck, daß deren willkürliche Festsetzung auf Schranken stieß:

"Weil es uns nicht gelang, die Situation der Getreide-Erzeugung im Land klar zu verstehen, kauften wir 1954 etwas mehr Getreide von den Bauern und verursachten so den Unwillen einiger Bauern. Doch 1955 wandten wir die Politik der festgelegten Produktion, des festgelegten Ankaufs und des festgelegten Verkaufs von Getreide an, die die Stimmung der Bauern beruhigte und ihren Enthusiasmus zur Produktion steigerte." <40>

B. Stavis gab die vom Staat mittels Steuer und Pflicht-Abgabequoten beschaffte Getreidemenge für 1954 mit 54 Millionen Tonnen und für 1955 mit 51 Millionen Tonnen an, schlüsselte diese Zahlen aber nicht nach Steuer und Pflicht-Abgabequoten auf. <41> Diese Unterscheidung ist in bezug auf die gesamte Getreidelieferung der Bauern an den Staat nebensächlich, da die Steuer nicht progressiv war und sich von den Pflicht-Abgabequoten nur dadurch unterschied, daß der Staat für letztere zahlte, wenn auch zu einem niedrigeren Preis als dem Marktpreis. <42>

Als Mao Tsetung im Juli 1955 appellierte, etwa 30 Millionen ha Neuland zu erschließen, um den Bedarf an Marktgetreide zu decken (vgl. S. 24), war die Getreideversorgung der Städte, Perkins zufolge, kaum besser als zwei Jahre zuvor. <43> Unter solchen Umständen erschien Neulandgewinnung als ein Mittel, die Getreideversorgung zu bessern. Wie schließlich Neulandgewinnung durch Staatsgüter den Vorzug erhielt gegenüber Neulandgewinnung durch bäuerliche Siedler und Erweiterung von Genossenschaften, ist im folgenden Abschnitt beschrieben.

<21> Kraus, W.: Wirtschaftliche Entwicklung und sozialer Wandel in der Volksrepublik China, Berlin 1979, S. 71 u. 73.

<22> China Handbook Editorial Committee: China Handbook Series, Economy, Beijing 1984, S. 225 u. S. 219. Zur Bedeutung des Begriffs Bruttoproduktionswert der landwirtschaftlichen Erzeugung s. S. 242 der vorliegenden Arbeit. Das Staatliche Statistik-Amt der Volksrepublik China definierte Getreide 1985 wie folgt:
"Die Getreideerzeugung setzt sich zusammen aus der Erzeugung von Reis, Weizen, Mais, Sorghum, Hirse und anderer verschiedener Getreidearten sowie aus Knollenfrüchten und Sojabohnen. Die Erzeugung von Bohnen bezieht sich auf trockene Bohnen ohne Schoten. Knollenfrüchte (Süßkartoffeln und Kartoffeln ohne Taro und Cassava) werden als Getreide geführt, indem sie 4:1 umgerechnet werden. Vier Kilogramm frischer Knollenfrüchte entsprachen einem Kilogramm Getreide im Jahr 1963 und davor. Seit 1964 wurde 1:5 umgerechnet." State Statistical Bureau: China: A Statistics Survey in 1985, Beijing 1985, S. 129.

<23> Perkins, D.: Market Control and Planning in Communist China, Cambridge 1966, S. 41.
Perkins schränkt die Aussagekraft seiner Berechnungen über den vermarkteten Anteil der Agrarproduktion ein:
"Since the underlying data are of poor quality, these percentages are no more than rough approximations of the real situation."
"Weil die verwendeten Daten von geringer Qualität sind, stellen diese Prozentzahlen nicht mehr als eine grobe Annäherung an die tatsächliche Situation dar."
Ders.: Agricultural Development in China, Edinburgh 1969, S. 154 u. S. 157.
Zur Getreide-Vermarktungsquote der Jahre 1931-37 schränkt Perkins ein:
"This figure, of course, is only a rough estimate."
"Diese Zahl ist natürlich nur eine grobe Schätzung."

<24> China Handbook Editorial Committee, a. a. O., S. 226.

<25> Perkins, D.: Agricultural development in China, Edinburgh 1969, S. 281.

<26> China Handbook Editorial Committee, a. a. O., S. 6.

<27> A. a. O., S. 8.

<28> Perkins, D., a. a. O., S. 157f.

<29> China Handbook Editorial Committee, a. a. O., S. 220 u. 226.

<30> Kraus, W., a. a. O., S. 156. Vgl. auch Mao Tsetung: Für eine grundlegende Verbesserung der finanziellen und ökonomischen Situation des Staates kämpfen, in: Mao Tsetung, a. a. O., S. 30, Anmerkung 3.

<31> Perkins, D.; Market Control and Planning in Communist China, Cambridge 1966, S. 29f. u. S. 233ff. Bis Ende 1953 bildeten sich die Erzeugerpreise für landwirtschaftliche Produkte frei am Markt. Dadurch stiegen die Einnahmen der Bauern, nichtsdestoweniger blieb das Mißverhältnis zwischen industriellen und landwirtschaftlichen Gütern auf dem Land davon unberührt.

<32> China Handbook Editorial Committee, a. a. O., S. 307f. und Perkins, D., a. a. O., S. 30f. u. S. 43ff.

<33> Perkins, D., a. a. O., S. 41 und Tien, H. Y., a. a. O., S. 43.

<34> Perkins, D., a. a. O., S. 248f.

<35> Ishikawa, S., a. a. O., S. 101.

<36> Perkins, D., a. a. O., S. 178 und Ishikawa, S., a. a. O.

<37> Stavis, B.: The Politics of Agricultural Mechanization in China, Ithaca 1978, S. 51. Stavis zitierte einen chinesischen Ökonomen: "Die landwirtschaftliche Produktion kam während der zwei genannten Jahre praktisch zum Erliegen."

<38> Perkins, D., a. a. O., S. 42.

<39> Mao Tsetung: Über die zehn großen Beziehungen, in: Mao Tsetung, a. a. O., S. 327f.

<40> Report on the Suggestions Regarding the Second Five-Year Plan for the Development of the National Economy, 16. September 1956, wiedergegeben in Chao Kuo-chün: Agrarian Policies of Mainland China, Cambridge 1957, S. 23f., zit. n. Stavis, B., a. a. O., S. 53.

<41> Stavis, B., a. a. O., S. 52.

<42> Perkins, D., a. a. O., S. 42, S. 46 u. S. 50.

<43> A. a. O., S. 248f.

1.3 Expansion des Staatsgütersektors

Die landesweite Entwicklung der Staatsgüter wird in diesem Teil der vorliegenden Arbeit nicht über das Jahr 1966 (vgl. S. 42.) hinaus verfolgt, denn auch auf die chinesische Staatsgüterstatistik trifft Ishikawas Feststellung über die chinesische Wirtschaftsstatistik zu, die auf S. 18 unter Anmerkung <4> wiedergegeben ist. Eine Ausnahme ist die lückenlose Zeitreihe von Daten über Staatsgüter der Provinz Heilongjiang zwischen 1949 und 1980 am Ende dieses Abschnitts. Heilongjiangs Staatsgüter nahmen auch in der Lieferung von Marktgetreide eine Ausnahmeposition ein: 1980 vermarkteten die Staatsgüter Chinas 39,8 % ihrer Getreideernte. Diese betrug 7 665 650,5 Tonnen einschließlich Sojabohnen. Entsprechend betrug die Menge des Marktgetreides 3 050 928,9 Tonnen. <44> Mehr als die Hälfte davon kam aus Heilongjiang. (Vgl. S. 50, Übersicht 4.) Deshalb wird auf die Staatsgüter Heilongjiangs am Ende dieses Abschnitts besonders eingegangen.

Die Anfänge der Neulandgewinnung und Staatsgütergründung sind bescheiden, gemessen an den Plänen Mao Tsetungs (vgl. S. 24), an ihrem Anteil an der landwirtschaftlich genutzten Fläche und ihrem Beitrag zur Agrarproduktion. Kuo schätzte, daß selbst am Ende des ersten Planjahrfünfts 1957 auf die Staatsgüter nur 0,89 % der gesamten landwirtschaftlich genutzten Fläche entfielen und bezifferte ihren Beitrag zur gesamten Getreideproduktion auf 0,3 %. <45>

Als im Mai 1956 das Ministerium für Staatsgüter und Neulandgewinnung geschaffen wurde, hörten die Staatsgüter auf, Armee-Betriebe zu sein - wenngleich die Armee weiter eigene landwirtschaftliche Betriebe unterhielt. <46> Die allmähliche Entwicklung der Staatsgüter von militärischen zu zivilen Einrichtungen ist in den Übersichten 1 und 2 dargestellt. Gegenüber den anfangs von Armee-Angehörigen betriebenen Staatsgütern wurde bereits 1955 das "Freundschafts-Staatsgut" unter Beteiligung demobilisierter Soldaten, d. h. Zivilisten, aufgebaut <47>, bevor im folgenden Jahr eine Zivil-Behörde die Verwaltung aller Staatsgüter übernahm. Der Gründung des "Freundschafts-Staatsguts" ging

Übersicht 1

Vorläufer der Staatsgüter
und Staatsgüter in der Volksrepublik China, 1942-1952

Zeitraum	Jahr	Art	Betreiber	Geographische Lage
vor 1949 (Antijapanischer Krieg und Bürgerkrieg)	1942	Armee-Versorgungsbetrieb	359. Brigade	Shaanxi <1>
	1947	System lokaler Staatsgüter		Nordost-China <2>
1949-52 (Gründung der Volksrepublik China bis Ende der Wiederaufbauphase)			31 Divisionen	Nord- und Nordwest-China <3>
		Aufforstungsbetriebe	Zwei Divisionen und ein Regiment	Südost-China (Halbinsel Leizhou, Insel Hainan) <4>
		Kautschuk-Plantagen	100 000 Soldaten	Guangxi, Fujian, Yunnan <5>
	1952	Kautschuk-Plantagen		Guangdong, Guangxi, Yunnan, Fujian <6>

<1> Lei Yuxin, a. a. O., S. 54.
<2> Guo Chunhua, a. a. O., S. 407.
<3> Lei Yuxin, a. a. O.
<4> Dto.
<5> Dto.
<6> Guo Chunhua, a. a. O.

Übersicht 2

Staatsgüter in der Volksrepublik China, 1953-1962

Zeitraum	Jahr	Art	Betreiber	Geographische Lage
1953-57 (1. Fünfjahrplan)	1954	Staatsgüter	"Xinjiang Produktions- und Aufbaukorps" des Heeres	Xinjiang <1>
			Offiziere und Soldaten des Eisenbahnkorps	Heilongjiang, Hulin-Präfektur <2>
1949-52 (Gründung der Volksrepublik China bis Ende der Wiederaufbauphase)	1955	Staatsgut	Demobilisierte Soldaten	Heilongjiang, Sanjiang-Ebene <3>
	1956		10 000 demobilisierte Offiziere und Soldaten des Eisenbahnkorps	Heilongjiang <4>
	Gesamtheit aller Staatsgüter, landesweit			
	1957 <5>	große Staatsgüter		710 <a> 500 000 <b> mehr als 100 000 <c>
	1960 <6>	Staatsgüter im Verwaltungsbereich des Ministeriums für Staatsgüter und Neulandgewinnung		2 490 <a> 2 800 000 <b> 5 200 000 <c>

<1> Biehl, M.: Die chinesische Volkskommune, Hamburg 1965, S. 226 und Guo Chunhua, a. a. O., S. 407.
<2> Guo Chunhua, a. a. O.
<3> Biehl, M., a. a. O.
<4> Guo Chunhua, a. a. O.
<5> Wang Chen, a. a. O.
<6> Dto.

<a> Zahl
<b> Arbeitskräfte
<c> Größe in Hektar

am 12. Oktober 1954 die Unterzeichnung eines Notenwechsels mit der Sowjetunion "über die kostenlose Lieferung der Ausrüstung für eine Staatsfarm" <48> und seine Erwähnung im ersten Fünfjahrplan (1953-57) als Vorbild für die künftige Entwicklung landwirtschaftlicher Betriebe und die Mechanisierung der Landwirtschaft voraus. <49>

Das Jahr 1956 stellt auch in bezug auf die planmäßige Neulandgewinnung durch Staatsgüter den Beginn eines neuen Stadiums in deren Entwicklung dar. Das am 10. April 1960 vom Nationalen Volkskongreß verabschiedete Nationale Programm für die Entwicklung der Landwirtschaft 1956-1967, dessen Entwurf im Januar 1956 veröffentlicht worden war, enthielt die Anweisung, auf geplante Weise Neuland zu gewinnen und die durch Staatsgüter kultivierte Fläche von knapp 1 000 000 ha auf beinahe 7 000 000 ha auszudehnen. Den Staatsgütern war damit eine dynamische Entwicklung zugedacht, die ihre Fläche binnen weniger Jahre mehr als versiebenfachen würde. Sie würde deren Fläche auch mindestens auf ein Fünftel der Fläche ausdehnen, die von Mao Tsetung als Ziel für die Neulandgewinnung innerhalb dreier Fünfjahrpläne angegeben wurde. Ferner rief dieses Programm dazu auf, durch Organisation von Siedlern und Erweiterung von Genossenschaften Neuland zu gewinnen. <50> Diese Formen der Neulandgewinnung bestanden neben den Staatsgütern. Sie schließen aus, Angaben über Neulandgewinnung allein auf die Staatsgüter zu beziehen. <51> Der Flächenzuwachs des Staatsgütersektors ist nur durch Angaben zu beschreiben, die eindeutig allein Staatsgüter betreffen.

Seit 1955 war die Errichtung von Staatsgütern nicht mehr nahezu ausschließlich dem Militär vorbehalten. Neun Tage nach einer Rede des sowjetischen Parteichefs Chruschtchow vor einer Gruppe von jungen Siedlern in Moskau wurde am 16. Januar 1955 ein Artikel der chinesischen Jugendzeitung mit dem Titel "Beteiligt Euch an der Arbeit, geht dahin, wo das Land Euch braucht" veröffentlicht. Er richtete einen Appell an chinesische Jugendliche, dem Beispiel der sowjetischen Jugend zu folgen und an der Entwicklung der chinesischen Grenzgebiete teilzunehmen. Mitte 1955 setzte ein Strom von Berichten über junge Freiwillige ein, die in die Grenzgebiete gingen. <52> Zur Nachahmung rief auch Hu Yaobang, der damalige Erste Sekretär des Zentralkomitees der Chinesischen Jugendliga, in einer Abschiedsversammlung junger Freiwilliger auf:

> "Genossen, ihr geht nach Heilongjiang, um dort Neuland zu gewinnen. [...] Welche Methoden müssen wir anwenden, um die Nahrungsmittel-Produktion zu steigern? Das Zentral-Komitee der Partei nannte uns drei Hauptmethoden: (1) die Expansion der landwirtschaftlichen Erzeuger-Genossenschaften zu beschleunigen, was gegenwärtig die Hauptmethode ist; (2) Verbesserungen der Anbautechniken durchzusetzen, was eine Methode ist, die ein großes Maß an Anstrengungen verlangt; (3) absolut Neuland zu gewinnen, was die vielversprechendste Methode ist. ... Genossen, die jungen Leute der Sowjetunion sind in der Lage, Städte der Kommunistischen Jugend auf dem ungenutzten Land des Fernen Ostens aufzubauen. Warum kann nicht die Jugend von Beijing eine Farm der Beijing Jugend auf der Prärie von Heilongjiang errichten? Wir glauben, daß die jungen Leute unseres Landes nicht nur eine Farm erbauen werden. Sie werden hunderttausende von Farmen überall auf den 100 000 000 ha des weiten Ödlandes bauen." <53>

Dieser Rede zufolge waren die Aussichten für die Entwicklung der Staatsgüter grandios. 1966 war die kultivierte Fläche der Staatsgüter zwar auf 47,84 Millionen mu [ca. 3,2 Millionen ha] gewachsen <54>, doch das Ziel des Nationalen Programms für die Entwicklung der Landwirtschaft, die kultivierte Fläche der Staatsgüter auf fast 7 000 000 ha auszudehnen, war ein Jahr vor Ablauf des Programms nicht einmal zur Hälfte erreicht. (Vgl. S. 41.) Aus Übersicht 3 geht hervor. daß das Wachstum des Staatsgütersektors unterschiedlich verlief und daß dessen Umfang zwischen 1960 und 1966 entweder schrumpfte oder zu verschiedenen Zeitpunkten uneinheitlich gemessen wurde. Angaben zur Ausdehnung des Staatsgütersektors, die in Übersicht 3 eingingen, betrafen durchweg kultiviertes Land, zu dem 1958 in Xinjiang auch Weideland gerechnet wurde. <55> Der Begriff kultiviertes Land wurde später differenziert in Ackerland und Weideland. <56> Wahrscheinlich wurde der Begriff kultiviertes Land zwischen 1960 und 1966 auf die Bedeutung Ackerland oder angesätes Land verengt. Dafür spricht, daß der Durchschnittsertag kultivierten Landes 1966 bei 1,27 t/ha gegenüber 0,48 t/ha im Jahr 1960

Übersicht 3

Zahl, Fläche, Getreideernte und Beschäftigte der Staatsgüter, landesweit, 1952 - 1966 <1>

Jahr	Zahl	Kultivierte Fläche in Hektar <2>	Getreideernte in Tonnen	Beschäftigte
1952	404 <a>	255 000 <a>	266 000 <b>	390 000 <a>
1955		über 866 666 <c>		
1956	454 <d>	908 000 <d>		
1957	710 <e>	über 1 000 000 <e>	595 000 <f> (729 000) <g>	500 000 <e>
1958	1 442 <h>	2 272 000 <h>	1 085 000 <h>	990 000 <h>
1960	2 490 <i>	über 5 200 000 <i>	2 500 000 <i>	2 800 000 <i>
1965		über 3 133 333 <j>	3 550 000 <j> (3 583 000) <k>	
1966	1 940 <l>	3 190 000 <l>	4 045 000 <l>	

<1> Aus Mangel an Daten enthält diese Übersicht nur Daten ausgewählter Jahre. Chinesische Quellen decken einige

(Fortsetzung nächste Seite)

(Fortsetzung von Anmerkung 1)

Jahre nicht, andere nur unvollkommen ab, weil sie z. T. nur Aussagen über einzelne Landesteile enthalten, ohne daß sich diese Fragmente zu einem Gesamtbild zusammenfügen lassen. L. T. C. Kuo kommentierte diese Quellen folgendermaßen: "In einigen Fällen, beispielsweise, ist nicht klar, ob eine Zahl sich auf die Fläche des Landes bezieht, das in einem gewissen Jahr urbar gemacht wurde oder auf die Fläche des gesamten bis dahin urbar gemachten Landes. In anderen Fällen ist nicht klar, ob eine Zahl sich auf das von Staatsgütern urbar gemachte Land bezieht oder auf das von Kommunen und Staatsgütern gleichermaßen urbar gemachte."

Obwohl Kuo in dieser Hinsicht eindeutige Daten auswählte, unterscheidet er nicht in Einzelfällen zwischen Staatsgütern und -weidebetrieben, sondern weist alle seine Angaben unter diesen beiden Begriffen insgesamt aus. Die Bildung von Verhältniszahlen mittels Kuos Daten wäre deshalb irreführend. Kuo verwandte nur Daten aus dem Verwaltungsbereich des Ministeriums für Landwirtschaft und des für Staatsgüter und Neulandgewinnung, nicht aber aus dem Verwaltungsbereich von Provinzen, autonomen Gebieten, provinzfreien Städten und anderen lokalen Behörden. Kuo, L. T. C., a. a. O., S. 41.

Den unter den Anmerkungen <b>, <c>, <g>, <k> und <l> aufgeführten Quellen war keine Abgrenzung des Verwaltungsgebiets zu entnehmen. Alle übrigen Quellen, mit Ausnahme der unter den Anmerkungen <d> und <e> aufgeführten Quellen, bezogen sich auf den Verwaltungsbereich zentraler Ministerien.

H. Y. Tien berichtete für 1956 über die Gesamtzahl großer Staatsgüter auf neu urbar gemachtem Land, die vermutlich lokale Staatsgüter geringer Durchschnittsgröße (vgl. S. 23f. der vorliegenden Arbeit) nicht enthält. Wang Chen berichtete für 1957 über große Staatsgüter, für die entsprechendes gilt. Unklar bleibt, ob die von H. Y. Tien verwandte Formulierung "newly reclaimed land" sich auf den Zeitraum eines Jahres beschränkt oder mehrere Jahre umfaßt. Vermutlich schließt diese Formulierung den Gesamtbestand des seit 1949 urbar ge-

(Fortsetzung nächste Seite)

(Fortsetzung von Anmerkung 1)

machten Landes ein, weil sie sich auf 908 000 ha bezieht, im Vorjahr nach chinesischen Angaben bereits 866 666 ha vorhanden waren, im folgenden Jahr aber nur über 1 000 000 ha.

Für die Verläßlichkeit der letzten Angabe spricht, daß Wang Chen sie ursprünglich in der chinesischen Flächeneinheit mu (1 mu = 0,067 ha) unter Verwendung ganzzahliger Vielfacher von 1 000 000 mu machte. (Wang Chen bezifferte die kultivierte Fläche der chinesischen Staatsgüter für 1957 auf über 15 000 000 mu und für 1960 auf über 78 000 000 mu.) Wären 1957 deutlich mehr als 1 000 000 ha kultiviert worden, hätte Wang Chen vermutlich - wie bei der Angabe für 1960 - der Genauigkeit halber ein größeres Vielfaches von 1 000 000 mu angegeben, weil die Einheit "1 000 000 mu" zu präzise ist, um grobe Schätzungsabweichungen anders als durch Willkür zu erklären. Wang Chens Angaben sind plausibel, weil sie begrifflich definiert sind, zwei Zeitpunkte betreffen und durch prozentualen Vergleich in Beziehung gesetzt und konsistent sind. Die anderslautenden Angaben stehen isoliert und sind nicht durch Erläuterung präzisiert.

Auch die Angabe für 1965 bedarf der Erläuterung. Für 1965 wurde die kultivierte Fläche auf über 47 Millionen mu (83,13 Millionen ha) beziffert, verbunden mit der Indexzahl 2,1 auf der Basis 1957 ("By 1965, the area of cultivated land amounted to more than 47 million mu, a 2.1-fold increase over 1957." Vgl. Anmerkung <j>.). Diese Indexzahl wurde an anderer Stelle ebenfalls genannt. Zhongguo Nongken, Nr. 2, 24. Februar 1980, S. 31ff., englisch in: JPRS, CRA, Nr. 115, 22. Dezember 1980, S. 2. Das 2,1-fache von 15 000 000 mu (1 000 000 ha) ist 31 500 000 mu (2 100 000 ha), aber nicht 47 000 000 mu (3 133 333 ha). Ein Übersetzungsfehler liegt wahrscheinlich nicht vor, denn die Zahl 2,1 wurde vermutlich nicht in zwei verschiedenen Quellen auf gleiche Art falsch wiedergegeben. Entweder lag demnach der Index-Berechnung ein anderer Wert als 15 000 000 mu (1 000 000 ha) für das Jahr 1957 zugrunde, oder in der chinesischen Statistik wurde der Index falsch berechnet.

(Fortsetzung nächste Seite)

(Fortsetzung von Anmerkung 1)

Wahrscheinlich wurden die Worte "2,1-fache Steigerung" und "Steigerung um das 2,1-fache" (=Steigerung auf das 3,1-fache!) verwechselt, denn 15 000 000 mu (1 000 000 ha) multipliziert mit 3,1 ergibt 47 000 000 mu (3 100 000 ha).

<2> Unter kultivierter Fläche ist bis 1960 wahrscheinlich auch Weideland eingeschlossen. (Vgl. S. 42, dort besonders die Anmerkungen <55> und <56>, und S. 47.) Dies gilt es bei der Beurteilung des Verhältnisses zwischen Arbeitskräften und Fläche zu berücksichtigen. Aus seiner Größenordnung ist dennoch zu ersehen, daß die Mechanisierung insgesamt wenig fortgeschritten war. Einzelne Gebiete wiesen in bezug auf die Mechanisierung einen geringeren Abstand zum Vorbild des "Freundschafts-Staatsgutes" auf. Dazu gehörten: Teile der Provinz Heilongjiang, in der 1963 wenig mehr als 100 000 Personen mit Hilfe von Schleppern mit einer Gesamtleistung von mehr als 85 500 PS und 930 Mähdreschern ca. 400 000 ha urbar machten, sowie Teile von Xinjiang, wo 1963 das Xinjiang Produktions- und Aufbaukorps 149 mechanisierte Staatsgüter besaß. Tien, H. Y., a. a. O., S. 154 und S. 127.

<a> Kuo, L. T. C., a. a. O., S. 41.
<b> China Handbook Editorial Committee, a. a. O., S. 214.
<c> National Programme for Agricultural Development 1956-1967, Beijing 1960, S. 16.
<d> Tien, H. Y., a. a. O., S. 151.
<e> Wang Chen, a. a. O., S. 15.
<f> Kuo, L. T. C., a. a. O.
<g> China Handbook Editorial Committee, a. a. O.
<h> Kuo, L. T. C., a. a. O.
<i> Wang Chen, a. a. O.
<j> Zhongguo Nongken, Nr. 1, 24. Januar 1980, S. 6ff., englisch in: JPRS, CRA Nr. 108, 30. Oktober 1980, S. 9.
<k> China Handbook Editorial Committee, a. a. O.
<l> Guo Chunhua, a. a. O., S. 408.

lag. Die Durchschnittserträge der Jahre 1957 und 1958 lagen mit weniger als 0,6 t/ha und 0,48 t/ha in der gleichen Größenordnung wie 1960. Ein Staatsgut in Xinjiang produzierte aber schon 1960 2,25 t/ha Weizen auf über 6 000 ha. <57> Weil Wang Chen ausdrücklich nur die Staatsgüter nennt, die dem Ministerium für Staatsgüter und Neulandgewinnung unterstehen, beruht das Abnehmen der Zahl der Staatsgüter wahrscheinlich auf Betriebszusammenlegungen, nicht aber auf einer Verengung des Staatsgüterbegriffs.

Als Ursache des beschleunigten Wachstums des Staatsgütersektors, das sich hauptsächlich in dem Schub zwischen 1957 und 1960 zeigte, nennt Wang Chen die Politik des Großen Sprungs 1958. <58> Guo Chunhua hob nicht hervor, daß der Große Sprung die Entwicklung der Staatsgüter maßgeblich förderte, stellte aber immerhin fest, daß die Neulandgewinnung des Jahres 1958 fast der gesamten Neulandgewinnung der vorhergehenden acht Jahre gleichkam. <59>

Am 9. Februar 1958 erschien ein Zeitungsartikel, der für die Errichtung von Staatsgütern zwecks Urbarmachung großer Gebiete auschließlich wirtschaftliche Gründe anführte, die hinreichend waren, das Schwergewicht von Umsiedlungsaktionen und lokalen Maßnahmen zur Neulandgewinnung der Bauern auf die Staatsgüter zu verlegen. Dieser Artikel enthielt eine Gegenüberstellung der Vor- und Nachteile von Staatsgütern und bäuerlicher Umsiedlung in bezug auf: 1. staatliche Investitionen, 2. Produktivität, 3. Vermarktungsquote und 4. Standortwahl. Die Ergebnisse der Abwägung lauteten:

Ad 1. "Die Kosten der Neulandgewinnung durch Siedler <60> sind tatsächlich höher als die der Investitionen in Staatsgüter."

Ad 2. "Die Situation ist völlig anders im Fall der Staatsgüter, die fortgeschrittene wissenschaftliche Technik und Ausrüstung besitzen.

Ad 3. "Ferner wird die Überlegenheit der Staatsgüter nicht nur durch den Umfang der Produktion von Marktfrüchten bewiesen, sondern auch in bezug auf die großen Gewinne, die an die Regierung überwiesen werden."

Ad 4. "[...] die Seßhaftmachung von Siedlern in neuen Dörfern verlangt im allgemeinen bessere wirtschaftliche Umstände, [...] . Doch weil sie eine

> starke Organisation und technische Stärke besitzen, kann die Auswahl von Gelände für Staatsgüter auf der Grundlage viel weniger strenger Kriterien vorgenommen werden." <61>

Der Artikel gelangte zu folgendem Resultat:

> "Nach den obigen Vergleichen ist offensichtlich, daß während der Periode des Zweiten Fünfjahr-Plans der Hauptweg zur Urbarmachung großer Landgebiete die Errichtung (zusätzlicher) Staatsgüter ist." <62>

Zu den Gründen für die Förderung der Staatsgüter ab 1958 gehört der Wandel in ihrer Einschätzung. Zwei Jahre zuvor noch hatte der Vizechef des Büros für Landnutzung im Landwirtschaftsministerium in seinen Erläuterungen zum Nationalen Programm für die Entwicklung der Landwirtschaft erklärt, die Umsiedlung der Bevölkerung <63> werde gegenüber der Neulandgewinnung in der Nähe bereits genutzter Flächen und gegenüber der Errichtung von Staatsgütern für lange Zeit die Hauptmethode der Neulandgewinnung sein. <64> Das vierte Kriterium der obigen Gegenüberstellung von Gründen läßt auch einen Vergleich zwischen Staatsgütern und Bauern, die in der Nähe des zuvor von ihnen bearbeiteten Landes Ödland urbar machten, zugunsten der Staatsgüter ausfallen. Weil Chinas Gebiete mit überdurchschnittlicher Pro-Kopf-Getreideproduktion meist entfernt von den Gebieten steigenden Marktgetreidebedarfs lagen, kam es darauf an, Neuland in der Nähe dieser Gebiete zu gewinnen. Die wichtigsten durch Urbanisierung und Industrialisierung wachsenden Nachfragezentren befanden sich in Nordchina. <65> In den benachbarten nordostchinesischen Provinzen, vor allem in der Provinz Heilongjiang, waren Neulandreserven von mehr als 4 Millionen Hektar vorhanden, die sinnvoll nur durch Staatsgüter zu erschließen waren, weil die Lebensbedingungen in diesen Gebieten nach chinesischem Urteil selbst nach der Urbarmachung primitiv waren, so daß nur junge Siedler zur Vorbereitung dauernder Niederlassung von Familien geschickt wurden. <66> D. Perkins beschrieb die Belastung zentralchinesischer Provinzen durch Getreidelieferungen nach Nordchina in den 1950er Jahren:

> "Die Provinzen Sichuan, Hunan, Hubei und Jiangxi mußten nicht nur ihre eigene beträchtliche Bevölkerung versorgen, sondern mußten auch zwei Drittel der

Bevölkerung der großen Städte Nordchinas ernähren. Die 1957 aus diesen vier Provinzen entnommene Menge machte bereits 12-14 Prozent ihrer Erzeugung gegenüber nur 1 Prozent oder weniger in den 1930er Jahren aus. Eine Verdopplung der Bevölkerung der großen Städte des Nordens (sie nahm allein zwischen 1953 und 1958 um 50 Prozent zu) hätte einen großen Abfluß der Reichtümer der oberen Yangtse-Provinzen verursacht." <67>

Ferner nahmen Langstrecken-Getreidetransporte das chinesische Eisenbahnsystem in Anspruch, das ohnehin überlastet war. <68> Urbar zu machende Neulandreserven der Provinz Heilongjiang wurden 1954 mit 3,255 Millionen ha angegeben. <69> Auf die Möglichkeit der Neulandgewinnung in Heilongjiang und Belieferung anderer Landesteile von dort wies D. Perkins nicht hin, obwohl Heilongjiang über relativ kurze, zudem vergleichsweise gut ausgebaute Eisenbahnlinien mit Nordchina verbunden war <70> und nach seinen Angaben 1957 mit weitem Abstand die höchste Getreideproduktion pro Kopf aufwies, daher Produktionszuwächse am ehesten hätte abliefern können. <71>

Tatsächlich hatten Heilongjiang und die benachbarte Provinz Jilin 1957 große Bedeutung für die Getreideversorgung Chinas. Zusammen mit der Provinz Sichuan trugen sie mehr als die Hälfte zum Getreidetransfer über Provinzgrenzen hinweg bei. <72> Welchen Anteil daran die Staatsgüter hatten, ist aus den Quellen, die für die vorliegende Arbeit herangezogen wurden, nicht genau zu ersehen. Er hatte einen Umfang von höchstens wenigen hunderttausend Tonnen, wenn man die Angabe von L. T. C. Kuo über die Getreideproduktion der Staatsgüter im Jahr 1957 (vgl. S. 38) oder die entsprechende, etwas höhere, des Beijinger Wirtschaftshandbuchs sowie die von Xiao Yu über die Vermarktungsquote der Staatsgüter zugrundelegt. <73> Der Anteil, der davon wiederum auf die Staatsgüter Heilongjiangs entfiel, ist nicht festzustellen. Ein Artikel der chinesischen Zeitschrift "Neulandgewinnung" bezifferte die Gesamtmenge des an den Staat abgeführten Markt-Nahrungsgetreides (einschließlich Sojabohnen) der Staatsgüter Heilongjiangs im Zeitraum 1949-1960 auf 1,255 Millionen Tonnen. <74>

Die Erhöhung des Getreideangebots durch den Staatsgütersektor war 1957 gering, nach jenem Jahr setzte allerdings seine sprunghafte Ausdehnung ein. <75> Allein die Staatsgüter Heilongjiangs lieferten große Mengen Markt-Nahrungsgetreide an den Staat, wie aus Übersicht 4 hervorgeht:

Übersicht 4

Lieferung von Markt-Nahrungsgetreide an den Staat durch Staatsgüter Heilongjiangs <1>

Zeitraum	Gesamtmenge des Zeitraums (Tonnen)	Jährliche Durchschnittsmenge (Tonnen)
1949-1960	1 255 000	104 583,33
1961-1967	3 650 000	521 428,57
1968-1976	6 900 000	766 666,67
1977-1980	5 050 000	1 262 500,00
1980	1 600 000	1 600 000

<1> S. Anmerkung <74>

Legt man ein städtisches Konsumniveau von 243 kg pro Person und Jahr für die 1950er Jahre zugrunde <76>, so ernährten in den ersten zwölf Jahren die Staatsgüter Heilongjiangs durchschnittlich nur wenig mehr als 400 000 Städter. Immerhin waren sie, gleiches Konsumniveau unterstellt, 1980 in der Lage, mehrere Millionenstädte zu versorgen.

<44> China Handbook Editorial Committee, a. a. O., S. 213 und Zhongguo Nongye Nianjian 1981 (Landwirtschaftliches Jahrbuch Chinas 1981), Beijing 1982, S. 53.

<45> Kuo, L. T. C.: The Technical Transformation of Agriculture in Communist China, New York 1972, S. 40. Diese Zahlen sagen nichts über die Flächenproduktivität der Getreideerzeugung in Staatsgütern gegenüber dem nichtstaatlichen Sektor der Landwirtschaft aus, da sich Kuo auf chinesische Angaben stützt, die sowohl Acker- als auch Weideland einschließen. a. a. O., S. 40f.

<46> A. a. O., S. 42 und Biehl, M.: Die chinesische Volkskommune, Hamburg 1965, S. 226. In Xinjiang bestand die Verwaltung von Staatsgütern durch die Armee fort, obwohl sie dem Ministerium für Staatsgüter und Neulandgewinnung unterstellt waren. Vgl. S. 60 der vorliegenden Arbeit.
Kapitel 6.8 der vorliegenden Arbeit (S. 263f.) weist nach, daß die chinesischen Staatsgüter im Lauf der Zeit eine wichtige Funktion für den Grenzland-Aufbau erfüllten und auch militärische Aufgaben übernahmen. Da der militärische Nutzen der Staatsgüter und ihre grenzstabiliserende Wirtschafts-Tätigkeit überwiegend erst nach 1966 deutlich hervortraten, wird an dieser Stelle nicht darauf eingegangen.

<47> Biehl, M., a. a. O., S. 227.

<48> Kraus, W., a. a. O., S. 122.

<49> Li Fu-Chun, a. a. O., S. 815.

<50> National Programme for Agricultural Development 1956-1967, Peking 1960, S. 16.

<51> Tien, H. Y., a. a. O., S. 150. H. Y. Tien zitierte einen chinesischen Autor, der berichtete, daß von 1953 bis 1956 mehr als 40 000 000 mu (2,667 Millionen ha) Neuland aus kleinen Ödlandflächen ohne staatliche Investitionen gewonnen wurden und daß die Möglichkeit dieser Form der Neulandgewinnung fortbestand.

<52> Tien, H. Y., a. a. O., S. 135 u. 137f.

<53> Hu Yaobang: China Youths Daily, 1. September 1955, englisch in: Tien, H. Y., a. a. O., S. 142f.

<54> Guo Chunhua, a. a. O., S. 408.

<55> Tien, H. Y., a. a. O., S. 127. Tien zitierte den damaligen Ersten Sekretär des Parteikomitees Xinjiang: "1958 waren bereits insgesamt 220 Staatsgüter und -weidebetriebe in der gesamten Region aufgebaut worden. Von diesen sind 178 mechanisierte Farmen. Staatsgüter und -weidebetriebe besitzen mehr als 866 667 ha land, welches mehr als 30 % des kultivierten Landes der Region ausmacht."
Das Verhältnis zwischen kultiviertem und angesätem Land betrug damals laut dieser Quelle 2,16 : 1. Von den 11 Millionen mu (733 333 ha) bestellbaren Landes im Besitz des Sinkiang Produktions- und Aufbaukorps wurden 1963 7,2 Millionen mu (480 000 ha) angesät, was einem Verhältnis von ca. 1,5 : 1 entspricht. a. a. O. Somit nahm der Anteil des angesäten Landes am kultivierten Land innerhalb der fünf Jahre zwischen 1958 und 1963 stark zu.

<56> China Handbook Editorial Committee, a. a. O., S. 212: "1980 verwalteten die Behörden, die für Neulandgewinnung zuständig sind, 2 093 Staatsgüter [...]. Zu ihrem Vermögen gehörten 66,82 Millionen mu (4,454 Millionen ha) Ackerland, [...] 90 Millionen mu (6 Millionen ha) Weideland [...]."

<57> Wang Chen, a. a. O., S. 18.

<58> Wang Chen, a. a. O., S. 15: "Unter der Führung der Generallinie der Partei machten die Staatsgüter gigantische Fortschritte seit dem Großen Sprung Nach Vorn im Jahr 1958."

<59> Guo Chunhua, a. a. O., S. 407.

<60> Unter Siedlern sind Bauern zu verstehen, die auf Neuland siedeln.

<61> Xiao Yu: The Reclamation of Wasteland and the Increase in Arable Land, in: Planned Economy, Nr. 2, 9. Februar 1958, S. 21-24, englisch in: Tien, H. Y., a. a. O., S. 152f.

<62> A. a. O., S. 153

<63> "Umsiedlung der Bevölkerung" wird von H. Y. Tien als geplante, Provinzgrenzen überschreitende Migration interpretiert, von der er zwei Hauptformen unterscheidet:
1) Umsiedlung ganzer Familien und deren Aufnahme in bereits bestehenden landwirtschaftlichen Genossenschaften.
2) Entsendung ausgesuchter junger Siedler in Gruppen zur Errichtung neuer Dörfer, neuer landwirtschaftlicher Genossenschaften und Bestellung vom Staat verfügbar gemachten urbaren Landes. a. a. O., S. 144f.

<64> Wang Fengzai: Explanatory Statements on National Programme for Agricultural Development (Draft), 1956-1967, S. 61f, englisch in: Tien, H. Y., a. a. O., S. 144.

<65> Perkins, D.: Agricultural Development in China, Edinburgh 1969, S. 155ff.

<66> Ou Yu: On the Question of Population Transfer and Land Reclamation, in: Brilliance Daily, 15. 1. 1957, englisch in: Tien, H. Y., a. a. O., S. 145f.

<67> Perkins, D., a. a. O., S. 158.

<68> A. a. O., S. 160.

<69> Tien, H. Y., a. a. O., S. 139.

<70> Petersen, W.: Maos stählerne Transportlinien, Augsburg 1977, S. 13 und China Handbook Editorial Committee, a. a. O., S. 267.

<71> Perkins, D., a. a. O., S. 302.

<72> Groen, H. J. und Kilpatrick, J. A.: China's Agricultural Production, in: Joint Economic Committee: Chinese Economy Post-Mao, Bd. 1, Washington 1978, S. 662.

<73> Laut L. T. C. Kuo produzierten 1957 die chinesischen Staatsgüter 595 000 Tonnen Getreide. Einer chinesischen Quelle zufolge produzierten sie 729 000 Tonnen. China Handbook Editorial Committee, a. a. O., S. 214. Nach Xiao Yu betrug die Vermarktungsquote der Pflan-

zenproduktion der Staatsgüter in der Regel mehr als 70 Prozent. Xiao Yu: The Reclamation of Wasteland and the Increase in Arable Land, in: Planned Economy, Nr. 2, Februar 1958, S. 21-24, englisch in: Tien, H. Y., a. a. O., S. 152. Zu beachten ist, daß Xiao Yu zu den verkauften Pflanzenprodukten nicht nur Getreide zählt.

<74> Summarize Experience To Hasten Progress in Building Commercial Food Grain Bases, in: Zhongguo Nongken, Nr. 1, 24. Januar 1981, S. 5ff., englisch in: JPRS, CRA Nr. 148, 25. Juni 1981, S. 2.

<75> Vgl. S. 43ff., Übersicht 3.

<76> Ishikawa, S., a. a. O., S. 101: "In den 1950er Jahren wurde der Pro-Kopf-Verbrauch von Nahrungsgetreide in städtischen Gebieten (231-243 kg pro Jahr) sogar auf einem Niveau gehalten, das höher war als das ländlicher Gebiete (182-223 kg). Eine ähnliche Differenz besteht bis heute fort."

1.4 Bestandsaufnahme der Jahre 1978 bis 1982

Bedingt durch den Mangel an verläßlichen Daten aus dem Zeitraum 1966-1977 läßt sich die Beschreibung des chinesischen Staatsgütersektors erst ab 1978 in der Weise, wie sie für die Zeit bis 1966 erfolgte, fortsetzen.

Die Festlegung des Untersuchungszeitraums bis 1982 ist dadurch bedingt, daß der Verfasser erstmals 1983 chinesische Staatsgüter zur Durchführung von Interviews besuchte und sein Kenntnisstand, von dem er bei diesen Interviews ausging, der des Jahres 1982 war.

Das Jahr 1978 ist nicht nur als Ende einer Unterbrechung der Statistik, sondern auch als Beginn einer Periode der wirtschaftlichen Umorientierung bedeutsam, die die Staatsgüter wieder zu Gewinn erwirtschaftenden Betrieben werden ließ, nachdem sie viele Jahre mit Verlust wirtschafteten. <77> Als das einschneidende politische Ereignis, auf das diese Veränderung zurückging, wurde in chinesischen Veröffentlichungen die Dritte Plenarsitzung des Elften Zentralkomitees genannt. Während dieser Sitzung im Dezember 1978 wurde in einem Resolutionsentwurf des Zentralkomitees der KPCh festgestellt:

> "Farmen [Staatsgüter], die gegenwärtig noch Verluste erwirtschaften, müssen solche Verluste innerhalb eines bestimmten Zeitraums in Gewinne verwandeln, und vor 1985 brauchen Staatsgüter-Gewinne nicht an übergeordnete Verwaltungsstellen abgeführt zu werden. Um den Geist dieser Resolution umzusetzen, entwarfen das Hauptbüro für Staatsgüter und Neulandgewinnung und das Finanzministerium die "Vorläufigen Bestimmungen betreffend die Praxis der Übernahme von Verantwortlichkeit für finanzielle Belange durch Farmen und Neulandgewinnungs-Unternehmen". Diese wurden dem Staatsrat vorgelegt und von ihm bestätigt, und im Februar dieses Jahres allen Siedlungen zur Erfüllung bekanntgemacht als Direktive Nr. 55 (1979) des Staatsrats. [...] Durch Anwendung der Methode, Verantwortlichkeit für finanzielle Belange zu übernehmen, erzielten sie erfreuliche Ergebnisse bei der Steigerung der Produktion und gleichzeitigen Steigerung der Einnahmen." <78>

Zuvor war eine Arbeitskonferenz über Staatsgüter einberufen worden, die zur Wiederherstellung des Verwaltungsapparats der Staatsgüter führte:

> "Nach der Zerschlagung der "Viererbande" berief der Staatsrat die Nationale Staatsgüter-Arbeitskonferenz Ende 1977 und Anfang 1978 ein. In deren Verlauf wurde vorgeschlagen, daß Staatsgüter so schnell wie möglich zu nationalen Basen für die Produktion von Marktgetreide, industriellen Rohstoffen, ergänzenden Nahrungsmitteln für die Städte und Exporte für den Außenhandel ausgebaut werden, und daß sie eine beispielhafte Führungsrolle bei der Verwirklichung der Modernisierung der Landwirtschaft spielen. Um diese Aufgaben zu erfüllen, wurden entsprechende Anpassungen im Management-System vorgenommen, wovon die erste in der Einrichtung des Staatsbüros für Staatsgüter und Neulandgewinnung mit der folgenden Wiederbelebung des Ministeriums für Staatsgüter und Neulandgewinnung 1979 bestand. [...] Die Provinz-Farmen, die zuvor auf Präfektur- oder Kreisebene herabgesetzt worden waren, kamen wieder unter einheitliche Führung der Provinz. Die Verwaltungs-Organisation der Staatsgüter in den einzelnen Provinzen, provinzfreien Städten und autonomen Gebieten wurde ebenfalls belebt und gestärkt." <79>

Organisatorisches und wirtschaftliches Erstarken des Staatsgütersektors trug zur Wiedererlangung seiner Profitablilität bei:

> "Was Finanzen betrifft, gab es eine Zunahme der Zahl der Unternehmen, die Gewinn machten und eine Abnahme derer, die Verluste erlitten. Die Gewinn-Verlust-Bilanz betrug 200 Millionen Yuan zugunsten der Gewinne und bei der Umkehr der passiven Situation, die 13 Jahre bestand, in der Staatsgüter fortwährend Verluste erlitten, wurde ein Anfang gemacht. Natürlich ist die Situation regional nicht ausgeglichen, und es gibt noch Verluste in einigen Gebieten." <80>

1980 gab es 2 714 Staatsgüter mit 5,06 Millionen Beschäftigten und 4,33 Millionen ha kultivierten Landes. <81> Damit war das Nationale Programm für die Entwicklung der Landwirtschaft dreizehn Jahre nach dessen Ablauf nur zu zwei Dritteln erfüllt. Ursachen für die Nichterfüllung dieses Programms und das Zurückbleiben hinter den hochgesteckten Zielen Mao Tsetungs und Hu

Yaobangs aus den 1950er Jahren (vgl. S. 24 und S. 42), waren nach chinesischen Angaben politische Ereignisse:

> "Während der Zeit der "Kulturrevolution" wurden Staatsgüter und Neulandgewinnung ernstlich durch Lin Biao und die Viererbande untergraben. 1969 wurde das Ministerium für Staatsgüter und Neulandgewinnung abgeschafft und die meisten seiner Verwaltungseinheiten in verschiedenen Provinzen, provinzfreien Städten und autonomen Gebieten wurden geschlossen. Einige Staatsgüter wurden in Volkskommunen verwandelt. Jahr für Jahr erlitten sie Verluste, weil das Verwaltungssystem auf den Kopf gestellt wurde. Niemand war für die Produktion verantwortlich und wirtschaftliche Ergebnisse wurden vernachlässigt." <82>

Darüber hinaus berichtete das chinesische Jahrbuch 1980:

> "Zahlreiche Staatsgüter wurden einer niedrigeren Ebene unterstellt, einige von ihnen wurden zu Volkskommunen und einige von ihnen wurden aufgelöst." <83>

Die Kulturrevolution hielt demnach den Staatsgütersektor von seiner programmgemäßen Ausdehnung ab. Sie betraf allerdings lediglich die letzten zwei Jahre des Nationalen Programms für die Entwicklung der Landwirtschaft 1956-1967. Zu Beginn der Kulturrevolution umfaßte der Staatsgütersektor fast 3,2 Millionen ha und hatte damit weniger als die Hälfte des Ziels dieses Programms - zehn Jahre nach dessen Beginn und zwei Jahre vor dessen Ablauf - erreicht. Für den ungleichmäßigen Verlauf der Programmerfüllung müssen andere Gründe als die Kulturrevolution bestanden haben, doch wurden sie nicht genannt. <84> Sie müssen im Zeitraum 1959 bis 1961 zu suchen sein, denn von einer beispiellosen Erweiterung des Staatsgütersektors im Jahr 1958 und vom Anfang einer stetigen Entwicklung der Staatsgüter im Jahr 1961 wurde berichtet. <85> Für das Jahr 1964 wurde dies durch einen chinesischen Zeitungsbericht bestätigt:

> "1964 stieg die gesamte Getreideerzeugung [der Staatsgüter] um 15 Prozent gegenüber 1963; die Menge des an den Staat gelieferten Marktgetreides stieg um 34 Prozent." <86>

Diese Zunahme beruht zum geringen Teil auf der insgesamt besseren Getreideernte Chinas im Jahr 1964, die um 6,8 % gegenüber 1963 zunahm. <87> Ob die Staatsgüter in bestimmten Landesteilen mit im Jahr 1964 zufällig günstigen Naturbedingungen konzentriert waren, ist aus der Statistik nicht zu erkennen. Leider ist die Zeitreihe von Angaben über die Getreideproduktion der Staatsgüter in Übersicht 5 lückenhaft, so daß die Wirkung einzelner Jahre auf die Getreideproduktion nicht erkennbar ist. Immerhin läßt sich die Gesamtentwicklung ablesen:

Übersicht 5

Getreideproduktion der Staatsgüter Chinas, 1000 Tonnen <88>

Jahr	1949	1952	1957	1962	1965	1970	1975	1979
Menge	16	226	729	1902	3583	4219	5853	7037

Eine Belastung für die Staatsgüter, wenn nicht ein Hindernis für ihr Wachstum und ihre Vermehrung war ihr relativ hohes Lohnniveau. Arbeitskräfte in Staatsgütern bezogen ein Gehalt, das über dem Verdienst von Arbeitskräften in den Kommunen lag. P. Schran bezog sich bei seiner Gegenüberstellung des Verdienstes von Staatsgut-Arbeitskräften und Kommune-Arbeitskräften auf eine chinesische Quelle von 1959, die berichtet, daß Arbeitskräfte auf Staatsgütern in der Regel 50 bis 70 % mehr verdienten als Arbeitskräfte in den Kommunen, daß Staatsgut-Arbeitskräfte das Zwei- oder Dreifache der Löhne von Kommune-Arbeitskräften erhalten konnten und daß sie fast nie weniger verdienten als Kommune-Arbeitskräfte. <89>

Ob diese Einkommensunterschiede berechtigt waren angesichts der Arbeitsbedingungen in den Neulandgebieten oder ob sie unangemessen hoch waren, geht aus Schrans Wiedergabe nicht hervor. Nach seinem Urteil waren die Löhne im Staatsgüter-Sektor durch Lohnänderungen im Staatssektor allgemein beeinflußt und eher Ausdruck von Veränderungen der städtischen nichtlandwirtschaftlichen Nutzungskosten als der Produktivität der Arbeit von

Staatsgütern. Für diese Annahme spricht, daß Staatsgut-Arbeitskräfte als Teil der chinesischen Arbeiterklasse galten und für sie einheitliche Lohnstandards durch den Staat festgelegt wurden. <90>

Interne, den Staatsgütern eigene Ursachen ihrer verzögerten Entwicklung bestanden zweifellos in Gestalt der Vorschriften, entsprechend denen sie aufgebaut waren und arbeiteten. Sie werden in Kapitel 4 behandelt. Zusätzlich bestand die Schwierigkeit ungünstiger natürlicher Produktionsbedingungen, besonders Trockenheit und Nässe, denen durch Bewässerung und Drainage nicht begegnet wurde. Ein chinesischer Bericht erläuterte diese Situation:

> "Gegenwärtig versuchen die Staatsgüter landesweit stabile Erträge zu sichern trotz Trockenheit oder übermäßigen Regens, doch gibt es nur etwas über 333 333 ha Felder mit hohen und stabilen Erträgen, die nur 8 Prozent des bestellten Landes ausmachen; dies ist weit, weit unterhalb des Niveaus von 22 Prozent, das von den ländlichen Volkskommunen und Brigaden landesweit erreicht wird." <91>

Ausgeprägte Ertragsschwankungen infolge natürlicher Einflüsse, die trotz Mehraufwand nicht zu vermeiden waren, verursachten ebenfalls Verluste, wurden aber erst nach den politischen Einflüssen dargestellt:

> "Die Getreideproduktion auf kultiviertem Land im Neulandgewinnungs-Gebiet Heilongjiang macht die Hälfte der gesamten Getreideproduktion auf kultiviertem Land der Staatsgüter im ganzen Land aus. [...] 1967 entfiel ein Traktor auf 216 ha. 21 kg chemischer Dünger wurden je ha Land ausgebracht und, wegen günstigen Wetters für die Kulturen, die Produktion von Getreide und Bohnen erreichte 1,695 t pro ha. 1978 hatte sich die jedem Traktor zugeteilte Fläche auf 180 ha verringert, während die Menge des chemischen Düngers, der pro ha ausgebracht wurde, auf 168,75 kg stieg. Wegen anhaltender Trockenheit hatte der größte Teil des Ackerlandes kein Wasser zur Bewässerung, und die Produktion von Getreide und Bohnen fiel auf 1,5375 t pro ha." <92>

Derartige Ertragsschwankungen verbieten die Ableitung von Schlußfolgerungen aus Vergleichen der Produktionsergebnisse einzelner Jahre. Daher sind in Übersicht 6 Produktionsergebnisse der Jahre 1978 bis 1982 zusammengefaßt, die einen sinnvollen Vergleich mit Übersicht 3 auf S. 43 zulassen. Zu beachten ist, daß diese Gesamtbilder Unterschiede zwischen einzelnen Staatsgütern nicht erkennen lassen, obwohl solche Unterschiede z. T. erheblich sind. Das Keshan-Staatsgut in Heilongjiang erzielte 1978 einen Ertrag von 361 jin Getreide und Bohnen pro mu (2,7075 t pro ha) <93>, während der Durchschnitt aller Staatsgüter der gleichen Provinz 207 jin pro mu (1,5375 t pro ha) betrug (s. S. 59).

Die für Ende 1978 angegebene Zahl von 2 062 Staatsgütern in ganz China ist in Übersicht 7 in einzelne Zahlen für die jeweiligen Provinzen zerlegt. Diese Zahlen sind zusammen mit der auf die einzelnen Provinzen entfallenden kultivierten Fläche der Staatsgüter aufgeführt. Aus Übersicht 7 geht hervor, daß die Staatsgüter nicht nur der Zahl nach ungleich verteilt waren, sondern auch in den einzelnen Provinzen unterschiedliche Flächen einnahmen. Die durchschnittliche Größe der Staatsgüter schwankte zwischen 56,5 und 15211,4 ha. Im Durchschnitt waren die Staatsgüter der Provinz Heilongjiang größer als die der übrigen Provinzen. Sie nahmen auch absolut die größte Fläche ein. Sie hatten einen Anteil von über 50 % an der Fläche aller Staatsgüter, obwohl sie weniger als 7 % der Gesamtzahl der Staatsgüter ausmachten.

Schaubild 1 zeigt eine chinesische Darstellung der Verteilung der Staatsgüter in Ergänzung zu Übersicht 7. Sie erleichtert die geographische Orientierung, ist aber ungenau, weil die eingetragenen Punkte weder Fläche noch Zahl der Staatsgüter treu wiedergeben. Eine mehrere Quadratmeter große Landkarte Chinas, die Orte und Namen aller chinesischen Staatsgüter genau angibt und speziell für diesen Zweck gedruckt wurde, sah der Verfasser in China, bekam aber von der Staatsgüterverwaltung unter Hinweis auf den Geheimnisschutz kein solches Exemplar ausgehändigt. Wahrscheinlicher Grund für deren Zurückhaltung ist der militärische Charakter einiger Staatsgüter zumindest in Heilongjiang und Xinjiang, wo Staatsgüter von Regimentern betrieben werden. <94> Geheimniskrämerei der Chinesen war anscheinend die Ursache dafür, daß ein Atlas der Provinz Heilongjiang, in der sich 1978 der größte Teil der

Übersicht 6

Zahl, Fläche, Getreideernte und Beschäftigte der Staatsgüter, landesweit, 1978 - 1982

Jahr	Zahl	Kultivierte Fläche in Hektar	Getreideernte in Tonnen <1>	Beschäftigte
1978	2 062 <a>	4 229 340 <a>	6 460 055 <b> darunter Marktgetreide: 1 910 378	
1979	2 047 <c>	4 357 333 <c>	7 035 000 <c> darunter Marktgetreide: 2 430 000	4 810 000 <c> (4 984 400) <d>
1980	2 093 <d>	4 454 666 <d>	7 665 000 <d> darunter Marktgetreide: 3 050 000	4 920 300 <d>
1981			6 085 000 <e> darunter Marktgetreide: 2 105 000	
1982			6 819 215,9 <f>	

<1> Alle Angaben schließen auch Sojabohnen ein.
Die Angabe für 1980 beschränkt sich ausdrücklich auf Nahrungsgetreide und Sojabohnen. In den übrigen Fällen ist nicht zwischen Nahrungs- und Futtergetreide unterschieden. Diese Unterscheidung hat allerdings nicht immer praktische Bedeutung. Der Anteil von Feingetreide

(Fortsetzung nächste Seite)

(Fortsetzung von Anmerkung 1)

(Weizen und Reis) in der Nahrung von Staatsgüter-Arbeitern in Xinjiang war 1981 von 20 - 30 % auf 50 % gestiegen, in einigen Fällen auf über 90 %. Obwohl diese Zahlen nicht auf den Getreideanteil, sondern irreführenderweise auf die gesamte Nahrung bezogen sind, bezeichnen sie offensichtlich das Verhältnis von Grob- und Feingetreide. Improvement in Living Conditions, in: Zhongguo Nongken (Chinese Agricultural Reclamation), Nr. 5/1981, S. 14, englisch in: JPRS, CRA Nr. 157, 10. Aug. 1981, S. 14.
1980 betrug die Sojabohnenernte 851 231 t, 11,1 % der Getreideernte. Der gesamte Getreideertrag lag bei 2,145 t/ha, der Sojabohnenertrag lag bei 1,215 t/ha. Zhongguo Nongye Nianjian 1981 (Landwirtschaftsjahrbuch Chinas 1981), Beijing 1982, S. 53.

<a> Xingluo qibu de guoying nongchang (Distribution of State Farms), in: Zhongguo Nongken <Chinese Agricultural Reclamation), Nr. 4, 24. April 1980, S. 28, englisch in: JPRS, CRA Nr. 116, 5. Jan. 1981, S. 2f.

<b> Errechnet nach Zao Xuezhi: State Farms Enterprises convert Losses into Profits, in: Zhongguo Baike Nianjian 1980 (Yearbook of the Great Encyclopeadia of China, 1980), Beijing und Shanghai 1980, S. 336-363, englisch in: JPRS, CRA Nr. 144, 10. Juni 1981, S. 72.

<c> Qian Tiefang, a. a. O. und Zao Xuezhi, a. a. O.

<d> Planning Bureau of the Ministry of State Farms and Reclamation: National Agricultural Reclamation Achievements in 1980, in: Zhongguo Nongken (Chinese Agricultural Reclamation), Nr. 6, 24. Juni 1981, englisch in: JPRS, CRA Nr. 165, 28. Sept. 1981, S. 1ff.
Ferner gehörten 1980 zum Vermögen der Staatsgüter 322 000 Hektar Kautschuk-Plantagen, 106 000 Hektar Obstgärten, Maulbeer- und Teeplantagen und 6 Millionen Hektar Weideland. China Handbook Editorial Committee, a. a. O., S. 212.
Am 20. März 1980 dagegen berichtete Zhao Fan, damals Vizeminister für Staatsgüter und Neulandgewinnung, daß damals das Staatsgüter- und Landgewinnungssystem 2 048

(Fortsetzung nächste Seite)

(Fortsetzung von Anmerkung d)

Staatsgüter und -weiden, 4,3 Millionen Hektar kultivierten Landes, 306 667 Hektar Gummi und 12,667 Millionen Hektar Grasland umfaßte. Zhongguo Nongken (Chinese Agricultural Reclamation), Nr. 5., 24. Mai 1980, S. 5, englisch in: JPRS, CRA Nr. 124, 19. Feb. 1981, S. 6. Ein weiterer Bericht bestätigte dieselben Zahlen für kultiviertes Land, Gummi und Grasland und nannte ferner 1,8 Millionen Hektar Wald und 100 000 Hektar Marktfrüchte. Gao Yang: Operate State Farms According to Socialist Economic Principles, a. a. O., S. 8.

Guo Chunhua bezifferte die Getreideproduktion der Staatsgüter für das Jahr 1980 auf 37,665 Millionen Tonnen, eine nicht glaubhafte Menge. Guo Chunhua, a. a. O., S. 409.

<e> Bureau of Planning, Ministry of Agriculture and Land Reclamation: General Condition of Agricultural and Reclamation Production Construction in China in 1981, in: Zhongguo Nongken (Chinese Agricultural Reclamation), Nr. 5, 24. Mai 1982, S. 3-5, englisch in: JPRS, CRA Nr. 219, 6. Aug. 1982, S. 101.
In dieser Quelle ist die Getreideernte der chinesischen Staatsgüter um den Faktor 10 000 zu niedrig angegeben, was vermutlich von der Auslassung des chinesischen Zahlworts "wan" (10 000) herrührt, das als Einheit für Mengenangaben im Chinesischen verwandt wird. Diese Quelle enthält neben der absoluten Mengenangabe einen Vergleich mit dem Vorjahr in Form einer Prozentzahl, so daß der Irrtum in der Größenordnung der absoluten Mengenangabe offenkundig ist.
Aus dieser Quelle geht folgendes über Getreideernte und Marktgetreide der chinesischen Staatsgüter hervor: Der Produktions-Rückgang von Getreide und [Soja-] Bohnen betrug 20 % und die Anbaufläche dieser Produkte 3,479 Millionen Hektar, 2,7 % weniger als im Jahr zuvor. Die Menge des Marktgetreides ging um 31,2 % zurück. Der Anteil des Marktgetreides an der Getreideernte betrug 34,5 %, 5,4 % weniger als im Jahr zuvor, und der Soja-Anteil am Marktgetreide betrug 185 000 Tonnen.

(Fortsetzung nächste Seite)

(Fortsetzung von Anmerkung e)

Zur Konfusion trägt eine Quelle bei, die zwar Zahlen konsistenter Größenordnung wiedergibt, den Produktionsrückgang aber als Steigerung ausweist: "Die Gesamt-Erzeugung von Getreide und Bohnen betrug 6,3 Millionen Tonnen, eine Steigerung um 1,35 Millionen Tonnen oder 17,74 Prozent."
Disaster Situation Serious But Situation Good, in: Zhongguo Nongken (State Farms and Land Reclamation in China), Nr. 12, Dez. 1981, S. 2, englisch in: JPRS, CRA Nr. 199, 13. April 1982, S. 10.)

Für den erheblichen Rückgang der Getreideernte 1981 wurden Witterungseinflüsse verantwortlich gemacht: "Dieses Jahr litten Staatsgüter in 15 Provinzen und Gebieten unter den Naturkatastrophen Trockenheit, Staunässe, Wind, Hagel und Frost. Das betroffene Gebiet umfaßte 1,93 Millionen ha oder 44 Prozent der gesamten bestellten Fläche, wovon 0,8 Millionen ha überhaupt keinen Ertrag brachten. Besonders schwere Fälle von Überflutung und Staunässe traten im Neulandgewinnungs-Gebiet von Heilongjiang auf, wo das Katastrophengebiet 1,608 Millionen ha umfaßte, wovon auf 0,68 Millionen ha nichts produziert wurde." a. a. O.

Solches Ernterisiko machte die Entscheidung für Staatsgüter anstelle von bäuerlichen Betrieben in Neulandgebieten unausweichlich (vgl. S. 47f. und S. 59f. der vorliegenden Arbeit), weil das Einkommen der Beschäftigten in Staatsgütern anders als das der Bauern nicht vollständig vom Produktionserfolg abhängig gewesen ist. (Vgl. S. 58f.) Nichtsdestoweniger ging 1981 die Marktgetreidemenge relativ stärker zurück als die gesamte Getreideernte.

<f> Zhongguo Nongye Nianjian 1983 (Landwirtschaftsjahrbuch Chinas 1983), Beijing 1984, S. 94.

Übersicht 7

Verteilung der Staatsgüter, 1978 <1>

Nr.	Provinz (oder Gebiet oder Stadt)	Zahl der Staatsgüter	Kultivierte Fläche in ha	durchschnittliche Größe in ha <2>
1	Heilongjiang	141	2 144 800	15 211,4
2	Jilin	154	102 000	662,3
3	Liaoning	137	130 533	952,8
4	Beijing	16	4 066	254,1
5	Tianjin	15	7 066	471,1
6	Hebei	27	77 060	2854,1
7	Nei Menggu	59	90 533	1534,5
8	Shanxi	10	5 626	562,6
9	Shanghai	23	20 400	887,0
10	Jiangsu	37	78 713	2127,4
11	Zhejiang	70	11 513	164,5
12	Anhui	30	39 520	1317,3
13	Fujian	122	9 860	80,8
14	Jiangxi	159	39 073	245,7
15	Shandong	19	15 913	837,5
16	Henan	84	20 413	243,0
17	Hubei	46	144 386	3138,8
18	Hunan	110	69 993	636,3
19	Guangxi	54	22 686	420,1
20	Guangdong	142	56 833	400,2
21	Sichuan	146	2 540	17,4
22	Guizhou	40	2 260	56,5
23	Yunnan	33	16 566	502,0
24	Xizang	9	16 166	1796,2
25	Shaanxi	18	21 860	1214,4
26	Gansu	27	42 526	1575,0
27	Ningxia	15	30 460	2030,7
28	Xinjiang	287	975 060	3397,4
29	Qinghai	32	30 706	959,6
	Insgesamt	2 062	4 229 340	

<1> Xingluo qibu de guoying nongchang (Distribution of State Farms), in: Zhongguo Nongken (Chinese Agricultural Reclamation), Nr. 4, 24. April 1980, S. 28, englisch in: JPRS, CRA Nr. 116, 5. Jan. 1981, S. 2f.

<2> Errechnet aus Zahl und kultivierter Fläche der Staatsgüter.

Schaubild 1

Verteilung der Staatsgüter <1>

1 Heilongjiang
2 Jilin
3 Liaoning
4 Beijing
5 Tianjin
6 Hebei
7 Nei Menggu
8 Shanxi
9 Shanghai
10 Jiangsu
11 Zhejiang
12 Anhui
13 Fujian
14 Jiangxi
15 Shandong
16 Henan
17 Hubei
18 Hunan
19 Guangxi
20 Guangdong
21 Sichuan
22 Guizhou
23 Yunnan
24 Xizang
25 Shaanxi
26 Gansu
27 Ningxia
28 Xinjiang
29 Qinghai

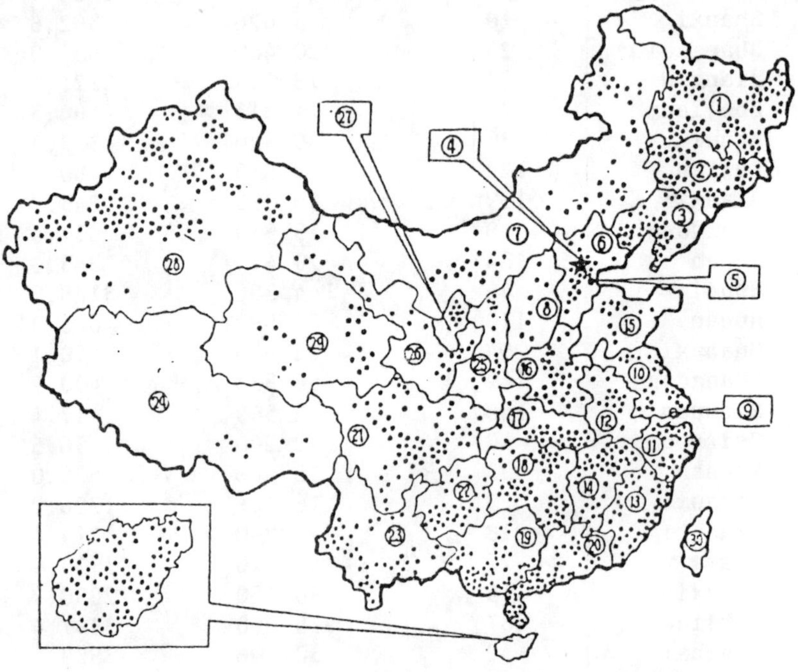

<1> Die den einzelnen Provinzen zugeordneten Nummern entsprechen denen von Übersicht 7. Xingluo qibu de guoying nongchang (Distribution of State Farms), in: Zhongguo Nongken (Chinese Agricultural Reclamation), Nr. 4, 24. April 1980, S. 28, englisch in: JPRS, CRA Nr. 116, 5. Jan. 1981, S. 2.

Fläche aller Staatsgüter Chinas befand, 1983 weder im Buchhandel noch in der städtischen Bibliothek der Hauptstadt der Provinz Heilongjiang erhältlich war. Provinz-Atlanten anderer Provinzen wie Shaanxi und Zhejiang konnte der Verfasser vermutlich deshalb erwerben, weil diese Provinzen im Landesinnern liegen und weil es keine Hinweise darauf gibt, daß deren Staatsgüter zum Teil militärischen Charakter haben wie einige Staatsgüter in grenznahen Provinzen. (Vgl. S. 60.)

In Abhängigkeit von der nach Landesteilen verschiedenen Produktionsrichtung der Staatsgüter bildeten sich Produktionsschwerpunkte:
In Nordost-China (in Heilongjiang, Jilin und Liaoning und dem Ostteil des Bezirks Hulunbeier der Inneren Mongolei) sind Getreide, Sojabohnen und Zuckerrüben die Hauptprodukte.
In Nordwest-China (in Xinjiang, Gansu und Ningxia) sind Getreide, Baumwolle und Zuckerrüben die Hauptprodukte.
In der tropisch-subtropischen Region in Süd-China (im Zhanjiang-Gebiet und auf der Insel Hainan in Guangdong und im Gebiet Xishuang Banna in Yunnan) bauen 160 Staatsgüter auf 260 000 ha Kautschuk an. <95>

Eine chinesische Quelle machte für das Jahr 1980 folgende Angaben:

* 48 % der 2 093 Staatsgüter befaßten sich hauptsächlich mit Getreide und Marktfrüchten, 21 % mit Tierzucht, 8 % mit Kautschuk und tropischen Pflanzen, 14 % mit Obst- und Teeproduktion, 4 % mit Erzeugnissen der chinesischen Medizin und 5 % mit anderen Aktivitäten.
* Der Gesamtwert der landwirtschaftlichen und industriellen Produktion der Staatsgüter betrug 8 600 Millionen yuan. Dazu trug die Landwirtschaft 55,6 % bei, die Industrie 44,4 %. Die Pflanzenproduktion machte 59 % des Gesamtwertes der landwirtschaftlichen Produktion aus, Tierzucht 12,6 %, Fischerei 0,4 %, Kautschuk 13,8 %, Forstwirtschaft 2,6 % und Nebengewerbe 11 %.
* Der Getreideanbau (einschließlich Sojabohnen) nahm 76,4 % der gesamten Aussaatfläche ein, darunter Sojabohnen 14,9 %. <96>

<77> Vgl. S. 92ff. Die Formel für die Gewinn-Ermittlung von Staatsgütern ist in Übersicht 8 auf S. 98 enthalten.

<78> Jiang Dongping: Conscientiously Strengthen Management of Financial Affairs, Promote Farms, Reverse Losses, and Increase Profits, in: Caizheng (Finance), Nr. 5, 5. 5. 1980, S. 1ff., englisch in: JPRS, CRA Nr. 111, 19. Nov. 1980, S. 1.

<79> Qian Tiefang: State Farms and Land Reclamation, in: Zhongguo Baike Nianjian 1980 (Yearbook of the Great Encyclopaedia of China, 1980), Beijing und Shanghai 1980, S. 336-363, englisch in: JPRS, CRA Nr. 144, 10. Juni 1981, S. 71.

<80> Jiang Dongping, a. a. O.

<81> A. a. O., S. 2.

<82> Guo Chunhua, a. a. O., S. 408.

<83> Qian Tiefang, a. a. O.

<84> Guo Chunhua, a. a. O. und Qian Tiefang, a. a. O.

<85> Guo Chunhua, a. a. O., S. 407f.

<86> Accelerate New Upsurge of Production in State Farms, Gongren Ribao (Worker's Daily), Peking, 18. Juli 1965, S. 3, englisch in: Joint Publications Research Service, Translations on communist China's Food and Agriculture No. 76, 24. Aug. 1965, S. 8.

<87> Zhongguo Nongye Nianjian 1980 (Landwirtschaftliches Jahrbuch Chinas 1980), Beijing 1981, S. 34.

<88> A. a. O., S. 38.

<89> Schran, P.: The Development of Chinese Agriculture, 1950-1959, Urbana 1969, S. 195.

<90> A. a. O. und Zao Feng u. Ding Lushu: Lecture 1. Character and Duties of State Farms, in: Zhongguo Nongken (Chinese Agricultural Reclamation), Nr. 2, 24. Feb.

1980, S. 31ff., englisch in: JPRS, CRA Nr. 115, 22. Dez. 1980, S. 3:
" [...] Beschäftige von Staatsgütern sind Teil der chinesischen Arbeiterklasse. Lohnstandards und Wohlfahrts-Nebeneinnahmen für diese Beschäftigten werden einheitlich vom Staat festgelegt."

<91> Jiang Dongping, a. a. O.

<92> A. a. O., S. 2f.

<93> Intensification of Cost Management is a Major Link in the Economic Management of Farms, in: Zhongguo Nongken (Chinese Agricultural Reclamation), Nr. 3, 24. März 1980, S. 5f., englisch in: JPRS, CRA Nr. 120, 29. Jan. 1981, S. 16.

<94> Liu Liangyu: Much Greater Use Should Be Made of the Advantages of Agricultural Machanization in Reclamation Areas of Heilongjiang, in: Zhongguo Nongken (Chinese Agricultural Reclamation), Nr. 8, 24. Aug. 1980, S.6f., englisch in: JPRS, CRA Nr. 137, 7. Mai 1981, S. 16. u. Mao Naishun und Ying Anli: Problems Concerning the Intensive Farming and Land Reclamation in Xinjiang, in: Zhongguo Nongken (State Farms and Land Reclamation in China), Nr. 3, 1982, S. 26f., englisch in: JPRS, CRA Nr. 226, 16. Sept. 1982, S. 47ff.

<95> China Handbook Editorial Committee: China Handbook Series, Economy, Beijing 1984, S. 212.

<96> Guo Chunhua, a. a. O., S. 412.

2 Verwaltung der Staatsgüter durch übergeordnete Institutionen

Der erste Abschnitt dieses Kapitels beschreibt die Verwaltung der Staatsgüter konkret auf gesamtstaatlicher Ebene und allgemein auf Provinz-Ebene. Der zweite Abschnitt dieses Kapitels erläutert konkret den Ablauf der Planung der Staatsgüter in der Provinz Heilongjiang.
Dieses Kapitel beruht auf dem Kenntnisstand, den der Verfasser aufgrund von Lektüre, Gesprächen mit chinesischem Verwaltungspersonal und direktem Einblick in Staatsgüter bis Mitte 1983 hatte. Seither eingetretene Veränderungen sind in Kapitel 5 beschrieben.

2.1 Direkt-Planungsmethode auf und oberhalb der Provinzebene

Die Zentralregierung, die Provinzregierungen und andere den Staatsgütern übergeordnete Institutionen nahmen auf die einzelnen Staatsgüter Einfluß, indem sie auf deren Planungsentscheidungen einwirkten. Dies erfolgte bis einschließlich 1984 <97> mittels der Direktplanungsmethode, in deren Rahmen Vorschriften, Verordnungen, Produktionsziele und Vermarktungsquoten angewandt wurden, um die Wirtschaftstätigkeit der Produktionseinheiten zu regulieren. Große Teile des Managements lagen in institutioneller und funktioneller Hinsicht außerhalb der Produktionseinheiten. Den ausführenden Produktionseinheiten blieb wenig Flexibilität für eigene wirtschaftliche Entscheidungen innerhalb dieses Planungsverfahrens. <98> Justiz, Polizei und andere Funktionen der Staatsgüter, die außerhalb des wirtschaftlichen Bereichs liegen, z. B. Teile des Bildungswesens wie technische Schulen und Hochschulen, die speziell auf den Staatsgütersektor zugeschnitten sind, unterstehen Institutionen, die den Staatsgütern übergeordnet sind. <99>

Den Staatsgütern sind unterhalb der Provinzebene regional unterschiedene Verwaltungsämter übergeordnet sowie auf Provinzebene ein Provinzbüro für Staatsgüter und Neulandgewinnung. Dieses Provinzbüro nimmt eine wichtige Position ein, weil es sowohl die ihm nachgeordneten Verwaltungsämter und das Ministerium für Landwirtschaft, Tierzucht und Fischerei der Zentralregierung als auch die ressortübergreifende Provinz-Planungskommission miteinander verbindet. Es befindet sich an der Schnittstelle von Landwirtschaftsressort und wirtschaftlicher Gesamtplanung auf Provinzebene, weil die Provinz-Planungskommission der Staatlichen Planungskommission untersteht, die die Planungsaktivitäten ganz Chinas zusammenfaßt. Weitere gesamtstaatliche Institutionen, z. B. die Nationale Planungsversammlung und der Nationale Volkskongreß nehmen wie die Staatliche Planungskommission indirekt Einfluß auf die Staatsgüter. Solcher Einfluß wird auch vom Finanzministerium ausgeübt. Der Staatsrat hingegen gibt den Staatsgütern unmittelbar Direktiven. (Vgl. S. 55.)

1982 wurde das Ministerium für Staatsgüter und Neulandgewinnung als Abteilung in das neue Ministerium für Landwirtschaft, Tierzucht und Fischerei eingegliedert. <100> Im folgenden wird diese Abteilung Hauptbüro für Staatsgüter genannt. Die Schaffung des Hauptbüros für Staatsgüter war Teil einer umfassenden Vereinfachung der chinesischen Agrarverwaltung, durch die die Zahl der Ministerien erheblich reduziert wurde. In deren Verlauf gingen 1982 u. a. drei Behörden (Ministerium für Staatsgüter und Neulandgewinnung, Generalamt für Wasserprodukte und Ministerium für Pflanzenproduktion) im neugeschaffenen Ministerium für Pflanzenproduktion, Tierproduktion und Fischerei auf, das im folgenden in Anlehnung an den offiziellen Sprachgebrauch Ministerium für Landwirtschaft, Tierzucht und Fischerei oder nur kurz Landwirtschaftsministerium genannt wird. Ferner wurde im Zuge der Neuordnung der chinesischen Agrarverwaltung die Staatliche Landwirtschafts-Kommission aufgelöst. <101>

Die wichtigste und sich jährlich wiederholende Form der Einflußnahme übergeordneter Institutionen auf die Staatsgüter war die Planung der Produktion. Der Planungsvorgang nahm seinen Ausgang von vorläufigen Plänen der Staatsgüter für die Produktionsprogramme und Bauvorhaben des nächsten Jahres. Deren Pläne wurden sowohl von gesamtstaatlichen Zielen als auch von den vorgesehenen prozentualen Veränderungen gegenüber den Produktionsplänen und Bauprojekten der Staatsgüter im laufenden Jahr beeinflußt. Provinzbüros für Staatsgüter und Neulandgewinnung faßten die Pläne der einzelnen Staatsgüter innerhalb ihres Verwaltungsgebietes zusammen und "glichen sie aus". Als Ausgleichen wurde im Generalamt für Staatsgüter in der Provinz Heilongjiang, einer dem Landwirtschaftsministerium nachgeordneten Behörde, folgendes bezeichnet:

- Abstimmung von Plan-Vorschlägen aufeinander <102>
- Sicherstellung der Einhaltung bestimmter technischer Relationen innerhalb der einzelnen Vorschläge und zwischen diesen, wie z. B. des Anbauverhältnisses, der Proportionen zwischen einzelnen Ressourcen usw.

Als Resultat der Arbeit der Provinzbüros entstanden Plan-Entwürfe, die an die Provinz-Planungs-Kommissionen weitergeleitet wurden. Gleichzeitig gingen diese Plan-Entwürfe dem Hauptbüro für Staatsgüter im Ministerium für Landwirtschaft, Tierzucht und Fischerei in Beijing zu. Die Provinz-Planungs-Kommission jeder Provinz fügte den Plan-Entwurf des jeweiligen Büros für Staatsgüter und Neulandgewinnung in den Gesamtplan der Provinz ein und leitete diesen an die Staatliche Planungs-Kommission, die oberste Planungsbehörde in China, weiter.

Das Hauptbüro für Staatsgüter erhielt Pläne von den Provinz-Planungs-Kommissionen und von den Provinz-Büros für Staatsgüter und Neulandgewinnung und glich sie aus. Es fügte die Provinzpläne zu einem gesamtstaatlichen Plan-Entwurf zusammen, der sowohl Ziele für die Produktion als auch für Bauvorhaben enthielt. Dieser Planentwurf wurde der Staatlichen Planungs-Kommission sowie der Nachfolge-Organisation der Staatlichen Landwirtschafts-Kommission, deren Funktionen 1982 der Staatlichen Planungs-Kommission und dem Ministerium für Landwirtschaft, Tierzucht und Fischerei übertragen wurden <103>, zugeleitet.

Die Staatliche Planungs-Kommission, der die Pläne der Provinz-Planungs-Kommissionen und des Hauptbüros für Staatsgüter vorlagen, integrierte die Pläne für die Staatsgüter in den umfassenden Plan für die Gesamt-Wirtschaft. Sie berief gewöhnlich eine nationale Planungs-Versammlung im November oder Dezember ein. Beamte der Staatlichen Planungs-Kommission prüften während der Zusammenkünfte nationale Ziele, Politik und verfügbare Ressourcen und stellten in Absprache mit den verantwortlichen Ministerien des Staatsrats und den Planungs-Kommissionen auf Provinz-Ebene einen Plan-Entwurf auf.

Der Plan-Entwurf wurde dem Nationalen Volkskongreß zur Bestätigung übergeben, bevor er zum offiziellen nationalen Plan wurde. (Vgl. Schaubild 2.) War der Plan bestätigt, wurde der Teil von ihm, der den Staatsgüter-Sektor betraf, vom Hauptbüro für Staatsgüter zu den Büros auf Provinz-Ebene und von dort schließlich zu den einzelnen Staatsgütern weitergeleitet. Diese Art der Planung wurde Direkt-Planungsmethode genannt. Der Arbeitsplan, der Löhne, Umfang des Arbeitskräfte-Einsatzes und Beschäftigungs-Plan festlegte, war im Plan für die Staatsgüter enthalten. <104>

Schaubild 2 <1>

Direkt-Planungsmethode auf und oberhalb der Provinzebene, 1980

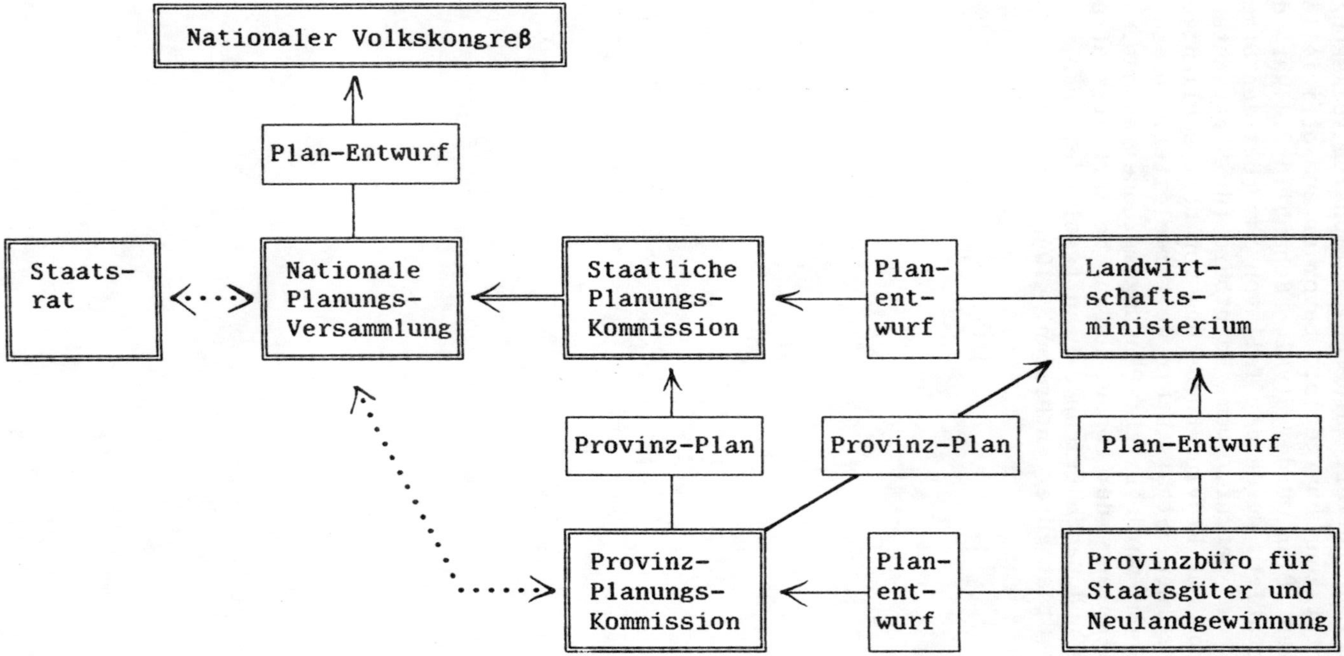

<1> Tuan, F. C. und Crook, F. W., a. a. O., S. 30f.

Legende: ——— = übergibt ═══ = beruft ein ······· = berät mit

2.2 Direkt-Planungsmethode auf und unterhalb der Provinzebene

Am Beispiel der Provinz Heilongjiang ist nachfolgend der Planungsvorgang auf und unterhalb der Provinzebene beschrieben. Oberste Provinzbehörde der Staatsgüter-Verwaltung in Heilongjiang ist das Generalamt für Staatsgüter in der Funktion des Provinzbüros für Staatsgüter und Neulandgewinnung. Ihm unterstehen neun Verwaltungsämter <105>, die nächsttiefere Verwaltungsebene sind die einzelnen Staatsgüter. Das Generalamt für Staatsgüter bestimmte die Planungstätigkeit der Staatsgüter in Heilongjiang weitgehend. Beispielsweise legte es die Anbaufläche der einzelnen Staatsgüter fest. Der Planungsprozeß in der Provinz Heilongjiang im Verwaltungsbereich des Generalamts vollzog sich über die weiteren Stufen Verwaltungsamt, Staatsgut und dessen Untereinheiten Brigade und Produktionsgruppe. (Vgl. Schaubild 3.) Für die Planung wurden zwei Arten von Kennzahlen verwandt, die die Produktion der Produktionsgruppe festlegten: 1. durch die Produktionsgruppe unbedingt zu erfüllende Kennzahlen. 2. durch die Produktionsgruppe nicht unbedingt zu erfüllende Kennzahlen, die im folgenden außer Betracht bleiben. Die erste Art von Kennzahlen wurde nach Maßgabe des Bedarfs der Bevölkerung und der Produktionskapazität der jeweiligen Produktionsgruppe festgelegt. Der Planungsprozeß begann, indem die Produktionsgruppe Ende Juli bis Anfang August der Brigade oder der Betriebsleitung des Staatsgutes einen Vorschlag für ihr Produktionsprogramm vorlegte. Von Stufe zu Stufe wurden die Vorschläge der Produktionsgruppen, Brigaden und Staatsgüter aggregiert und über das Verwaltungsamt dem Generalamt übermittelt. Das Generalamt glich die bei ihm eingehenden Vorschläge aus und legte anschließend alle Kennzahlen aus seinem Bereich der Provinz-Planungs-Kommission und dem Ministerium für Landwirtschaft, Tierzucht und Fischerei in Beijing vor. Zur gleichen Zeit, im September oder Oktober, erhielten die Produktionsgruppen darüber Bescheid, inwieweit ihre Vorschläge durch das Generalamt geändert wurden. <106> In der Regel wurden den Staatsgütern die Anbauflächen von Mais, Weizen und Soja so vorgegeben, daß sie sich wie 2 : 5 : 3 verhielten. <107> Die Produktionsgruppen konnten danach erneut, im Oktober oder November, ihr Programm nach den Anweisungen des Generalamts festlegen und beim Generalamt einreichen, das

Schaubild 3 <1>

Direkt-Planungsmethode auf und unterhalb der Provinzebene

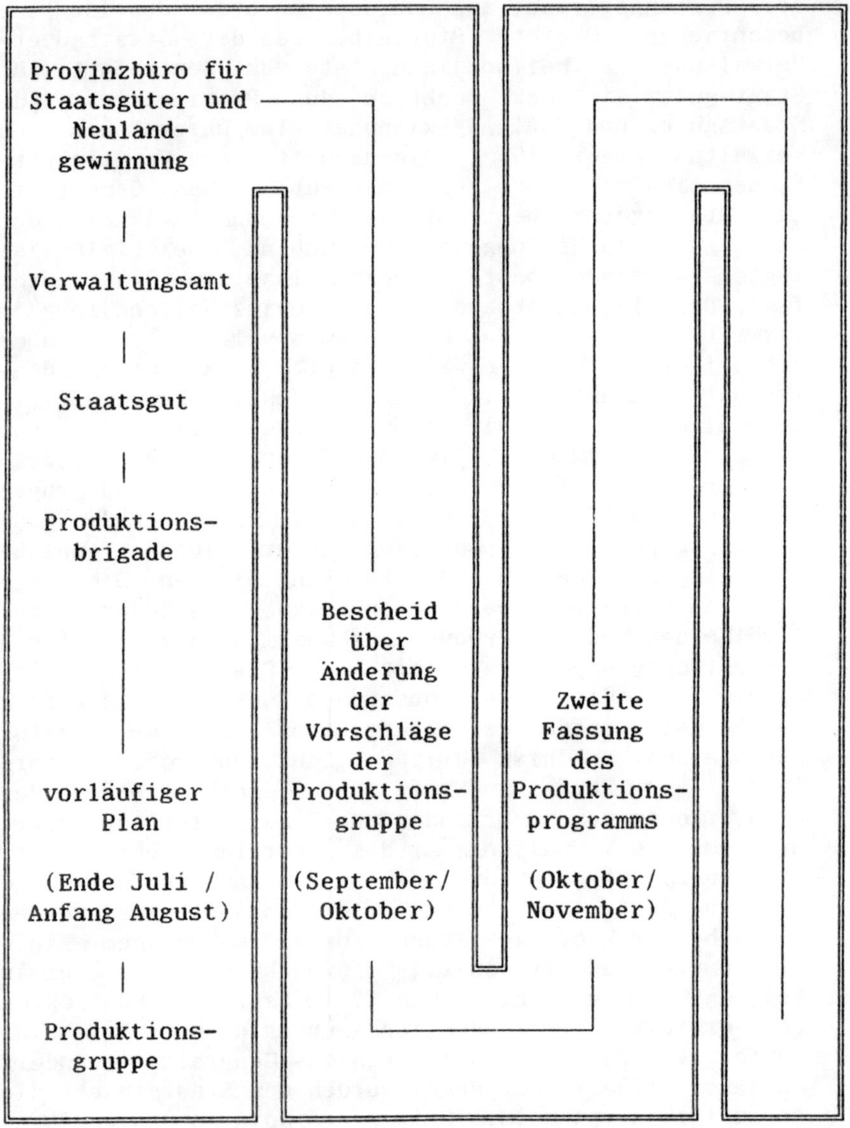

<1> Nach Auskunft von Beamten des Generalamts für Staatsgüter in Jiamusi während eines inoffiziellen Gesprächs am 31. 7. 1983.

diese zweite Fassung unverändert als später unbedingt zu erfüllende Kennzahlen festlegte. Mittels eines Bilanzverfahrens und mittels Planungstabellen erfolgte das Abstimmen der einzelnen Planvorschläge aufeinander. Die Input-Output-Analyse nach Leontieff wurde nicht verwandt.

Die Erzeugerpreise wurden vom Amt für Preise in Beijing festgelegt. Grundsätzlich unterschied man in China zwei Preise: 1. Planungspreis, 2. Preis nach den Marktverhältnissen. Der Planungspreis wurde durch die Addition der Faktorkosten ermittelt, der Preis nach den Marktverhältnissen gab die Knappheitsverhältnisse am Markt wieder. Das Verhältnis der Preise von Soja, Weizen und Mais war nach Angaben von Beamten des Generalamts für Staatsgüter <108> ausgewogen und wurde Konsumenten und Produzenten gerecht, so daß die einzelnen Preise nicht nur den Präferenzen der Käufer entsprachen und den Anbietern Gewinn ermöglichten, sondern auch der Preis eines Produktes nicht Kauf und Verkauf eines anderen beeinträchtigte.

Die materiellen Mittel für die Produktion wurden den Staatsgütern vom Staat in Form der Produktionsfonds finanziert, soweit die Staatsgüter nicht eigene Fonds durch Verwendung von Gewinnen <109> oder fremde Fonds durch Kreditaufnahme anlegten.

Staatlicherseits bereitgestellte Produktionsfonds waren später von den Staatsgütern nach Maßgabe der Größe ihres Gewinns in Gestalt der Produktionsfondsabgabe, einem Teil des Brutto-Gewinns <110>, an den Staat zurückzuzahlen. Die Ausstattung der Staatsgüter mit Produktionsfonds war unterschiedlich und betrug höchstens 1 500 - 2 000 Yuan/ha. Es gab einige Betriebe mit lediglich 150 Yuan/ha. Durchschnittswerte waren wegen des unterschiedlichen Alters der Staatsgüter nicht verfügbar. Schätzungen zufolge waren die Produktionsfonds der Staatsgüter zu etwa gleichen Teilen aus dem Staatshaushalt, aus Eigenmitteln der Staatsgüter und aus Krediten finanziert. <111> Innerhalb der Staatsgüter führten Produktionsgruppen und -brigaden Teile ihrer Gewinne an den Gesamtbetrieb ab. <112> Ohne Verpflichtung zur Rückzahlung erhielten die Staatsgüter vom Staat Betriebskosten ersetzt, die hauptsächlich aus den

Löhnen der in den Staatsgütern Beschäftigten bestanden. <113>

Beamte des Ministeriums für Staatsgüter und Neulandgewinnung stellten einen Mangel an Flexibilität der Direkt-Planungsmethode fest und berichteten über zwei Probleme, die bei ihrer Planungstätigkeit auftraten. 1. Die Pläne waren zu detailliert. Die Tätigkeit der Staatsgüter mußte zu starren Planzielen folgen, und die Entscheidungsträger innerhalb der Staatsgüter hatten nur geringe Vollmacht, vor Ort Entscheidungen zu treffen. 2. Das Management der Staatsgüter beruhte vorwiegend auf dem Voluntarismus der Administration, der nicht immer wirtschaftlichen Prinzipien folgte. Ferner wiesen sie darauf hin, daß allen Staatsgütern mehr Vollmacht für eigenständiges Management gegeben werden sollte, um die Planungsarbeit zu verbessern. Beispielsweise könnten außer einigen Getreide-Produktions-Quoten die Ablieferungs-Quoten empfehlen, was verkauft werden soll, statt dies bindend vorzuschreiben. <114>

<97> Nach Auskunft von Leitungspersonal des Staatsguts 597 am 8. 8. 1985.

<98> Tuan, F. C. und Crook, F. W.: Planning and Statistical Systems in China's Agriculture, Washington 1983, S. 19.

<99> Nach Auskunft von Beamten des Generalamts für Staatsgüter in Jiamusi während eines inoffiziellen Gesprächs am 31. 7. 1983.

<100> Tuan, F. C. und Crook, F. W., a. a. O., S. 30.

<101> A. a. O., S. 14f.

<102> Chinesische Beamte drücken sich nicht immer klar aus. Genaue Auskünfte zum Vorgang der Abstimmung und Einsicht in Planungsunterlagen wurden von ihnen höflich verweigert.

<103> A. a. O.

<104> Tuan, F. C. und Crook, F. W., a. a. O., S. 30f. sowie Schaubild 2 auf S. 74 und Schaubild 3 auf S. 76.

<105> Heilongjiang sheng guoying nongchang zongju (Generalamt für Staatsgüter der Provinz Heilongjiang): Heilongjiang sheng guoying nongchang zongju qingkuang jieshao (Kurze Darstellung des Generalamts für Staatsgüter der Provinz Heilongjiang), o. O. 1985, S. 3.

<106> Nach Auskunft von Beamten des Generalamts für Staatsgüter in Jiamusi während eines inoffiziellen Gesprächs am 31. 7. 1983.

<107> Nach Angaben von Leitungspersonal des Staatsguts Nr. 597 am 29. 7. 1983. Nach Angaben von Leitungspersonal des "Freundschafts-Staatsguts" am 26. 7. 1983 schrieb der Staatsplan damals vor, ein Drittel der Anbaufläche mit Soja zu bestellen.

<108> Während eines inoffiziellen Gesprächs in Jiamusi am 31. 7. 1983.

<109> In Übersicht 8 auf Seite 98 ist die Formel für die Gewinnberechnung angeführt und exemplifiziert.

<110> Auf der Ebene des einzelnen Betriebes geht der Brutto-Gewinn aus dem Erlös hervor, im Volkswirtschaftlichen Rechnungswesen wird der Gewinn als Bestandteil des Reineinkommens der Gesellschaft aufgefaßt. Vgl. S. 99, Schaubild 4.

<111> Nach Auskunft von Beamten des Generalamts für Staatsgüter in Jiamusi während eines inoffiziellen Gesprächs am 31. 7. 1983.

<112> Nach Angaben von Leitungs-Personal des Staatsguts Nr. 853 am 28. 7. 1983.

<113> Tuan, F. C. und Crook, F. W., a. a. O., S. 22.

<114> A. a. O., S. 31.

3 Organisation und Management der Staatsgüter

Im folgenden werden Besonderheiten von Staatsgütern vorwiegend der Provinz Heilongjiang erläutert, die überragende Bedeutung unter den chinesischen Staatsgütern haben. (Vgl. S. 49f., S. 60 und S. 65.)

3.1 Organisation

Staatsgüter in der Volksrepublik China sind in Produktionsbrigaden oder Teil-Staatsgüter und diese wiederum in Produktionsgruppen unterteilt. Vor Einführung des Verantwortungssystems (vgl. S. 82f. und Kapitel 5.2, S. 160ff.) war die Produktionsgruppe Grundeinheit der Rechnungsführung. <115> Der Begriff Grundeinheit der Rechnungsführung besagt, daß diese Organisationseinheit unabhängige Rechnungsführung betreibt (vgl. S. 161) und für den eigenen Gewinn oder Verlust selbst verantwortlich ist. Sie organisiert die Produktion und verteilt das Einkommen. <116>

In der Provinz Heilongjiang gab es 1983 insgesamt 97 Staatsgüter mit insgesamt 2,267 Millionen ha Ackerfläche. Sofern sie mehr als 33 000 ha <117> umfaßten, gab es in ihnen Produktionsbrigaden, von denen die kleinsten 2 000 - 2 500 ha und die größten 20 000 - 25 000 ha Ackerfläche umfaßten. <118> Ein Teil der Produktionsbrigaden und Produktionsgruppen ist mit Industrieproduktion wie Beton- und Ziegelherstellung <119> und Nebengewerbe beschäftigt, ferner mit Fischerei und Viehhaltung. In den Staatsgütern der Provinz Heilongjiang gab es 2 100 Produktionsgruppen im Jahr 1983. <120> Sie umfaßten im allgemeinen 1 300 - 2 000 ha Ackerfläche, 180 - 250 Arbeitskräfte und zehn Traktoren. <121> Das innerhalb der Produktionsgruppe beschäftigte Personal, das keine Saison-Arbeitskräfte umfaßt, bezieht monatlich Gehalt und ist damit in der Einkommensart und Einkommenshöhe den Industrie-Arbeitern gleichgestellt. <122> Die Größe der Produktionsgruppen ist auch innerhalb eines Staatsguts unterschiedlich hinsichtlich der Zahl ihrer Arbeitskräfte und der von ihnen bestellten Fläche. Im "Freundschafts-Staatsgut" schwankt das Verhältnis von Fläche und Arbeitskräften zwischen 3,5 ha/Arbeitskraft und 40 ha/Arbeitskraft. <123>

Seit 1981 hat die Verwaltung in den Betrieben eine große Veränderung erfahren, weil das Verantwortungssystem eingeführt wurde, demgemäß die Produktionsgruppen mit ihren organisatorischen Untereinheiten verbindliche Verträge über Produktionsaufgaben abschließen. Die betreffenden Untereinheiten sind sowohl Traktorenteams, die acht bis neun Traktoren, 1 300 ha Ackerfläche und 50 - 60 Personen umfassen oder kleiner sind <124> als auch Haushalte. <125> Es gab in China eine Auseinandersetzung über die Frage, ob die Grundeinheit der Rechnungsführung auf das Traktorenteam verlegt werden sollte. <126> Ebenso wurde überlegt, einen Traktor mit seinem Personal als Grundeinheit der Rechnungsführung zu wählen. <127>

1980 entfielen in den Staatsgütern der Provinz Heilongjiang auf einen Traktor im Durchschnitt ca. 160 ha Ackerfläche, auf einen Mähdrescher ca. 170 ha Ackerfläche und auf einen Arbeiter ca. 9 ha Ackerfläche. Die Bezeichnung Arbeiter ist in diesem Zusammenhang nicht eindeutig, weil darunter neben den Arbeitern, die landwirtschaftliche Maschinen bedienen, auch Kader, Techniker, Buchhalter und Bank-Angestellte verstanden werden. <128>

Die Produktion von Mais, Weizen und Soja ist in den Staatsgütern der Provinz Heilongjiang nahezu vollständig mechanisiert. <129> Das niedrige Ertragsniveau wird z. T. sowohl auf den Mangel an gutem Saatgut, industriellen Vorleistungen wie Mineraldünger - besonders Phosphatdünger <130> - und Pflanzenschutzmitteln <131>, als auch auf organisatorische Schwächen <132> zurückgeführt.

Als ein Mittel zur Behebung organisatorischer Mängel in den Staatsgütern der Volksrepublik China wird von chinesischer Seite das Verantwortungssystem angesehen, das in der Zeit von 1981 bis 1983 in allen Staatsgütern Chinas eingeführt worden ist. <133> Das Verantwortungssystem existiert in mehreren Versionen, wenn auch das Grundprinzip in allen Versionen gleich ist: Die Verantwortlichkeit für Gewinn und Verlust in der Produktion und damit auch für das individuelle Einkommen wird auf eine kleinere Einheit als die Produktionsgruppe verlagert, um die einzelnen Arbeitskräfte dazu zu motivieren, sich mehr mit den Produktionszielen zu identifizieren, als das zuvor der Fall war. Verträge gemäß dem Verantwortungssystem werden nur zwischen der Produktionsgruppe und ihr untergeordneten Einheiten, nicht mit ihr übergeordneten Einheiten, abgeschlossen.

Im "Freundschafts-Staatsgut" bestanden im Sommer 1983 zwei Formen des Verantwortungssystems: 1. Der Boden, der Staatseigentum bleibt, wird zur Nutzung auf Familien aufgeteilt, die mit der Produktionsgruppe Verträge über Produktionsaufgaben abschließen und Gewinne einbehalten oder Verluste tragen. 2. Die Arbeitskräfte erhalten 90 % ihres Lohnes sowie am Ende der Wirtschaftsperiode die restlichen 10 % für den Fall, daß sie keinen Verlust machen. <134> Eine weitere Form des Verantwortungssystems basiert auf dem Traktoren-Team als der organisatorischen Einheit, die Gewinne und Verluste übernimmt. <135>

Erfolge durch die Einführung des Verantwortungssystems in Staatsgütern wurden vom Dekan der Nordost-Hochschule für Landwirtschaft in der Provinz Heilongjiang <136> und von Vize-Premierminister Wan Li <137> festgestellt. Seit Einführung des Verantwortungssystems sind im "Freundschafts-Staatsgut" nach Angaben von dessen Leitungs-Personal folgende Veränderungen eingetreten:

1. Die Produktionsaktivität hat zugenommen.
2. Die Arbeitskräfte haben den Eindruck, daß ihre Interessen mehr zur Geltung kommen als zuvor.
3. Die Anwendung wissenschaftlicher Arbeitsmethoden hat zugenommen.
4. Die Selbstkosten als Geldausdruck für den Aufwand der Betriebe an verbrauchten Produktionsmitteln sowie an Löhnen <138> sind gesenkt worden.
5. Die Zusammenarbeit der Arbeitskräfte hat sich verbessert.

Gemäß chinesischen Angaben bestand 1983 im Staatsgut Nr. 853 und im "Freundschafts-Staatsgut" folgende Einkommens-Situation: Das Netto-Einkommen der Arbeitskräfte lag 1983 zwischen 55 Yuan <139> und 66 Yuan <140> pro Monat. Hinzu kamen Prämien, die aus Gewinnen der Produktionsgruppe an die Arbeitskräfte ausgezahlt wurden, nachdem die Produktionsfondsabgabe an den Staat abgeführt war. Der verbleibende Gewinn wurde zwischen Betrieb, Produktionsbrigade und Produktionsgruppe geteilt <141>, die ihn für Ersatz-Investitionen oder Netto-Investitionen nutzten. Die wöchentliche Arbeitszeit betrug 48 Stunden an sechs Arbeitstagen und während der Ernte oft 14 Stunden täglich. <142>

<115> Nach Angaben von Leitungs-Personal des Staatsguts Nr. 853 am 28. 7. 1983 und am 16. 8. 1985 sowie nach Auskunft des Dekans der Nordost-Hochschule für Landwirtschaft in Harbin am 22. 7. 1983.

<116> Broadbent, K.: A Chinese/English Dictionary of China's Rural Economy, Farnham Royal 1978, S. 78. "Unabhängige Rechnungsführung" (chinesisch "du li he suan") ist das Gegenteil von "abhängige Rechnungsführung" (chinesisch "bao zhang he suan") und bedeutet, daß die betreffende Organisationseinheit **nicht** ihre gesamten Einnahmen an die übergeordneten Verwaltungsinstitutionen abführt und von diesen auch nicht ihre gesamten Ausgaben erstattet bekommt. Kuaiji Cidian (Wörterbuch des Rechnungswesens), Shanghai 1982, S. 496 und S. 304.

<117> Nach Auskunft von Beamten des Generalamts für Staatsgüter in Jiamusi während eines inoffiziellen Gesprächs am 31. 7. 1983.

<118> Nach Auskunft des Dekans der Nordost-Hochschule für Landwirtschaft in Harbin am 22. 7. 1983.

<119> Nach Angaben von Leitungspersonal des Staatsguts Nr. 597 am 29. 7. 1983.

<120> Nach Auskunft eines Beamten des Generalamts für Staatsgüter am 28. 7. 1983.

<121> Nach Angaben von Leitungspersonal des "Freundschafts-Staatsguts" am 26. 7. 1983.

<122> Tuan, F. C. und Crook, F. W., a. a. O., S. 22.

<123> Nach Angaben von Leitungspersonal des "Freundschafts-Staatsguts" am 26. 7. 1983.

<124> Nach Auskunft des Dekans der Nordost-Hochschule für Landwirtschaft in Harbin am 26. 7. 1983.

<125> Wan Li: Über die Entwicklung der Warenproduktion auf dem Lande Chinas, in: Beijing Rundschau, 21. Jg., Nr. 9, 28. 2. 1984, S. 17.

<126> Nach Angaben von Leitungspersonal des "Freundschafts-Staatsguts" am 26. 7. 1983.

<127> Nach Auskunft des Dekans der Nordost-Hochschule für Landwirtschaft in Harbin am 22. 7. 1983.

<128> Nach Angaben von Leitungs-Personal des "Freundschafts-Staatsguts" am 26. 7. 1983.

<129> Nach Auskunft des Dekans der Nordost-Hochschule für Landwirtschaft in Harbin am 22. 7. 1983.

<130> Dto.

<131> Nach Angaben von Leitungs-Personal des "Freundschafts-Staatsguts" am 26. 7. 1983.

<132> Nach Auskunft des Dekans der Nordost-Hochschule für Landwirtschaft in Harbin am 22. 7. 1983.

<133> Dto. und nach Angaben von Leitungs-Personal des "Freundschafts-Staatsguts" am 26. 7. 1983.

<134> Nach Angaben von Leitungs-Persoanal des "Freundschafts-Staatsguts" am 26. 7. 1983. Darüber, wie für den Fall, daß die Arbeitskräfte Gewinn erwirtschaften, dieser Gewinn verteilt wird, wurden keine Angaben gemacht.

<135> Nach Auskunft des Dekans der Nordost-Hochschule für Landwirtschaft in Harbin am 22. 7. 1983.

<136> Am 22. 7. 1983.

<137> "Einige Staatsfarmen begannen das System der vertragsgebundenen Verantwortlichkeit auf der Basis der Haushalte einzuführen und erzielten dabei äußerst gute Resultate." Wan Li, a. a. O.

<138> Kuaiji Cidian (Wörterbuch des Rechnungswesens), a. a. O., S. 107 u. 109 zur Definition des Begriffs "shengchan chengben", der im Deutschen mit "Selbstkosten" wiedergegeben wird. Er stimmt überein mit der entsprechenden Definition im Wörterbuch der Ökonomie, Sozialismus, Berlin 1969, S. 330. Vgl. auch S. 99 der vorliegenden Arbeit, Schaubild 4.

<139> Nach Angaben von Leitungs-Personal des Staatsguts Nr. 853 am 28. 7. 1983.

<140> Nach Angaben von Leitungs-Personal des "Freundschafts-Staatsguts" am 26. 7. 1983.

<141> Nach Angaben von Leitungs-Personal des Staatsguts Nr. 853 am 28. 7. 1983.

<142> Nach Angaben von Leitungs-Personal des "Freundschafts-Staatsguts" am 26. 7. 1983.

3.2 Management

Ein großer Teil der Funktionen, die in westlichen Volkswirtschaften das betriebliche Management ausübt, wurde vor Einführung des Verantwortungssystems (vgl. S. 82f. und Kapitel 5.2, S. 160ff.) in China von Institutionen wahrgenommen, die den Staatsgütern und ihren Produktionseinheiten übergeordnet sind. (Vgl. Kapitel 2.) Der Umfang des Managements innerhalb der chinesischen Staatsgüter war entsprechend gering. Weil ihr Produktionsprogramm und das ihrer Untereinheiten sich von Jahr zu Jahr nur geringfügig änderte und daher weniger die Produktionsrichtung als die optimale Produktionsintensität und die Minimalkostenkombination für die Staatsgüter von Interesse waren, war ihr Management vergleichsweise einfach.

In personeller Hinsicht bestand es auf Betriebs-, Brigaden- und Produktionsgruppen-Ebene aus qualifizierten, von der Belegschaft gewählten Leitern, die von übergeordneten Institutionen abgesetzt werden konnten. <143> Sie befaßten sich mit der Erarbeitung und Überprüfung der Einhaltung von Produktionsplänen und trafen jene operativen Entscheidungen, die von den Plänen nicht erfaßt wurden. Buchhalter und Statistiker zählten ebenfalls zum Management. Da die Trennung von Kommunistischer Partei und Administration angekündigt, aber längst nicht vollständig durchgeführt wurde, waren dem Management Parteikader <144> beigeordnet, deren Funktion vermutlich darin bestand, im Sinne der Partei auf das Management einzuwirken.

Hauptaufgabe der Staatsgüter der Provinz Heilongjiang war nach Angabe des Dekans der Nordost-Hochschule für Landwirtschaft in der gleichen Provinz die Steigerung der Erträge bei der Produktion von Mais, Weizen und Soja, die nur noch durch Kostensteigerungen zu erreichen war. <145> Außer der Ertragssteigerung stellte die Verlustminderung ein wesentliches Problem dar. Die jährlichen Verluste, die durch den Mangel an Mähdreschern während der Ernte entstanden, wurden auf 500 000 Tonnen beziffert. <146> Diese Menge beträgt mehr als 7,5 % der Getreideproduktion aller Staatsgüter Chinas im Jahr 1982 und beinahe 25 % ihres Marktgetreides im Jahr davor. (Für das Jahr 1982 liegt keine Angabe über ihr Marktgetreide vor.) (Vgl. S. 61ff., Übersicht 6.) Zieht man lediglich die Staatsgüter Heilongjiangs zum Vergleich heran, beläuft sie sich auf mehr als 21 % ihrer Getreideproduktion von 1982 <147> und 31 % des 1980 von ihnen an den Staat gelieferten Markt-Nahrungsgetreides (Für die Jahre 1982 und 1981 liegen keine Angaben über ihr Markt-Nahrungsgetreide vor.). (Vgl. S. 50, Übersicht 4.) Im Jahr 1983 wären 500 000 Tonnen Getreideverlust mehr als 15 % der Getreideproduktion und mehr als 25 % des Marktgetreides der Staatsgüter Heilongjiangs gleichgekommen. <148> Auch die Nachernteverluste, auf deren Vermeidung man sich konzentrierte, waren sehr hoch, z. T. infolge der großen Entfernung und der schlechten Straßen zwischen den Ernteflächen und den Produkt-Lagern und z. T. wegen des Mangels an Trocknungsanlagen. <149>

Unter solchen Bedingungen waren die Staatsgüter auf die Belieferung mit industriellen Inputs angewiesen. Die den Staatsgütern zur Verfügung gestellten chinesischen industriellen Inputs waren in Qualität und Menge unzureichend. Es fehlten etwa 1 100 Mähdrescher in den Staatsgütern der Provinz Heilongjiang. <150> Weil dem Auftreten der Staatsgüter selber als Käufer von Maschinen ausländischer Herstellung Chinas gesetzliche Regelungen entgegenstanden, wurde auch die Beschaffung solcher Maschinen von übergeordneten Institutionen vorgenommen. Dies traf auch auf die Einfuhr von Getreide-Trocknungs-Anlagen zu. <151> Verkäufe von Produkten der Staatsgüter im Inland erfolgten planmäßig zu festgesetzten Preisen und Mengen an den Staat. Der Absatz von Produkten der Staatsgüter ins Ausland lag wie der Einkauf von Produkten im Ausland nicht in der Hand der Staatsgüter, sondern fiel in den Kompetenzbereich des Generalamts für Staatsgüter der Provinz Heilongjiang. <152>

Von wichtigen Management-Funktionen verblieben auf Betriebs-Ebene Teile der Planung und damit in Zusammenhang Teile der Finanzierung sowie die Kontrolle. In den Produktionsgruppen als Grundeinheit der Rechnungsführung wurde eine Ist-Kostenrechnung der variablen Kosten durchgeführt. Als Grund dafür, daß keine Plankostenrechnung erfolgte, wurde angeführt, daß die Produktionsgruppe für die ihr zugewiesenen Produktionsaufgaben durch den Staat Produktionsfonds erhielt und nach

Ablauf der Rechnungsperiode etwaige Reste der Fonds zurückgab. <153> Um die variablen Kosten für die Bemessung der Produktionsfonds zu schätzen, ging man offensichtlich von den tatsächlichen variablen Kosten der vorhergehenden Rechnungsperiode aus. Für die Ermittlung der tatsächlichen Kosten für die Produktion von Mais, Weizen und Soja wurden oft nicht die Kosten für jedes einzelne Produkt ausgewiesen, sondern nur für alle drei zusammen. Das Generalamt für Staatsgüter stellte keine anderen Ansprüche an die Kostenrechnung der Produktionsgruppen. Beispielsweise wurden die Maschinenkosten Monat für Monat addiert ohne Rücksicht auf Zuordnung zu einer Leistung. Auf diese Weise war ausgeschlossen, daß Unzulänglichkeiten im Betriebsablauf durch Gegenüberstellung von Sollkosten und Istkosten aufgedeckt wurden. <154> Während zur Kostenkontrolle eine Plankostenrechnung der Produktionsgruppen notwendig wäre, ist sie für dispositive Zwecke bei weitgehend festgelegtem Produktionsprogramm, festgelegtem Produktionsverfahren und festgelegten Preisen überflüssig.

Für die Ermittlung der voraussichtlichen Kosten stützte man sich auf Normdaten-Sammlungen. Gleiches gilt auch für die Festlegung des Arbeitskräfteplans innerhalb der Produktionsgruppe. Auch im Verhältnis zwischen Produktionsbrigade und Gesamtbetrieb wurden Erfahrungswerte zugrundegelegt, wenn die an den Gesamtbetrieb abzuführende Gewinnsumme und die abzuliefernde Produktmenge bei bekannter Anbaufläche bestimmt wurden. <155>

<143> Nach Angaben von Leitungs-Personal des Staatsguts Nr. 853 am 28. 7. 1983.

<144> Nach Angaben von Leitungs-Personal des "Freundschafts-Staatsguts" am 26. 7. 1983.

<145> Auskunft am 22. 7. 1983.

<146> Dto.

<147> Zhongguo Nongye Nianjian 1983 (Landwirtschaftsjahrbuch Chinas 1983), Beijing 1984, S. 94.

<148> Zhongguo Nongye Nianjian 1984 (Landwirtschaftsjahrbuch Chinas 1984), Beijing 1985, S. 138f.

<149> Nach Auskunft des Dekans der Nordost-Hochschule für Landwirtschaft in Harbin am 22. 7. 1983 und nach Angaben von Leitungs-Personal des "Freundschafts-Staatsguts" am 26. 7. 1983.

<150> Nach Auskunft des Dekans der Nordost-Hochschule für Landwirtschaft in Harbin am 22. 7. 1983.

<151> Beijing Rundschau, 21. Jg., Nr. 15, 10. 4. 1984, S. 25.

<152> Nach Angaben von Leitungs-Personal des "Freundschafts-Staatsguts" am 26. 7. 1983.

<153> Nach Auskunft des Dekans der Nordost-Hochschule für Landwirtschaft in Harbin am 22. 7. 1983.

<154> Nach Angaben von Leitungs-Personal des Staatsguts Nr. 853 am 28. 7. 1983.

<155> Dto.

4 Produktionshemmende Wirkung der Leitungsinstrumente

Die Charakterisierung der chinesischen Staatsgüter in bezug auf ihre wirtschaftlichen Ergebnisse wurde von politischen Standpunkten beeinflußt. Belege dafür sind die wechselnde Beurteilung durch folgende Veröffentlichungen: 1. Wirtschaftskompendien der USA und 2. chinesische Publikationen.

Ad 1. Vor der politischen Annäherung der USA an China wurde 1967 in einem Wirtschaftskompendium der USA folgende Einschätzung wiedergegeben, die sich auf Feststellungen einer chinesischen Untersuchung des Jahres 1957 stützte:

> "Eine Untersuchung des Ministeriums für Staatsgüter und Neulandgewinnung von 220 Staatsgütern (etwa ein Drittel der Gesamtzahl) im März 1957 ergab, daß 1956 ein Drittel der untersuchten Staatsgüter Verlust machten und daß in einigen Provinzen mehr als die Hälfte der untersuchten Staatsgüter Verlust machten." <156>

In allen folgenden derartigen Kompendien bis einschließlich dem des Jahres 1982 <157> kommt eine solche Beschreibung nicht nur nicht vor, sondern die chinesischen Staatsgüter wurden lediglich als "im allgemeinen weniger effizient als der genossenschaftliche Sektor" <158> bezeichnet. Diese euphemistische Darstellung ignorierte die Kritik in China an den Verlusten der dortigen Staatsgüter. In Wirklichkeit waren die Staatsgüter nicht "weniger effizient als der genossenschaftliche Sektor", sondern ein großer Teil von ihnen war völlig ineffizient und zeitweilig war der Staatsgütersektor insgesamt überwiegend ineffizient im Sinn von "mit Verlust wirtschaftend".

Englisch-sprachige Übersetzungsdienste, die chinesische Quellen erschließen und auf die sich die genannten Kompendien in starkem Maß stützten <159>, wiesen solche Kritik bereits zu einem Zeitpunkt auf, zu dem die euphemistische Darstellung der Staatsgüter vermeidbar war:

> "Es wurde eingeräumt, daß "sie [viele Staatsgüter] selbst heute, niedergeschlagen durch langsamen Fortschritt und niedriges Niveau der Produktion, mit großem Verlust wirtschaften." " <160>

Spätere Veröffentlichungen dieser Übersetzungsdienste enthielten viele deutliche Angaben der Chinesen zu den Verlusten ihrer Staatsgüter, wurden aber nicht zu einer Korrektur im folgenden Kompendium <161> herangezogen:

> Ein Artikel über die Staatsgüter Heilongjiangs enthielt die Feststellung: "Das Wirtschaftsergebnis des letzten Jahres war ein kleiner Gewinn nach vielen Jahren finanzieller Verluste." <162>

> " [...] bei der Beendigung der passiven Situation, die dreizehn Jahre angedauert hatte und in der Staatsgüter unentwegt Verluste erlitten, wurde ein Anfang gemacht. [...] Doch gegenwärtig ist die Verlust-Situation weiterhin ziemlich ernst, [...] und die Hälfte der Unternehmen erleidet noch immer Verluste." <163>

> "45 Prozent der Einheiten zeigen Verluste und sind noch von ergänzender Unterstützung des Staates abhängig. Der Hauptfaktor des gestiegenen Einkommens der Staatsgüter ist die Erhöhung der Preise, die für landwirtschaftliche Produkte gezahlt werden, durch den Staat." <164>

> "Die Reihe von zehn Jahren Defizit wurde dieses Jahr durch die Erzielung eines Gewinns von 520 Millionen Yuan beendet. [...] Dreißig Prozent aller Farmen [Staatsgüter] im ganzen Land erlitten noch immer Verluste von insgesamt mehr als 400 Millionen Yuan." <165>

Ad 2. In den 1970er Jahren gab es neben Staatsgütern, die Verluste verzeichneten, auch einige, die Gewinne machten, z. T. schon seit zwanzig Jahren in fast ununterbrochener Reihenfolge. In einem Fall wandelten beinahe alle Staatsgüter einer Provinz innerhalb weniger Jahre ihre Verluste in Gewinne um. <166> Insofern war in den 1970er Jahren die wirtschaftliche Lage uneinheitlich, unübersichtlich und schwer ohne zeitraubende Untersuchungen zu beschreiben. Hinzu kam, daß widersprüchliche chinesische Darstellungen die Einschätzung der Situation komplizierten:

* 1977 wurden in einem Leitartikel Liu Shaoqi, Lin Biao und der "Viererbande" gleichermaßen Mißerfolge der Staatsgüter angelastet. <167> In späteren Veröf-

fentlichungen wurde Liu Shaoqi nicht mehr beschuldigt <168>, nachdem er rehabilitiert worden war. <169>

* Ferner wurden Lin Biao und die "Viererbande" für die Auflösung von Staatsgütern verantwortlich gemacht. <170> Ein Beobachter kommentierte, daß dies verwirrend sei, weil Lin Biao und die "Viererbande" in der Regel mit forciertem Übergang zu staatlichem Eigentum in Verbindung gebracht würden, nicht umgekehrt. <171> Von Liu Shaoqi hingegen war bekannt, daß er in den 1950er Jahren der Auflösung selbst Tausender Genossenschaften zugestimmt hatte und ein Gegner der "Viererbande" war. <172> In Wirklichkeit stand Liu Shaoqi den Staatsgütern wahrscheinlich weniger ablehnend gegenüber als seine Gegner, denn er übernahm in seinen Vorschlägen zur Mechanisierung der Landwirtschaft Erfahrungen der Staatsgüter. <173> In Artikeln über Einzel- und Kollektiv-Wirtschaft und Nebengewerbe in Staatsgütern wurde ausgeführt, daß Liu Shaoqi sich mit einer vagen Feststellung für Heterogenität und gegen Homogenität einsetzte, daß aber seine Ideen als falsch bezeichnet, Kollektivwirtschaft beschränkt und Einzelwirtschaft abgeschafft wurden, was zu erhöhten Ausgaben durch die Staatsgüter führte, und daß Lin Biao und die "Viererbande" Nebengewerbe als "kapitalistischen Weg" bezeichneten. <174>

In den 1980er Jahren erschienene Informationen erlaubten ein klareres Bild der wirtschaftlichen Lage der Staatsgüter zu Beginn der 1980er Jahre und am Ende der 1970er Jahre:

Nach einem Artikel in der Volkszeitung wirtschafteten 30 % aller Staatsgüter mit Verlusten. Sie machten 1982 mehr als 290 Millionen Yuan Verlust. <175> Unklar ist, ob dies die Bilanz des gesamten Staatsgütersektors war oder nur die Summe der Verluste der unprofitablen Staatsgüter, falls der Staatsgütersektor 1982 trotz einer großen Zahl unprofitabler Staatsgüter insgesamt profitabel war. An anderer Stelle wurde von 750 Millionen Yuan Gewinn der Staatsgüter im Jahr 1982 berichtet, wiederum ohne Hinweis darauf, ob diese Zahl bereits mit Verlusten verrechnet worden war oder nicht. <176>

Für 1981 wurde die Verteilung von Gewinn und Verlust relativ detailliert angegeben: Die Staatsgüter Heilongjiangs, die 1980 einen Gewinn von 400 Millionen Yuan verzeichenten, machten 1981 wegen schlechten Wetters einen Verlust von 300 Millionen Yuan. Landesweit überwogen die Gewinne die Verluste um 200 Millionen Yuan. Die Zahl der Provinzen, die Gewinne machten, stieg von 18 im Jahr 1980 auf 25 im Jahr 1981, und vier Provinzen, provinzfreie Städte und autonome Gebiete machten 1981 Verlust. 30 Prozent der Gesamtzahl der Staatsgüter schlossen damals mit einem Gesamtdefizit von 400 Millionen Yuan ab. Die Staatsgüter-Industrie erwirtschaftete 500 Millionen Yuan Gewinn, und die Landwirtschaft der Staatsgüter erlitt Verluste von 300 Millionen Yuan. <177> Diese Zahlen zeigen deutlich, daß Gewinne und Verluste der Staatsgüter nach Jahren, Regionen und Wirtschaftszweigen verschieden waren und Staatsgüter untereinander sich nur bedingt vergleichen lassen. Der Begriff "Staatsgütersektor" bezeichnet keine homogene Einheit, sondern steht für Betriebe, die oft nur geringe Ähnlichkeit miteinander haben. Darauf deuten bereits die unterschiedliche Größe, geographische Lage und Produktionsrichtung der Staatsgüter hin. (Vgl. S. 65ff.)

Für 1980 wurde ein Gewinn der Staatsgüter von 659 Millionen Yuan berichtet. <178> An anderer Stelle wird dieser Gewinn nur mit 540 Millionen Yuan und der Anteil der profitablen Staatsgüter an deren Gesamtzahl mit 60 Prozent angegeben. <179>

Für 1979 wurde ein Gewinn der Staatsgüter von 520 Millionen Yuan berichtet. <180> Doch ist auf einen Verlust von 320 Millionen Yuan bei einem Teil der Staatsgüter im Jahr 1979 zu schließen, wenn ein Bericht glaubhaft ist, der eine Bilanz von Gewinn und Verlust in Höhe von 200 Millionen Yuan zugunsten des Gewinns meldet. Dieser Bericht gibt auch 1979 als das erste Jahr an, in dem nach dreizehn Jahren erstmals wieder Gewinn gemacht wurde. <181>

Die Verluste in den zwölf Jahren von 1967 bis 1978 wurden auf 3,7 Milliarden Yuan, darunter 93 Millionen Yuan im Jahr 1978, beziffert. <182>

Verluste der Staatsgüter waren zum Teil bedingt durch ihr im Vergleich zu den Kommunen hohes Lohnniveau. (Vgl. S. 58f.) Lohnzahlungen machten den größten Teil der Produktionskosten der Staatsgüter aus. Doch nicht nur das Lohnniveau belastete die Staatsgüter, sondern auch der große Anteil unproduktiver Arbeitskräfte, der in manchen Fällen zwischen 20 und 30 Prozent oder auch mehr als ein Drittel betrug, die Arbeitsproduktivität senkte und die Produktionskosten steigerte. <183> Außer den Lohnkosten trugen auch andere Ursachen zu den Verlusten der Staatsgüter bei, was darin zum Ausdruck kommt, daß die Verluste einiger Staatsgüter größer als die Gesamtsumme ihrer Löhne waren. <184> Zu solchen Ursachen gehört, daß die Staatsgüter nur über einen weitaus geringeren Anteil von Feldern mit hohen und stabilen Erträgen als die Volkskommunen verfügten und naturbedingt niedrige, instabile Erträge hatten. (Vgl. S. 59f.) Somit gingen Verluste der Staatsgüter zum Teil auf Einflüsse außerhalb des wirtschaftlichen Bereichs zurück. Mit den Begriffen "Gewinn" und "Verlust" ist daher die wirtschaftliche Lage der Staatsgüter nur unzureichend zu beschreiben. Sie eignen sich im günstigsten Fall für Vergleiche der Staatsgüter untereinander - mit Einschränkungen (vgl. S. 95) - oder als Anhaltspunkte für deren Entwicklung infolge wirtschaftlicher Maßnahmen, etwa der Preiserhöhung für landwirtschaftliche Produkte. (Vgl. S. 93.)

In diesem Kapitel wird deshalb nicht der Frage nachgegangen, ob Verluste der Staatsgüter durch ihre natürlichen Standort-Nachteile bedingt sind, sondern der Frage, welche wirtschaftlichen Einflüsse zu ihren Verlusten beitrugen. Die in den bereits genannten Kompendien wiedergegebenen Einschätzungen (vgl. S. 92f.) und die Beurteilungen politischer Vorgänge in chinesischen Veröffentlichungen (vgl. S. 93f.) werden dabei zur Kenntnis genommen, bleiben aber darüber hinaus wegen ihrer Wandelbarkeit unberücksichtigt.

In diesem Kapitel werden wirtschaftliche Schwächen der Staatsgüter, als Ursachen für deren Verluste, auf den Gebieten Entscheidung, Information und Motivation der Produktionseinheiten zusammengestellt und beschrieben. Diese Vorgehensweise geht auf ein Konzept E. Neubergers zurück. Es enthält nach seiner Ansicht die Fragen, deren Beantwortung das meiste zur Beurteilung der Effizienz eines Wirtschafts-Systems beiträgt, und das er folgendermaßen charakterisierte:

> "Statt in den Begriffen Zentralisation versus Dezentralisation oder den Begriffen Institutionen oder In-

strumente zu reden, schlage ich vor, daß man an jedes System wirtschaftlicher Organisation mit den folgenden drei Fragen herangeht: (1) wer trifft welche Entscheidung [...] (2) welche Informationen erhält er und welche Signale sendet er aus [...] (3) welche Anreize motivieren ihn zur Ausführung einer bestimmten Entscheidung [...]." <185>

Obwohl bei der Analyse eines Wirtschaftssystems diesen drei Fragen unabhängig voneinander nachzugehen ist, hängen sie doch in der Realität miteinander zusammen. Neuberger behauptete, daß viele Regierungen dies nicht von vornherein einsahen. Er führte als Beispiel dafür an, daß bei anfänglichen Versuchen zentraler Planung in unterentwickelten Ländern gewöhnlich der Fehler begangen wurde, Entscheidungskompetenzen zu zentralisieren, ohne sicherzustellen, daß die Entscheidungsträger über hinreichende Informationen verfügten und andere motivieren konnten, den Plan durchzusetzen. <186> In den folgenden Abschnitten dieses Kapitels und in Kapitel 5 finden sich detaillierte Beispiele dieser Art.

Die im folgenden verwandten Begriffe "Kosten" und "Gewinn" werden so verwandt, wie sie in den Quellen vorkommen. Ihr Inhalt unterscheidet sich von dem der hiesigen Begriffe "Kosten" und "Gewinn" und ist auf S. 98 in Übersicht 8, auf S. 99 in Schaubild 4 und auf S. 86 in Anmerkung <138> unter "Selbstkosten", "Stück-Selbstkosten" oder "Verkaufskosten", und "Verkaufsgewinn" erklärt.

Übersicht 8

Gewinn-Definition des Rechnungswesens von Staatsgütern und Beispiels-Rechnung

1. Produkt-Verkaufsgewinn-Formel <1>:

Produkt-Verkaufsgewinn = Produkt-Verkaufserlös - Produkt-Verkaufskosten - Steuern
Produkt-Verkaufserlös = (Verkaufsmenge x Stück-Verkaufspreis)
Produkt-Verkaufskosten = (Verkaufsmenge x Stück-Selbstkosten) + Verkaufsauslagen

2. Weizen-Verkaufsgewinn Analyse-Schema eines landwirtschaftlichen Betriebs, 1978 <2>

Position	Einheit	geplante Zahl	reale Zahl
Verkaufsmenge (1)	Tonnen	650	728,65
Stück-Verkaufspreis (2)	Yuan/Tonne	198	202
Verkaufserlös (3) = (1) x (2)	Yuan	128 700	147 187,30
Stück-Selbstkosten (4)	Yuan/Tonne	192	189,2
Verkaufsprodukt-Produktionsgesamtkosten (5) = (1) x (4)	Yuan	124 800	137 860,58
Stück-Verkaufsauslagen (6)	Yuan/Tonne	2	2,8
Verkaufsauslagen (7) = (1) x (6)	Yuan	1 300	2 040,22
Verkaufskosten (8) = (5) + (7)	Yuan	126 100	139 900,80
Stück-Verkaufsgewinn (9) = (2) - (4) - (6)	Yuan	4	10
Verkaufsgewinn (10) = (3) - (8)	Yuan	2 600	7 286,50

<1> Übernommen aus: Nongkenbu caiwuju: Guoying nongchang jingji huodong fenxi (Analyse des Wirtschaftsablaufs von Staatsgütern), Beijing 1980, S. 179.

<2> a. a. O., S. 185.

Schaubild 4

Brutto-Gewinn der staatlichen Betriebe
im volkswirtschaftlichen und betrieblichen Rechnungswesen
der Volksrepublik China <1>

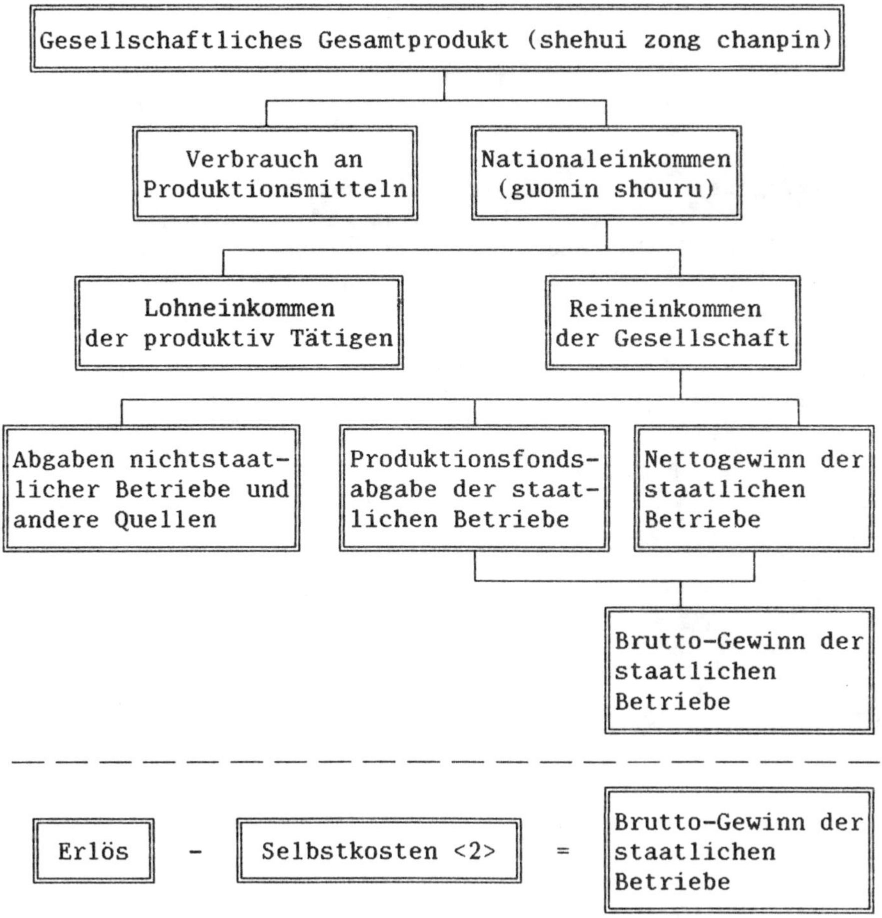

<1> Der obere Teil von Schaubild 4 bezeichnet den Bereich des volkswirtschaftlichen Rechnungswesens, der untere Teil den Bereich des betrieblichen Rechnungswesens.

Louven, E.: Chinesische Wirtschaftsterminologie: Definitionen und Kompatibilitätsprobleme, Teil I; in: China

(Fortsetzung nächste Seite)

(Fortsetzung von Anmerkung 1)

aktuell, April 1983, S. 235ff. Louven hob hervor, daß "im Ostblock, also auch in der Volksrepublik China, für das Volkswirtschaftliche Rechnungswesen das auf den Marxschen Definitionen beruhende Material Product Balances System (MPB) benutzt wird, [...]", a. a. O., S. 236. Die Definitionen der in Schaubild 4 wiedergegebenen Begriffe stimmen überein mit den von Louven verwandten, denen des Kuaiji Cidian (Wörterbuch des Rechnungswesens) und denen des Wörterbuchs der Ökonomie, Sozialismus sowie den Angaben von Beamten des Generalamts für Staatsgüter in Jiamusi während eines inoffiziellen Gesprächs am 31. 7. 1983. Kuaiji Cidian, Shanghai 1982, S. 107 und S. 109 und Wörterbuch der Ökonomie, Sozialismus, Berlin 1969, S. 171, S. 330, S. 555f., S. 642 und S. 690.

<2> Selbstkosten sind der Geldausdruck für den Aufwand der Betriebe an verbrauchten Produktionsmitteln sowie an Löhnen. Vgl. S. 83 und S. 86, Anmerkung 138.

<156> Larsen, Marion R.: China's Agriculture under Communism, in: An Economic Profile of Mainland China, Studies Prepared for the Joint Economic Committee, Congress of the United States, Washington, D. C. 1967, Bd. 1, S. 222; zit. n. Schran, P.: The Development of Chinese Agriculture, 1950-1957, Urbana 1969, S. 194.

<157> Joint Economic Committee: People's Republic of China: An Economic Assessment, Washington 1972; Joint Economic Committee: China: A Reassessment of the Economy, Washington 1975; Joint Economic Committee: Chinese Economy Post-Mao, Bd. 1, Washington 1978.

<158> Groen, H. J. und Kilpatrik, J. A.: China's Agricultural Production, in: Chinese Economy Post-Mao, A Compendium of Papers Submitted to the Joint Economic Committee, Congress of the United States, Bd. 1, S. 619.

<159> A. a. O., S. 607ff. und besonders S. 619 und Surls, F. M. u. Tuan, F. C.: China's Agriculture in the Eighties, in: China under the Four Modernizations, Bd. 1, Washington 1982, S. 419ff. Es handelt sich um BBC Summary of World Broadcasts, Part. 3, The Far East, Caversham Park, Reading, (im folgenden SWB FE), zit. n. Woodward, D., a. a. O., S. 234 u. Kraus, W., a. a. O., S. 659 sowie um Joint Publications Research Service, China Report Agriculture, Arlington, Virginia. Im Impressum der Berichte des Joint Publications Research Service wird erklärt, daß der Inhalt dieser Berichte keinesfalls Politik, Ansicht oder Haltung der US-Regierung wiedergibt. Joint Publications Research Service ist unmittelbar nicht als Regierungsorgan zu erkennen. Ein Hinweis darauf, daß Publikationen des Joint Publications Research Service Regierungs-Publikationen sind, besteht in dem Vermerk des Impressums, daß laufende Publikationen des Joint Publications Research Service u. a. in "Monthly Catalog of U.S. Government Publications" aufgeführt sind. Monthly Catalog of U.S. Government Publications wird vom "Superintendent of Documents, U.S. Government Printing Office, Washington D.C. herausgegeben.

<160> SWB FE/5727/BII/7 (31. Januar 1978), zit. n. Woodward, D., a. a. O., S. 235 u. Kraus, W., a. a. O., S. 659.

<161> China under the Four Modernizations, a. a. O.

<162> Zhongguo Nongken (Chinese Agricultural Reclamation), Nr. 3, 24. März 1980, S. 2, englisch in: JPRS, CRA Nr. 111, 19. Nov. 1980, S. 45.

<163> Jiang Dongping: Conscientiously Strengthen Management of Financial Affairs, Promote Farms, Reverse Losses, and Increase Profits, in: Caizheng (Finance), Nr. 5, 5. Mai 1980, S. 1f., englisch in a. a. O., S. 1f.

<164> Struggle to Achieve an Overall Improvement in the State Farm Economy, in: Zhongguo Nongken (Chinese Agricultural Reclamation), 29. Jan. 1980, S. 2f., englisch in: JPRS, CRA Nr. 108, 30. Okt. 1980, S. 1.

<165> Special Commentary on Improving Economic Efficiency in Enterprise Consolidation, in: Zhongguo Nongken (Chinese Agricultural Reclamation), 7/1982, S. 2f., englisch in: JPRS, CRA Nr. 233, 21. Okt. 1982, S. 2.

<166> We Must Run State Farms Well, Renmin Ribao (People's Daily), 20. Aug. 1977, englisch in: Chinese Economic Studies, Fall/Winter 1978-79 / Vol. XII, No 1-2, S. 8.

<167> A. a. O., S. 7.

<168> Guo Chunhua, a. a. O., S. 408 und Zao Feng und Ding Lushu: Lecture 1, Character and Duties of State Farms, in: Zhongguo Nongken (Chinese Agricultural Reclamation), Nr. 2, 24. Feb. 1980, S. 31ff. englisch in: JPRS, CRA Nr. 115, 22. Dez. 1980, S. 2.

<169> Liu Shaoqi wurde im Februar 1980 rehabilitiert. China aktuell (Hamburg), 9. 2/1980, S. 111.

<170> Vgl. S. 48 und SWB FE/5775/BII/12 (30. März 1978), zit. n. Woodward, D., a. a. O., S. 236.

<171> Woodward, D., a. a. O., S. 236.

<172> Stavis, B.: The Politics of Agricultural Mechanization in China, Ithaca 1978, S. 58, und China aktuell (Hamburg), 9. 5/1980, S. 387.

<173> Stavis, B., a. a. O., S. 194f.

<174> Zhongguo Nongken (Chinese Agricultural Reclamation) 5/1981, S. 11ff., englisch in: JPRS, CRA Nr. 157, 10. Aug. 1981, S. 7ff.

<175> Renmin Ribao (Volkszeitung), 17. 5. 1983, zit. n. China aktuell, (Hamburg), 12. 5/1983, S. 285. Die Angabe "30 %" wurde im Präsens geschrieben, bezieht sich aber vermutlich auf 1982.

<176> Beijing Xinhua, 30. Jan. 1983, englisch in :JPRS, CRA Nr. 251, 2. März 1983, S. 24.

<177> Special Commentary on Improving Economic Efficiency in Enterprise Consolidation, a. a. O.

<178> China Daily, 16. Sept. 1981, S. 1.

<179> Sun Panqi: How Has the Agricultural Reclamation System Turned From Protracted Losses To Profits? in: Jingji Guanli (Wirtschaftsführung), Nr. 8, 15. Aug. 1981, S. 9ff., englisch in: JPRS, CRA Nr. 166, 5. Okt. 1981, S. 1.

<180> A. a. O.

<181> Caizheng (Finance), Nr. 5, 5. Mai 1980, S. 1f, englisch in: JPRS, CRA Nr. 111, 19. Nov. 1980, S. 1ff.

<182> Sun Panqi, a. a. O.

<183> Intensification of Cost Management Is a Major Link in the Economic Management of Farms, in: Zhongguo Nongken (Chinese Agricultural Reclamation), Nr. 3, 24. März 1980, S. 5f., englisch in: JPRS, CRA Nr. 120, 29. Jan. 1981, S. 17.

<184> Ding Lushu: Improving Economic Results Is an Important Current Problem in the Operation of State Farms, in: Zhongguo Nongken (Chinese Agricultural Reclamation), Nr. 10, 24. Okt. 1980, S. 7ff., englisch in: JPRS, CRA Nr. 137, 7. Mai 1981, S. 4.

<185> Neuberger, E.: Libermanism, Computopia and Visible Hand: The Question of Informational Efficiency, in:

American Economic Review, Bd. 66, Mai 1966, Nr. 2, Papers and Proceedings of the Seventyeighth Annual Meeting of the American Economic Association, New York, December 28-30, 1965, Herausgegeben von Williamson, H. F. und Tait, G., S. 142. Neuberger präzisierte den von ihm verwandten Begriff "Effizienz" nicht. Er zielt auf den Bereich der gesamten Volkswirtschaft, nicht auf den einzelnen Betrieb.

<186> Neuberger, E. u. Duffy, W. J.: Comparative Economic Systems: A Decision-Making Approach, Boston 1976, S. 15.

4.1 Einschränkung der Entscheidungskompetenz der Produktionseinheiten

Bis in die zweite Hälfte der 1970er Jahre war das Management der chinesischen Staatsgüter weitgehend auf die Durchführung von Plänen beschränkt, die ihnen übergeordnete Verwaltungseinheiten beschlossen. Chung Min Pang und De Boer stellten in bezug auf den Verantwortungsbereich fest:

> "Vor 1978 hatten die Manager von Staatsgütern wenig Verfügungsfreiheit bei der Verwendung ihrer Geldmittel. Die Zentralregierung diktierte über Provinzbüros jährliche Produktionsziele und die Saatfläche für die einzelnen Kulturen. Alle Gewinne der Staatsgüter gingen an den Staat. Entsprechend wurden alle Verluste der Staatsgüter vom Staat gedeckt. [...] Begrenzte Machtbefugnis bedeutete auch begrenzte Verantwortung. Das Management der Staatsgüter erhielt keinen finanziellen Anreiz, die Profitabilität zu steigern, und wurde auch für Verluste nicht zur Verantwortung gezogen." <187>

Noch 1980 wurde in einer chinesischen Veröffentlichung erklärt, daß der Charakter eines Unternehmens durch die Form des Eigentums an den Produktionsmitteln bestimmt wird, daß Chinas Staatsgüter den Charakter eines sozialistischen landwirtschaftlichen Unternehmens im Volkseigentum haben und dieser Charakter u. a. auf folgende Weise zum Ausdruck kommt:

* Boden, Wälder, Minen, Gewässer, Grasland, Ausrüstungen, Häuser, Rohstoffe und ähnliche Produktionsmittel wie auch anderer Besitz der Staatsgüter sind Volkseigentum.
* Die Produktionsaktivitäten der Staatsgüter müssen dem einheitlichen Staatsplan folgen und die Verwaltungsinstitutionen der Staatsgüter müssen auf allen Ebenen Autorität über Farmen in Übereinstimmung mit Gesetzen und Politik des Staates ausüben.
* Die Produktion der Staatsgüter ist Volkseigentum, und Staatsgüter dürfen diese Produktion entweder dem Staat übergeben oder in Übereinstimmung mit Politik und Plänen des Staates vermarkten. <188>

In der Verfassung der Volksrepublik China vom 4. Dezember 1982 wurde der in Volkseigentum befindliche Sektor der sozialistischen Wirtschaft mit Staatswirtschaft gleichgesetzt <189> und zu den staatlichen Unternehmen ausgeführt:

> "Staatliche Unternehmen haben Entscheidungsrechte in Produktionsablauf und Management innerhalb der gesetzlichen Grenzen, vorausgesetzt sie folgen der einheitlichen Führung durch den Staat und erfüllen alle ihre Verpflichtungen unter dem Staatsplan. <190>

Höchstes Organ staatlicher Verwaltung wiederum war der Staatsrat, dem auch der für Staatsgüter zuständige Landwirtschaftsminister angehörte. <191> Auf diese Weise waren die Entscheidungsrechte innerhalb des Staatsgütersektors im Landwirtschaftsministerium konzentriert, die es zum Teil an ihm untergeordnete Verwaltungsinstitutionen abgab und von denen nur ein unmaßgeblicher Teil unter Vorbehalt den Staatsgütern selbst zukam. Letztlich war die Charakterisierung der chinesischen Staatsgüter nach der Form des Eigentums der Produktionsmittel für ihr wirtschaftliches Handeln weniger wichtig als die Verteilung der Entscheidungsrechte.

Durch die Vorenthaltung wesentlicher Entscheidungsrechte waren die Staatsgüter gezwungen, ein Produktionsprogramm auch dann zu übernehmen, wenn es dem betrieblichen Gewinnziel entgegenstand. Obwohl in Staatsgütern der Provinz Heilongjiang die Maiserträge niedrig waren und im Jahr 1983 der Gewinn von Mais pro Flächeneinheit im Durchschnitt drei- bis sechsmal niedriger als der von Weizen und vier- bis sechsmal niedriger als der von Soja war <192>, verlangte dort die übergeordnete Verwaltungsinstanz von den Staatsgütern, daß sie 20 % ihrer Fläche mit Mais bebauen. <193> Diese Vorschrift wurde nicht immer eingehalten und unterlag Verhandlungen zwischen Staatsgütern und dem Generalamt für Staatsgüter. <194> Angesichts der niedrigen Maiserträge ist fraglich, ob die Entscheidung zugunsten des Maisanbaus standortgerecht war. Sie war darüber hinaus beim o. a. Verhältnis der Gewinne pro Flächeneinheit zwischen Mais, Weizen und Soja aus der Sicht der Produktionseinheiten ökonomisch irrational und wäre von ihnen anders getroffen worden. Der Anbauzwang für Mais läßt sich nicht mit dem Gewinnziel in Übereinstimmung bringen, denn die Gewinne bei Soja und Weizen würden die

Beschränkung des Produktionsprogramms auf diese beiden Kulturpflanzen begründen. (Vgl. S. 108 bis 113, Übersichten 9 bis 14.) Aus der Ressourcenausstattung ergaben sich keine Restriktionen, denen die Ausdehnung des Soja- und Weizenanbaus zu Lasten des Maisanbaus unterlegen hätte.

Auf staatliches Eingreifen in die Entscheidungsrechte der Staatsgüter ging auch das scheinbar technische Problem mangelnden Saatguts (vgl. S. 82) zurück. Der Staat verlangte, daß Saatgut produzierende Staatsgüter einen Teil ihrer Produktion selbst konsumieren. Dies kam einem Verbot des Getreideeinkaufs gleich. Ein chinesischer Bericht ging darauf folgendermaßen ein:

> "Wenn man nicht so arm ist, daß man vor Hunger stirbt, warum sollte man Getreide konsumieren, das für die Saat bestimmt ist? Doch wenn der Staat verlangt, daß Saatgut produzierende Staatsgüter in China das 'Getreide, das sie produzieren, selbst' verbrauchen, haben sie keine andere Möglichkeit als das Saatgut, das sie produzieren, als Nahrungsmittel und Futter zu verwenden. Diese Tendenz ist zunehmend weit verbreitet. Kürzlich erfuhren wir von der 'China Saatgut Gesellschaft', daß im letzten Jahr die 2 290 Saatgut produzierenden Staatsgüter im ganzen Land mehr als 700 Millionen jin (350 000 t) Saatgut aller Art einschließlich des für Getreide, Baumwolle und Ölsaaten erzeugten. Mehr als 200 Millionen jin [100 000 t] davon wurden als Nahrungsmittel und Futter von Menschen und Zugtieren dieser Staatsgüter verbraucht." <195>

Als Gründe führte der Bericht u. a. an:

> "Das Saatgut guter Sorten der Saatgut produzierenden Staatsgüter wird in der Regel den örtlichen Saatgut-Gesellschaften verkauft. Die Saatgut-Gesellschaften verkaufen dann Nahrungsgetreide gegen Saatgut. Doch die Saatgut produzierenden Farmen müssen drei bis sechs Monate warten, bevor Nahrungs- und Futtergetreide bei ihnen eintreffen. Um das Problem eines vorübergehenden Nahrungsmangels in dieser Zeit zu beheben, müssen sie einen Teil des von ihnen angebauten Saatguts als ihr eigenes Nahrungsgetreide (oder Speiseöl-Vorrat) behalten, bevor sie das Saatgut den örtlichen Saatgut-Gesellschaften übergeben.
> (Fortsetzung auf S. 114)

Übersicht 9

Anbaufläche, Ertrag, Erntemenge und Preis von Getreide, "Freundschafts-Staatsgut" <1>

Zeitraum	Produkt	Anbaufläche		Ertrag		Erntemenge		Preis	
		mu	ha	jin/mu	t/ha	jin	t	fen/jin	yuan/t
Durchschnittswerte der vorhergehenden Jahre <2>	Mais	150 000 - 200 000	10 000 - 13 333	400 - 500	3 - 3,75	.	.	10	200
	Weizen	600 000 - 700 000	40 000 - 46 666	270 - 330	2,025 - 2,475	.	.	18	360
	Soja	400 000	26 666	150 - 200	1,125 - 1,5	.	.	35	700

Zeitraum	Produkt	Anbaufläche		Ertrag		Erntemenge		Preis	
		mu	ha	jin/mu	t/ha	jin	t	fen/jin	yuan/t
1982 <3>	Mais	2 200	146,6	500	3,75	1 100 000	500	10	200
1982 <3>	Weizen	5 500	366,6	400	3	2 200 000	1 100	17,5	350
1982 <3>	Soja	2 837	189,1	370	2,775	1 050 000	525	37,5	750

<1> Nach Angaben von Leitungs-Personal des "Freundschafts-Staatsguts" am 26. 7. 1983.

<2> Die Zahl der in den Durchschnitt einbezogenen Jahre wurde nicht genannt.

<3> Diese Angaben beziehen sich nicht auf das gesamte Staatsgut, sondern nur auf Produktionsgruppe Nr. 1.

Übersicht 10

Erlös, Kosten und Gewinn von Getreide, Produktionsgruppe Nr. 1 des "Freundschafts-Staatsguts" <1>

Zeitraum	Produkt	Erlös (Produktionswert)				Kosten			
		yuan	yuan/mu	yuan/ha	yuan/t	yuan	yuan/mu	yuan/ha	yuan/t
1982	Mais	110 000	50	750	200	82 500	37,5	562,5	150
1982	Weizen	385 000	70	1 050	350	198 000	36	540	180
1982	Soja	393 750	138,8	2 081,9	750	105 000	37	555,2	200

Zeitraum	Produkt	Kostendeckung			Gewinn				
		jin/mu	t/ha	% des Ertrags	yuan	yuan/mu	yuan/ha	yuan/t	% des Erlöses
1982	Mais	375	2,81	75	27 500	12,5	187,5	50	25
1982	Weizen	205,7	1,54	51,4	187 000	34	510	170	48,6
1982	Soja	98,67	0,74	26,67	288 750	101,8	1 526,7	550	73,33

<1> Nach Angaben von Leitungs-Personal des "Freundschafts-Staatsguts" am 26. 7. 1983.

Übersicht 11

Anbaufläche, Ertrag, Erntemenge und Preis von Getreide, Produktionsbrigade Nr. 2, Produktionsgruppe Nr. 5 des Staatsguts Nr. 853 <1>

Zeitraum	Produkt	Anbaufläche		Ertrag		Erntemenge		Preis	
		mu	ha	jin/mu	t/ha	jin	t	fen/jin	yuan/t
Durchschnitte vorhergehender Jahre <2>	Mais	2 640	176	500	3,75	1 320 000	660	10	200
	Weizen	6 600	440	400	3	2 640 000	1 320	18-19	360-380
	Soja	3 960	264	250	1,875	990 000	495	34,5	690

Zeitraum	Produkt	Anbaufläche		Ertrag		Erntemenge		Preis	
		mu	ha	jin/mu	t/ha	jin	t	fen/jin	yuan/t
1982	Soja	6 000	400	283,33	2,125	1 700 000	850	34,5	690

<1> Nach Angaben von Leitungs-Personal des Staatsguts Nr. 853 am 28. 7. 1983.

<2> Die Zahl der in den Durchschnitt einbezogenen Jahre wurde nicht genannt.

Übersicht 12

Erlös, Kosten und Gewinn von Getreide, Produktionsbrigade Nr. 2, Produktionsgruppe Nr. 5 des Staatsguts Nr. 853 <1>

Zeitraum	Produkt	Erlös (Produktionswert)				Kosten			
		yuan	yuan/mu	yuan/ha	yuan/t	yuan	yuan/mu	yuan/ha	yuan/t
Durchschnittswerte der vorhergehenden Jahre <2>	Mais	132 000	50	750	200	97 680	37	555	148
	Weizen	475 200 - 501 600	72-76	1 080 - 1 140	360 - 380	184 800	28	420	140
	Soja	341 550	86,25	1 293,8	690	118 800 - 126 720	30-32	450 - 480	240 - 256
1982	Soja	586 000	97,67	1 465	690	210 000	35	525	247,05

Zeitraum	Produkt	Kostendeckung			Gewinn				
		jin/mu	t/ha	% des Ertrags	yuan	yuan/mu	yuan/ha	yuan/t	% des Erlöses
Durchschnittswerte der vorhergehenden Jahre <2>	Mais	370 (400)	2,775 (3)	74 (80)	34 320	13	195	52	26
	Weizen	155,6 - 147,4 (200)	1,17 - 1,105 (1,5)	38,9 - 36,8 (50)	290 400 - 316 800	44 - 48	660 - 720	220 - 240	61,1 - 63,2
	Soja	87 - 92,8 (100)	0,65 - 0,7 (0,75)	34,8 - 37,1 (40)	222 750 - 214 830	56,25 - 54,25	843,8 - 813,8	450 - 434	65,2 - 62,9
1982	Soja	101,4	0,76	35,8	376 000	62,67	940	442,4	64,2

<1> Nach Angaben von Leitungs-Personal des "Freundschafts-Staatsguts" am 26. 7. 1983.
Die in Klammern angegebenen Zahlen sind grobe Erfahrungswerte, die als Faustzahlen verwandt werden.

<2> Die Zahl der in den Durchschnitt einbezogenen Jahre wurde nicht genannt.

Übersicht 13

Anbaufläche, Ertrag, Erntemenge und Preis von Getreide, Staatsgut Nr. 597 <1>

Zeitraum	Produkt	Anbaufläche mu	Anbaufläche ha	Ertrag jin/mu	Ertrag t/ha	Erntemenge jin	Erntemenge t	Preis fen/jin	Preis yuan/t
Durchschnittswerte der vorhergehenden Jahre <2>	Mais	40 800 - 47 600	2 720 - 3 173,33	.	.	.	.	.	.
	Weizen	374 000 - 408 000	24 933 - 27 200	.	.	.	.	.	.
	Soja	204 000 - 238 000	13 600 - 15 866,67	.	.	.	.	.	.
1980	Mais	51 259	3 417,3	455,45	3,4159	23 346 000	11 673	9,5	190
1980	Weizen	293 000	19 533,3	366,14	2,7460	107 278 000	53 639	18	360
1980	Soja	210 000	14 000	193,92	1,4544	40 724 000	20 362	34,5	690
1981	Mais	37 138	2 475,9	56,44	0,4233	2 096 000	1 048	.	.
1981	Weizen	326 000	21 733,3	118,53	0,8890	38 642 000	19 321	.	.
1981	Soja	218 000	14 533,3	70,14	0,5260	15 290 000	7 645	.	.
1982	Mais	25 413	1 694,2	165,19	1,2389	4 198 000	2 099	.	.
1982	Weizen	172 000	11 466,7	178,24	1,3368	30 658 000	15 329	.	.
1982	Soja	306 000	20 400	130,79	0,9809	40 022 000	20 011	.	.

<1> Nach Angaben von Leitungs-Personal des Staatsguts Nr. 597 am 29. 7. 1983.

<2> Die Zahl der in den Durchschnitt einbezogenen Jahre wurde nicht genannt.

Übersicht 14

Erlös, Kosten und Gewinn von Getreide, Staatsgut Nr. 597 <1>

Zeitraum	Produkt	Erlös (Produktionswert) yuan	Erlös yuan/mu	Erlös yuan/ha	Erlös yuan/t	Kosten yuan	Kosten yuan/mu	Kosten yuan/ha	Kosten yuan/t
1980	Mais	2 217 870	43,27	649,02	190	1 900 171	37,07	556,05	162,78
1980	Weizen	19 310 040	65,91	988,57	360	8 757 770	29,89	448,35	163,27
1980	Soja	14 049 780	66,90	1 003,56	690	5 441 100	25,91	388,65	267,21
1981	Mais	199 120	5,36	80,42		1 124 910	30,29	454,35	1 073,36
1981	Weizen	6 955 560	21,34	320,04		11 364 360	34,86	522,90	588,19
1981	Soja	5 274 050	24,20	362,96		6 662 080	30,56	458,40	871,44
1982	Mais	398 810	15,69	235,40		790 853	31,12	466,80	376,78
1982	Weizen	5 518 440	32,08	481,26		6 331 320	36,81	552,15	413,03
1982	Soja	13 807 590	45,12	676,84		10 110 240	33,04	495,60	505,23

Zeitraum	Produkt	Kostendeckung jin/mu	Kostendeckung t/ha	Kostendeckung % des Ertrags	Gewinn yuan	Gewinn yuan/mu	Gewinn yuan/ha	Gewinn yuan/t	Gewinn % d. Erlöses
1980	Mais	390,21	2,9266	85,68	317 699	6,20	92,97	27,22	14,32
1980	Weizen	166,06	1,2454	45,35	10 552 270	36,02	540,22	196,73	54,65
1980	Soja	75,10	0,5633	38,73	8 608 680	40,99	614,91	422,79	61,27
1981	Mais	318,84	2,3913	564,92	-925 790	-24,93	-373,93	-883,36	-
1981	Weizen	193,67	1,4525	163,39	-4 408 800	-13,52	-202,86	-228,19	-
1981	Soja	88,58	0,6643	126,29	-1 387 030	-6,36	-95,44	-181,44	-
1982	Mais	327,58	2,4568	198,30	-392 043	-15,43	-231,40	-186,78	-
1982	Weizen	204,50	1,5338	114,73	-812 880	-4,73	-70,89	-53,03	-
1982	Soja	95,77	0,7183	73,22	3 697 350	12,08	181,24	184,77	26,78

<1> Nach Angaben von Leitungs-Personal des Staatsguts Nr. 597 am 29. 7. 1983.

(Fortsetzung von S. 107)

Im Vergleich zum Saatgut ist das den Saatgut produzierenden Staatsgütern gelieferte Nahrungsgetreide von sehr geringer Qualität. Andererseits kostet das gelieferte Nahrungsgetreide drei bis fünf fen [1 fen = 1/100 yuan] mehr pro jin [1 jin = 1/2 kg] im Vergleich zum Preis des Saatguts, das an die Saatgut-Gesellschaften verkauft wurde." <196>

Sicher ist die schlechte Getreideversorgung Folge - keineswegs unter den bestehenden Umständen rechtfertigende Ursache - des Selbstversorgungs-Gebots, das vielleicht zum Zeitpunkt seiner Einführung sinnvoll war. Doch anstatt diese Ursache zu beseitigen, nahm man den Mangel hin und stellte sich mit einer entsprechenden Vorschrift auf dessen Fortbestand ein. Würde statt des verspäteten Tauschs von Saat- gegen Nahrungs- und Futtergetreide von den Saatgut produzierenden Staatsgütern rechtzeitig Marktgetreide zu einem Preis, der dessen Qualität entspricht, gekauft, wären erhebliche nützliche Auswirkungen zu erwarten:

"Wenn die zuständigen Abteilungen dazu beitragen können, die 200 Millionen jin [100 000 t] Saatgut einzusparen, die von den Saatgut produzierenden Staatsgütern in China verbraucht werden, wird die Gesamtfläche, die im ganzen Land mit Saatgut guter Sorte bestellt wird, um 20 bis 30 Millionen mu [1,3 bis 2 Millionen ha] erweitert und die gesamte Getreideproduktion des Staates und des Kollektivs um ein bis zwei Millionen jin [500 000 bis 1 000 000 t] erhöht." <197>

Vernachlässigung von Verarbeitung und Vermarktung war ein weiteres Entwicklungshindernis der Staatsgüter, das diese nicht selbst, sondern ihre übergeordneten Verwaltungsinstanzen zu verantworten hatten. Zu den Pflichten der Staatsgüter wurde 1980 vor allem die Pflicht, Agrar- und Tierprodukte zu liefern, gezählt. Deren Verarbeitung und Vermarktung wurde nicht nur unter ihren Pflichten nicht erwähnt <198>, sondern ausdrücklich wurde festgestellt, daß die Staatsgüter kein Recht zur Verarbeitung hatten und ihnen auch der Absatz nicht gestattet war. <199> Im darauffolgenden Jahr sah man diese einseitige Ausrichtung als Ursache der langsamen Entwicklung der Staatsgüter an:

"Wegen unserer rückständigen Warenwirtschaft, des niedrigen Niveaus in der Vergesellschaftung der Produktion und des Einflusses des Denkens der Naturalwirtschaft, entwickelten unsere Staatsgüter lange Zeit lediglich die Landwirtschaft und vernachlässigten umfassende Wirtschaftsweise, vollständige Entwicklung in der Verbindung von Produktion, Angebot und Vermarktung und in der Verbindung von Landwirtschaft, Industrie und Handel. Für ziemlich lange Zeit lieferten sie lediglich Rohstoffe und nahmen keine Verarbeitung vor, und erst recht betrieben sie keinen Handel. Solch eine Situation war tatsächlich einer der Gründe, der bewirkte, daß die Unternehmen in den Neulandgewinnungs-Gebieten sich langsam und in einem schlechten Licht entwickelten." <200>

Zuvor war erkannt worden, daß Verluste nicht durch bloßes Verarbeiten der Rohstoffe vermieden werden konnten und daß der Absatz der verarbeiteten Produkte nicht Handelsunternehmen überlassen bleiben durfte:

"Sie [die Staatsgüter] waren nur in der Lage, die verarbeiteten Produkte zu Fabrikpreisen anstatt zu Großhandels- oder Einzelhandelspreisen zu verkaufen. Dies führte zu einer Situation, in der 'die Farmen [Staatsgüter] mit Verlust produzieren während die Handelsunternehmen, durch billige Einkäufe, die Profite machen.' " <201>

Die Produktionseinheiten hatten infolge der Beschränkung der Entscheidungsrechte keinen wirtschaftlichen Nachteil, denn daraus entstehende Verluste übernahm der Staat genauso wie Gewinne. Sie verhielten sich unter diesen Umständen gleichgültig gegenüber den Anordnungen der Verwaltung. Insofern ist die Motivation der Produktionseinheiten durch die Vorenthaltung der Entscheidungskompetenz stark beeinträchtigt. (Vgl. S. 140.)

<187> Chung Min Pang und De Boer, A. J.: Management Decentralization on China's State Farms, in: American Journal of Agricultural Economics, Ames/Iowa, 65. 1983, 4, S. 658.

<188> Zao Feng und Ding Lushu, a. a. O., S. 3.

<189> The Constitution of the People's Republic of China, (Promulgated for Implementation on December 4, 1982) Beijing 1983, S. 14.

<190> A. a. O., S. 19.

<191> A. a. O., S. 63f.

<192> Nach Angaben von Leitungs-Personal des "Freundschafts-Staatsguts" am 26. 7. 1983, des Staatsguts Nr. 853 am 28. 7. 1983 und des Staatsguts Nr. 597 am 29. 7. 1983 sowie nach Auskunft des Dekans der Nordost-Hochschule für Landwirtschaft in Harbin am 22. 7. 1983.

<193> Nach Angaben von Leitungs-Personal des Staatsguts Nr. 597 am 29. 7. 1983.

<194> Nach Auskunft von Beamten des Generalamts für Staatsgüter in Jiamusi während eines inoffiziellen Gesprächs am 31. 7. 1983.

<195> Shu Daixin und Ju Bomin: The Problem of Seed Farms Consuming the Seeds They Produce Must Be Solved, in: Beijing Xinhua Domestic Service, 7. Okt. 1980, englisch in: JPRS, CRA Nr. 106, 20. Okt. 1980, S. 4.

<196> A. a. O., S. 4f.

<197> A. a. O., S. 5.

<198> Vgl. Zao Feng und Ding Lushu, a. a. O., S. 4f.

<199> Luo Fu: Die neuen Agro-Industriekombinate, in: Beijing Rundschau, Nr. 31, 5. Aug. 1980, S. 18 u. S. 21.

<200> Sun Panqi: How Has the Agricultural Reclamation System Turned From Protracted Losses To Profits?, in: Jingji

Guanli (Wirtschaftsführung), Nr. 8, 15. Aug. 1981, S. 9-12, englisch in: JPRS, CRA Nr. 166, 5. Okt. 1981, S. 6.

<201> Promote the Commercial Development of Integrated Agricultural-Industrial-Commercial Enterprises by Properly Adjusting Inside-Outside Relationship, in: Zhongguo Nongken (Chinese Agricultural Reclamation), Nr. 9, 24. Sept. 1980, S. 11, englisch in: JPRS, CRA Nr. 135, 29. Apr. 1981, S. 6.

4.2 Behinderung des Informationsaustausches

4.2.1 Kompetenzstreuung

Ausgliederung von Entscheidungsbefugnissen aus den Produktionseinheiten und Übertragung dieser Befugnisse auf übergeordnete Verwaltungsinstanzen führte zu langen Kommunikationswegen. (Vgl. Kapitel 2 und 3.2) Nicht nur wurde so der Prozeß der Entscheidung über lokale Produktionsprogramme zerstückelt, sondern auch der Informationsbedarf dafür wuchs im gleichen Maß wie die Zahl der Personen, die sich mit diesen Informationen befaßten. Letztlich fand der Informationsaustausch zwischen Produktionseinheiten und übergeordneten Verwaltungsinstitutionen nicht im erforderlichen Umfang statt. (Vgl. S. 126f.) Damit ist nicht bewiesen, daß dieser Informationsaustausch entbehrlich war, sondern es wird das Versagen der Staatsgüterverwaltung bei der Einflußnahme auf die Produktion eindrucksvoll dokumentiert. Die Staatsgüterverwaltung versuchte, durch zusätzliche Maßnahmen ihren Einfluß auf die Produktionseinheiten aufrechtzuerhalten. Sie wählte dazu keine administrativen, sondern politische Maßnahmen, die sie gleichwohl auf dem Verwaltungsweg bekanntmachte. Auf diese Weise wurden Partei- und Verwaltungs-Funktionen vermischt. In den "Arbeitsregeln für Staatsgüter" des Ministeriums für Staatsgüter und Neulandgewinnung im Jahr 1979 war folgender Passus über die Funktion des Parteikomitees innerhalb der Staatsgüter enthalten:

> "Die Staatsgüter praktizieren das System der Arbeitsteilung und Verantwortlichkeit der Betriebsführung unter der Leitung des Parteikomitees. Die Hauptaufgaben des Staatsgut-Parteikomitees sind: Durchsetzung der Parteilinie und der allgemeinen und besonderen Politik, gute ideologisch-politische Arbeit und Gewährleistung der Erfüllung der Produktions- und Aufbau-Aufgaben." <202>

Entsprechend dieser ministeriellen Anweisung griff auf lokaler Ebene das Parteikomitee als dritter Akteur außer übergeordneten Institutionen und dem Management des jeweiligen Staatsguts in die Betriebsführung ein. Diese Kompetenzstreuung schuf keine klaren Verantwortlichkeiten und keine straffe Organisation des Informationsaustausches zwischen den Beteiligten. Im Gegenteil, sie war Teil des Problems mangelnder Verantwortlichkeit, wenn trotz Eingriff des Parteikomitees zu folgender Beschwerde Anlaß bestand:

> " [...] wegen Unklarheiten im System war es im allgemeinen nicht möglich, jemandem Verantwortung für den Verlust von Geld und Vermögen oder für Verschwendung und Mißbrauch zuzuweisen. <203>

Aus dieser Beschwerde geht nicht hervor, ob trotz oder wegen des Parteikomitees nachlässig mit Geld und Vermögen umgegangen wurde. Unbeschwert von dieser Überlegung folgt der Beschwerde die Forderung, beim Aufbau eines wissenschaftlichen Management-Systems alle Punkte der Parteipläne und -politik einzuhalten. <204> Auf der Führung durch das Parteikomitee bestand auch der Autor eines Artikels über Stärkung des Managements in den Staatsgütern:

> "Der Schlüssel dafür, ob Verantwortung für Finanzangelegenheiten zugewiesen werden kann, ist die Führung[sleistung] des Parteikomitees. [...] " <205>

Er stellte damit der staatlichen Verwaltung ein schlechtes Zeugnis aus.

4.2.2 Unterbindung der Nachfrageorientierung

Der Markt als Informationsquelle hatte für die Staatsgüter Chinas geringe Bedeutung gegenüber der Mengenplanung. Bei weitgehend festgelegtem Produktionsprogramm verloren die Preise dennoch nicht ganz ihre Signalfunktion, wie E. Neuberger und W. J. Duffy hervorhoben:

> "Zu den interessantesten Charakteristika des chinesischen Systems gehört die Tatsache, daß der Markt eine weniger wichtige Rolle als in jedem anderen zeitgenössischen System [die Autoren legten sich nicht auf ein bestimmtes Datum für diese Angabe fest, so daß das Erscheinungsjahr ihres Buches als Gültigkeitszeitraum dieser Angabe anzusehen ist] spielt. [...] Mengenplanung und direkte Beeinflussung der Produktion sind bisher statt des Marktes als Mittel der Informierung und Entscheidungs-Koordinierung verwandt worden und werden wahrscheinlich weiterhin verwandt werden.
> Preise spielen deutlich eine fundamental andere Rolle im chinesischen System als in einem Marktsystem. Im chinesischen System werden zunächst die Mengen von Gütern und Dienstleistungen festgelegt, von denen der Staat erwartet, daß sie von verschiedenen Agenten angeboten oder nachgefragt werden. Preise werden bestimmt, um als Signale zu dienen, die die Agenten zur Erreichung dieses Niveaus führen - Preise sind Koeffizienten staatlicher Wertschätzung von Gütern und Dienstleistungen." <206>

Der Preis als Informationsträger zur Koordinierung von Wirtschaftsaktivitäten war nicht mehr ein Resultat der Marktkräfte, sondern wurde durch zentrale Planung festgelegt. In dem Maß, wie die Preise zu staatlich manipulierten Informationsträgern wurden, hatten die übergeordneten Verwaltungsinstanzen für die Produktionseinheiten Informations- und Zwangsfunktion wahrzunehmen. <207> Die Wirtschaftsprozesse mußten statt durch den Preis durch organisatorische Maßnahmen koordiniert werden und die Versorgung der Produktionseinheiten mit für deren Produktionstätigkeit relevanten Informationen hing von der Leistungsfähigkeit der übergeordneten Verwaltungsinstitutionen in bezug auf Kommunikation ab. Unter solchen Umständen entstanden Preise, die so niedrig waren, daß sie die Erzeuger veranlaßten, ihre Produktion einzuschränken, obwohl der Markt noch aufnahmefähig war. Ungehinderter Informationsfluß in Gestalt von Preisverhandlungen führte dagegen dazu, Produzenten und Nachfragern gerecht zu werden:

> "Weil die Kosten der Milchproduktion in Beijing höher waren als der gezahlte Erzeugerpreis, wurde der Enthusiasmus für die Produktion ungünstig beeinflußt. Nachdem ein integriertes Unternehmen, das interne Preise zur angemessenen Erhöhung des Erzeugerpreises verwandte, dieses Jahr seinen Betrieb aufnahm, stieg die Milchproduktion in der ersten Jahreshälfte um 1 000 000 kg gegenüber letztem Jahr. [...] Integrierte Unternehmen sollten 'interne Preise' einführen, um die wirtschaftlichen Vorteile von Landwirtschaft, Industrie und Handel zu verteilen, damit die Entwicklung der Landwirtschaft gefördert wird. Wenn Güter außerhalb des Unternehmens verkauft werden, sollte ihr Verkauf zu Verhandlungspreisen erlaubt sein und hohe Qualität einen hohen Preis erzielen [...]" <208>

Als "integrierte Unternehmen" werden Staatsgüter bezeichnet, die mit Verarbeitungsbetrieben und Handelsunternehmen zusammengeschlossen sind. (Vgl. S. 143ff., S. 274f. und S. 277.) Sie haben bei internen Verkäufen die Möglichkeit, selbstgewählte Preise zugrundezulegen und so mit Gewinn agrarische Rohstoffe zu erzeugen, für die ihnen von nicht integrierten Unternehmen zu niedrige Preise geboten werden. (Vgl. S. 115.)

Falsche Preissignale gefährdeten den Erfolge eines Rinder-Zuchtprogramms des Staatsguts Da Yang im Kreis Qian der Provinz Shaanxi. Eine Rinderrasse, die für Zugzwecke verwandt wurde, sollte in Fleischrinder umgezüchtet werden. Das Umzüchtungsprogramm hatte bereits begonnen, ohne daß das Pekinger Amt für Preise, das allein über Preisänderungen entschied, Nachricht gegeben hatte, ob die Rindfleischpreise erhöht würden und ob deren Erhöhung überhaupt geplant war. <209> Falls der Rindfleischpreis durch die zentrale Preisbehörde nicht erhöht worden wäre, wären die umgezüchteten Rinder weiterhin als Zugtiere genutzt worden, weil die Schlachtung dieser Rinder bei niedrigem Fleischpreis nachteilig für deren Besitzer gewesen wäre. Das Kaufinteresse der Konsumenten dagegen wäre groß gewesen.

Diese Beispiele zeigen, daß staatlich manipulierte niedrige Preise zwar den Konsumenten entgegenkommen, auf der Angebotsseite aber nicht als Signal für Erzeugung oder Verkauf wirken. Solange den Produzenten Auflagen in bezug auf das Produktionsprogramm gemacht werden, haben Preise für sie lediglich Einkommensfunktion, und bleiben ihre Allokationsentscheidungen von den Preisen unberührt. Staatliche Produktionsauflagen unterbinden die Nachfrageorientierung der Staatsgüter und isolieren sie von Marktinformationen. Dabei entsteht die paradoxe Situation, daß ein konsumentenfreundlicher Preis bei den Staatsgütern die Tendenz zur Angebotseinschränkung hervorruft und letztlich den Konsum beeinträchtigt.

4.2.3 Falsche Standortwahl

Die Produktionseinheiten besaßen nicht das Recht, allein über die Art der von ihnen anzubauenden Produkte zu entscheiden, sondern teilten dieses Recht - wenn sie es nicht ganz verloren - mit ihren übergeordneten Verwaltungsinstitutionen. (Vgl. Kapitel 2 und S. 105.) Diese wiederum waren aufgrund unzureichender Informationen nicht in der Lage, sie mit der Herstellung derjenigen Produkte zu beauftragen, die am jeweiligen Standort am besten gediehen. Es existierte kein Ackerschätzungsrahmen, der den Planern auf Provinzebene oder in den Verwaltungsämtern Anhaltspunkte für die optimale Zuordnung von Produkten und Produktionsbedingungen gab. <210> Selbst wenn sie sich Informationen mittels eines Ackerschätzungsrahmens beschafft hätten, wären damit Fehlentscheidungen bei der Standortwahl keineswegs ausgeschlossen gewesen, denn die Produktionsbedingungen sind zwischen den einzelnen Produktionseinheiten und innerhalb derselben sowie von Jahr zu Jahr unterschiedlich. Diese Tatsache hätte die übergeordneten Verwaltungsinstitutionen vor die Aufgabe gestellt, große Informationsmengen zu bewältigen, um die Herstellung der Produkte auf die ihnen gemäßen Standorte zu verteilen.

Zweifelhaft ist, ob der Einsatz elektronischer Datenverarbeitung - die für Planungszwecke bis 1983 im Generalamt für Staatsgüter der Provinz Heilongjiang noch nicht verwandt wurde - termingerechte Berücksichtigung aller erforderlichen Informationen ermöglicht hätte. Diese Informationen hätten nur gesammelt werden können, wenn die lokalen Produktionseinheiten bereit gewesen wären, sie rückhaltlos weiterzugeben. Die Zusammenarbeit der lokalen Produktionseinheiten vorausgesetzt, hätten diese Informationen drastisch vereinfacht werden müssen, um sie zu verarbeiten. Wichtige Einzelheiten über die Vielfalt der Produktionsbedingungen wie Bodenbeschaffenheit, Kapital, Zahl und Befähigung von Arbeitskräften usw. wären dabei verlorengegangen. Der Aufbau eines entsprechenden Computersystems wäre sehr kostspielig und zeitraubend gewesen. E. Neuberger bezeichnete den Versuch, ein solches Computersystem zu entwickeln, als "computopia" und erwartete eine erhebliche Abweichung des dafür nötigen Computer-Modells von der Wirklichkeit. <211>

Weder wußten die Planungsbehörden, wo sich im Einzelfall die besten Standorte für bestimmte Produkte befanden, noch konnten sie verhindern, daß Gewinnunterschiede zwischen Produktionseinheiten aufgrund unterschiedlich günstiger Produktionsbedingungen entstanden. Der Soja-Preis war in den drei Provinzen Heilongjiang, Jilin und Liaoning gleich, aber die höchsten Erträge lagen in Heilongjiang bei 2 250 kg/ha, in Liaoning bei nur 1 500 kg/ha. <212> Die durchschnittlichen Sojaerträge der Staatsgüter waren am höchsten in Heilongjiang und auch innerhalb Heilongjiangs waren sie nicht einheitlich. (Vgl. die Übersichten 9, 11, 13 und 15 auf den Seiten 108, 110, 112 und 124.) Daraus resultierten unterschiedlich hohe Gewinne, falls die höheren Erträge nicht durch entsprechend höhere Aufwendungen zustandekamen. Auf diese Weise gestatteten die Planungsbehörden bei Pflichtanbau und gleichem Preis unbeabsichtigt manchen Produktionseinheiten höhere Gewinne als anderen. Wo und in welcher Höhe diese Gewinne anfielen, blieb den Planungsbehörden u. U. verborgen, wie aus einem chinesischen Kommentar hervorgeht:

Übersicht 15

Durchschnittliche Sojaerträge von
Staatsgütern und Provinzen, Kilogramm pro Hektar <1>

Jahr	Heilongjiang		Jilin		Liaoning	
	Staats-güter	Pro-vinz	Staats-güter	Pro-vinz	Staats-güter	Pro-vinz
1979	.	1 118	.	1 035	.	1 043
1980	1 260	1 350	975	1 088	998	1 133
1981	.	1 117	.	1 305	.	1 350
1982	1 245	1 223	735	1 223	1 230	1 260
1983	.	1 410	.	1 763	.	1 695
1984	.	1 618	.	2 040	.	1 707
Ø	1 253	1 306	855	1 409	1 114	1 365

<1> S. Anmerkung <213>.

"Nach unvollständigen Berichten aus 15 Neulandgewinnungsgebieten wurden 120 Millionen Yuan in Verletzung von Finanz- und Rechnungsführungs-Regeln verwandt, darunter [...] 16,7 Prozent durch Verbergung der Produktion und Angabe von weniger Gewinn und 7,5 Prozent durch Unterschlagung und Diebstahl, Spekulation und Profitmacherei." <214>

Falls die Standortwahl zufällig den Produktionsbedingungen entsprach, hatten die Produktionseinheiten ein Interesse daran, dies den Planungsbehörden zu verheimlichen.

Weil die Kosten der Soja-Produktion auf die Entscheidung über deren Standort keinen Einfluß hatten (vgl. S. 90), war bei einheitlichem Soja-Preis auch der Gewinn oder Verlust der Produktionseinheiten für die Planungsbehörden nebensächlich. Falls diese erwogen, in Staatsgütern Heilongjiangs mehr oder weniger Soja anbauen zu lassen, hatten sie kein rationales Entscheidungskriterium. Die Erträge allein waren als Entscheidungskriterium unzureichend, denn sie verhielten sich außerhalb des Staatsgütersektors anders als innerhalb. (Vgl. S. 124, Übersicht 15.) Hohe oder niedrige Erträge bewiesen nicht, daß die Soja-Produktion wirtschaftlich sinnvoll oder sinnlos war, solange nichts über die Aufwendungen bekannt war.

Die Anteile der Sojafläche an der gesamten Getreidefläche sind für Staatsgüter und Provinzen in Übersicht 16 dargestellt (s. folgende Seite.).

Auffällig ist, daß der Anteil der Sojafläche an der gesamten Getreidefläche in den Staatsgütern Heilongjiangs erheblich über dem der Provinz Heilongjiang lag, obwohl 1980 die Sojaerträge der Staatsgüter Heilongjiangs niedriger waren als in der Provinz Heilongjiang und 1982 nur geringfügig höher. Offensichtlich besaßen die Staatsgüter Spielraum zur Überschreitung der vorgegebenen 30 % Anbaufläche für Soja. (Vgl. S. 75 u. S. 77.) Eine Möglichkeit dazu hatten sie in der Einschränkung der Weizenaussaat wegen schlechten Wetters zugunsten von Soja. <215> Die Sojaerträge der Produktionsgruppe Nr. 1 im "Freundschafts-Staatsgut" und die der Produktionsgruppe Nr. 5 im Staatsgut Nr. 853 (vgl. die Übersichten 9 und 11 auf den Seiten 108 und 110) lagen weit über allen in Übersicht 15 (s. S. 124) aufgeführten Durchschnittserträgen. Doch überschritten diese Produktionseinheiten nicht ihr Sojaflächen-Kontingent. Umgekehrt verhielt sich das Staatsgut Nr. 597 in den Jahren 1980, 1981 und 1982. (Vgl. S. 112, Übersicht 13.) Sein Soja-Anteil betrug zwischen 37 % und 60 %, was bei niedrigen Kosten und hohem Gewinn im Vergleich zu Mais aus seiner Sicht vorteilhaft war. Gegenüber der Produktionsgruppe Nr. 1 im "Freundschafts-Staatsgut" und der Produktionsgruppe Nr. 5 im Staatsgut Nr. 853 waren seine niedrigen Erträge wenigstens teilweise durch niedrigen Aufwand bedingt. Dieser Vergleich zeigt, daß in diesem Fall am ertragsärmsten Standort am meisten Soja angebaut wurde.

Übersicht 16

Anteile der Sojafläche
an der gesamten Getreidefläche, in Prozent <1>

Jahr	Heilongjiang		Jilin		Liaoning	
	Staats-güter	Pro-vinz	Staats-güter	Pro-vinz	Staats-güter	Pro-vinz
1979	.	22,6	.	16,0	.	15,3
1980	34,0	22,3	9,3	15,8	6,9	14,7
1981	.	24,7	.	17,2	.	14,7
1982	47,3	30,1	14,5	16,5	6,3	14,6
1983	.	23,4	.	13,9	.	12,9
1984	.	24,4	.	11,3	.	12,0

<1> S. Anmerkung <216>.

Um solche Fehlallokation zu vermeiden, hätte es kurzer Kommunikationswege bedurft. Weder konnten die Planungsbehörden zum Zeitpunkt der Aussaat die Einhaltung des Produktionsprogramms durchsetzen noch danach ertragssteigernde Maßnahmen veranlassen, weil sie dafür zu weit entfernt waren. Deshalb hätte es wenig genützt, wenn sie die Produktionsfunktion der einzelnen Standorte genau gekannt hätten, um deren Ertragsfähigkeit und den Einfluß des lokalen Managements auf die Erträge zu messen.

Lediglich für die spätere Beurteilung der Produktionsergebnisse wäre erforderlich gewesen, zwischen natürlichen und wirtschaftlichen Produktionsbedingungen zu unterscheiden. Dies hätte detaillierte Statistiken mit Zeitreihen über Anbauflächen, Erträge, Kosten und Gewinne für jeden Standort vorausgesetzt. Solche Zeitreihen waren in einzelnen, wenn auch nicht in allen Produktionseinheiten vorhanden, denn diese waren nicht verpflichtet, Kosten und Leistungen genau zuzuordnen (vgl. S. 90), und in ihren Berichten nicht immer gewissenhaft. (Vgl. S. 125.)

Hätten die Planungsbehörden Gewinn und Verlust der Staatsgüter analysiert, wie dies in den Übersichten 10, 12 und 14 auf den Seiten 109, 111 und 113 der vorliegenden Arbeit unternommen wurde, wären sie mit zwei Fragen konfrontiert worden:

1. Falls der Gewinn bei der Entscheidung über Produktionsstandorte eine Rolle spielt, warum soll nicht mehr Soja und weniger Weizen und Mais produziert werden angesichts der Tatsache, daß Soja einen höheren Gewinn erzielt als Weizen und Mais?
2. Falls der Gewinn bei der Entscheidung über Produktionsstandorte keine Rolle spielt, warum sollen nicht die Gewinnmargen von Weizen, Mais und Soja vereinheitlicht werden, um Einkommensdisparitäten zwischen Produktionseinheiten mit unterschiedlichem Soja-Anteil an ihrer Getreidefläche auszuschließen und damit das Interesse der Produktionseinheiten am Verstoß gegen festgelegte Anbaupläne entsprechend der Gewinnerwartung für unterschiedliche Produkte zu dämpfen?

Ad 1. Soja brachte in den drei in Übersichten 10, 12 und 14 untersuchten Produktionseinheiten immer Gewinn, selbst als Weizen und Mais Verlust brachten, mit Ausnahme des Jahres 1981. (Vgl. S. 112, Übersicht 13 und S. 61ff, Übersicht 6, Anmerkung <e> zu den Witterungseinflüssen im Jahr 1981.) Der Soja-Gewinn in Prozent des Erlöses war stets höher als der von Weizen und ein Vielfaches dessen von Mais. Unverständlich ist, warum die Produktionseinheiten nicht die Erlaubnis erhielten, mehr Soja anzubauen, sondern gezwungen wurden, ihre Sojafläche auf 30 % ihrer Getreidefläche zu begrenzen. (Vgl. S. 75 u. S. 77.)

Eine Untersuchung der Preis-Entwicklung von Weizen, der Hauptgetreideart in Heilongjiang, und Soja ergab, daß der Weizenpreis von 268,6 Yuan im Jahr 1976 auf 326,2 Yuan/t im Jahr 1981 um 21,4 % und der Sojapreis im gleichen Zeitraum von 296,6 Yuan/t auf 692 Yuan/t um 133,3 % stieg. Im gleichen Zeitraum verschob sich das Verhältnis von Getreidefläche (in diesem Fall wurde Soja nicht zu Getreide gerechnet!) und Sojafläche von 1 : 0,39 auf 1 : 0,56 (von etwa 5 : 2 auf etwa 5 : 3), was einer Zunahme des Sojaflächen-Anteils um 43,6 % entspricht. Gegenüber der Soja-Preisentwicklung war die Ausdehnung der Sojafläche unterproportional. Dies kommt besonders in der geringen Verschiebung des Anbau-Verhältnisses von 1 : 0,51 im Jahr 1980 auf 1 : 0,56 im Jahr 1981 trotz Sojapreis-Steigerung um 50 % zum Ausdruck. <217> Die Ausdehnung der Sojafläche beweist, wie Chung Min Pang und De Boer meinen, daß die Staatsgüter im Zeitraum 1976 bis 1981 mehr Freiheit bekamen, ihre Gewinne gemäß relativer Preise für die einzelnen Kulturen zu maximieren. <218> Doch solange das Anbauverhältnis der Getreidearten vorgegeben wurde (vgl. S. 75, S. 77 und S. 106), wurde diese Freiheit nur widerstrebend gewährt und war begrenzt, wenn nicht durch Regelverstoß erst möglich. Sie unterlag weiteren Einschränkungen durch Mangel an Lagermöglichkeiten für Soja. <219>

Die Planungsbehörden gaben dem Sojapreis neben seiner Einkommensfunktion auch Allokationsfunktion, schränkten diese aber ein. Nicht ersichtlich ist, was die Inkonsequenz des Vorgehens bedingte, einerseits Preissignale für die Festlegung des Produktionsprogramms zu verwenden, sie aber andererseits als störend bei dessen Durchsetzung anzusehen.

Ad 2. Der umgekehrte Weg, den Preisen die Allokationsfunktion zu nehmen und ihre Einkommensfunktion beizubehalten war bis 1978 beschritten worden. (Vgl. S. 105ff.) Unter der Voraussetzung, daß die Produktionseinheiten Gewinn zu erwirtschaften haben, wäre dies nur mittels Preisdifferenzierung auf lokaler Ebene weiter möglich gewesen. Die Preise hätten in diesem Fall für Weizen, Mais und Soja so gestaltet werden müssen, daß die Gewinnmargen für diese drei Produkte untereinander und in allen Produktionseinheiten identisch geworden wären, um die Einflüsse günstiger oder ungünstiger Produktionsbedingungen zu kompensieren. Nur dann wären gewinnorientierte Produktionseinheiten gegenüber einem vorgegebenen Anbauplan gleichgültig gewesen. Bei jeder anderen Preisgestaltung hätten Preise und Gewinne die Einhaltung eines solchen Anbauplans gestört. Solche Preisgestaltung hätte auf den Selbstkosten der Produkte aufbauen müssen, die häufig nicht ermittelt wurden, weil Kosten nicht einzelnen Leistungen zugeordnet, sondern für mehrere Produkte addiert wurden. (Vgl. S. 90.) Diese Vorgehensweise schied aus wegen der Informationsmengen, die die Planungsbehörden für sie benötigt hätten.

<202> Guoying Nongchang Gongzuo Tiaoli (Arbeitsregeln für Staatsgüter), in: Guoying Nongchang Jingji Guanli Xue Cankao Ziliao (Nachschlagewerk für Verwaltungslehre der Staatsgüter), 1.-August-Universität für Staatsgüter Heilongjiangs, 1982, S. 72.

<203> Special Commentary on Improving Economic Efficiency in Enterprise Consolidation, in: Zhongguo Nongken (Chinese Agricultural Reclamation), 7/1982, S. 2f., englisch in: JPRS, CRA Nr. 233, 21. Okt. 1982, S. 3.

<204> A. a. O., S. 4.

<205> Jiang Dongping: Conscientiously Strengthen Management of Financial Affairs, Promote Farms, Reverse Losses, and Increase Profits, in: Caizheng (Finance), Nr. 5, 5. Mai 1980, S. 1ff., englisch in: JPRS, CRA Nr. 111, 19. Nov. 1980, S. 7.

<206> Neuberger, E. und Duffy, W. J.: Comparative Economic Systems: A Decision Making Approach, Boston 1976, S. 200ff.

<207> Vgl. Wädekin, K.-E.: Sozialistische Agrarpolitik in Osteuropa, Bd. 2, Berlin (West) 1978, S. 194f.

<208> Guo Shutian: State Farms Must Take the Road of Integrated Agricultural, Industrial, and Commercial Operations, in: Nongye Jingji Wenti (Agrarökonomische Probleme), Nr. 5/1980, S. V21-V26, englisch in: JPRS, CRA Nr. 143, 5. Juni 1981, S. 4 u. 6.

<209> Nach Angaben von Leitungs-Personal des Staatsguts Da Yang am 19. 7. 1983.

<210> Nach Angaben von Leitungs-Personal des Staatsguts Nr. 597 am 29. 7. 1983.

<211> Vgl. Neuberger, E.: Libermanism, Computopia and Visible Hand: The Question of Informational Efficiency, in: American Economic Review, Bd. 66, Mai 1966, Nr. 2, Papers and Proceedings of the Seventyeighth Annual Meeting of the American Economic Association, New York, December 28-30, 1965, Herausgegeben von Williamson, H. F. und Tait, G., S. 142.

<212> Nach Angaben von Leitungs-Personal des Staatsguts Nr. 597 am 29. 7. 1983.

<213> Zhongguo Nongye Nianjian (Landwirtschaftsjahrbuch Chinas) 1980, Beijing 1981, S. 107; Zhongguo Nongye Nianjian 1981, Beijing 1982, S. 30; Zhongguo Nongye Nianjian 1982, Beijing 1983, S. 38; Zhongguo Nongye Nianjian 1983, Beijing 1984, S. 42; Zhongguo Nongye Nianjian 1984, Beijing 1985, S. 90; China Agriculture Yearbook 1985, Beijing 1986, S. 120.
Diese Quellen enthalten keinen Hinweis darauf, ob in den Angaben über die Provinzen Staatsgüter eingeschlossen sind oder nicht.
Für die Jahre vor, zwischen und nach 1980 und 1982 liegen keine Angaben über Staatsgüter vor.
Für die Angaben über Staatsgüter s. Zhongguo Nongye Nianjian (Landwirtschaftsjahrbuch Chinas) 1980, Beijing 1981, S. 53 und Zhongguo Nongye Nianjian 1982 (Landwirtschaftsjahrbuch Chinas 1982), Beijing 1983, S. 94.

<214> Special Commentary on Improving Economic Efficiency in Enterprise Consolidation, in: Zhongguo Nongken (State Farms and Land Reclamation in China), 7/1982, S. 2f., englisch in: JPRS, CRA Nr. 233, 21. Okt 1982, S. 3.

<215> Special Commentary on Improving Economic Efficiency in Enterprise Consolidation, a. a. O., S. 3.

<216> Vgl. Anmerkungen zu Übersicht 15 (s. o.) sowie Zhongguo Nongye Nianjian (Landwirtschaftsjahrbuch Chinas) 1980, Beijing 1981, S. 101; Zhongguo Nongye Nianjian 1981, Beijing 1982, S. 22; Zhongguo Nongye Nianjian 1982, Beijing 1983, S. 34; Zhongguo Nongye Nianjian 1983, Beijing 1984, S. 37; Zhongguo Nongye Nianjian 1984, Beijing 1985, S. 85; China Agriculture Yearbook 1985, Beijing 1986, S. 116.
Im Fall der Provinz Liaoning wurde die Aussaatfläche, die wegen Mehrfachernte größer ist als die Anbaufläche, zugrundegelegt. In den übrigen Fällen waren Anbaufläche und Aussaatfläche gleich.

<217> Vgl. Chung Min Pang und De Boer, A. J.: Management Decentralization on China's State Farms, in: American

Journal of Agricultural Economics, Ames/Iowa, 65. 1983, 4, S. 663.

<218> Vgl. a. a. O., S. 662.

<219> Renmin Ribao (Volkszeitung), 24. Nov. 1979, S. 3, englisch in: JPRS, CRA Nr. 71, 22. 2. 1980, S. 29.

4.3 Beeinträchtigung der Motivation

Als eine der Ursachen dafür, daß 30 % aller Staatsgüter im Jahr 1982 mehr als 290 Milionen Yuan Verlust machten, wurde das Fehlen von Job-Verantwortlichkeiten genannt. <220> Das Industriebüro des Ministeriums für Staatsgüter und Neulandgewinnung stellte fest, daß 1981 in Getreide, Öl und Baumwolle verarbeitenden Industriebetrieben der Staatsgüter die Wirtschaftsergebnisse nicht an die Verteilung des Einkommens gebunden waren. <221> Diese Informationen gehören zu den wenigen konkreten Mitteilungen über Mängel der Lohnsysteme, die in den 1980er Jahren in den Staatsgütern bestanden. Nach Kenntnis des Verfassers gibt es keine chinesische Dokumentation, die solche Lohnsysteme und deren Mängel zusammenstellt und auf deren Ursachen hin analysiert. Lediglich eine zusammenfassende Einschätzung der Lohnsysteme vor 1979 erschien Jahre nachdem begonnen wurde, diese Lohnsysteme durch ein anderes abzulösen, in den USA. Einer ihrer beiden Autoren ist Ökonom des Büros für Staatsgüter im chinesischen Landwirtschaftsministerium. In ihr werden Vertragssysteme erwähnt, die 1956 eingeführt wurden und gemäß denen Brigaden vertragliche Vereinbarungen über Arbeitseinsatz, Ausgabenhöhe und Produktionsziele abschlossen. Dieser Quelle zufolge war den verschiedenen Lohnsystemen, die zu Beginn und Mitte der 1950er und zu Beginn der 1970er Jahre eingeführt wurden, bis 1979 folgendes gemeinsam:

> "Erstens wurde jedem Beschäftigten ein bestimmter Mindestlohn unabhängig von seinem Beitrag zur Produktion garantiert und das Management hatte kein Recht, Arbeiter zu entlassen. Zweitens kam es zu einem gewissen Ausgleich, weil das Abschließen von Verträgen nur bis hinunter zur Ebene der Brigade reichte, die aus mehreren hundert Personen bestehen kann. Dies bedeutete, daß zusätzlicher Nutzen, der aus zusätzlicher Anstrengung eines einzelnen Arbeiters entstand, noch immer teilweise zu anderen abgeleitet werden konnte, die weniger hart arbeiteten. Schließlich boten diese Systeme keinen Anreiz in einem schlechten Jahr, während sie in guten Jahren einigermaßen funktionierten. Bauern sind meist in der Lage, vor Ende der Produktionssaison mit einiger Genauigkeit vorherzusagen, ob Ziele erreicht oder übertroffen werden oder nicht. Wenn die Errei-

chung der Ziele unwahrscheinlich und daher keine Chance zu bestehen schien, Boni zu erhalten, verhielten sich viele Beschäftigte zum Ende der Saison hin völlig nachlässig und verursachten noch geringere Produktion. Diese Mängel führten zu Erscheinungen, die jetzt weithin bekannt sind als "eiserne Reisschale" und "Essen aus dem gemeinsamen Topf". Der erste Begriff bezieht sich auf die Tatsache, daß eine solche Schale unzerbrechnlich ist. So hat man immer Reis zu essen, unabhängig von den unternommenen Anstrengungen. Der zweite Begriff bezieht sich auf die Tatsache, daß Arbeiter unabhängig von ihrem individuellen Beitrag einen durchschnittlichen Anteil vom gemeinsamen Topf erhalten, weil die Produktionsergebnisse zusammengeworfen und dann verteilt werden." <222>

1979 wurde erstmals das Verantwortlichkeits-System (vgl. S. 175ff.) angewandt. Einer kurzen allgemeinen Beschreibung zufolge liegt ihm das Prinzip zugrunde, daß die Effizienz des Managements in einer zentral geplanten Wirtschaft gesteigert werden kann, wenn Unternehmen, Gruppen oder Einzelpersonen Spielraum erhalten, um ihre Initiative zu nutzen, und für ihre Tätigkeit zur Rechenschaft gezogen werden. <223> Weil noch für 1982 von fehlenden Job-Verantwortlichkeiten berichtet wurde (vgl. S. 133), war das Verantwortlichkeits-System in den Jahren 1979 bis 1982 anscheinend im Bereich der Staatsgüter nicht überall durchgesetzt worden. Mängel der vor 1979 in Gebrauch befindlichen Lohnsysteme der Staatsgüter bestanden demnach noch zu Beginn der 1980er Jahre. Ob sie außerhalb des Verantwortlichkeits-Systems bestanden oder auch diesem anhafteten, war aus den Meldungen über das Verantwortlichkeits-System nicht zu ersehen. Typisch für solche Meldungen war, daß sie seine Vorteile hervorhoben, ohne die Nachteile seiner Vorgänger zu beschreiben oder wenigstens zu nennen, wie aus folgenden Meldungen hervorgeht, die als Beispiel für viele stehen:

"Dieses Jahr [...] werden die 97 Landwirtschafts- und Tierzucht-Betriebe [...] einheitlich ein System von Grundlohn plus fluktuierenden Lohn und die Verbindung von Produktion mit der Berechnung der Entlohnung in verschiedenen Formen von Verantwortlichkeits-Systemen zur Erweckung des Enthusiasmus

sowohl der Unternehmen als auch der Arbeiter einsetzen." <224>
"Während der letzten drei Jahre haben die Staatsgüter und Neulandgewinnungs-Unternehmen Übernahme finanzieller Verantwortung praktiziert und dabei verschiedene Formen des wirtschaftlichen Verantwortlichkeits-Systems gefördert, die kraftvoll das Prinzip der sozialistischen Entlohnung der Arbeit: jedem nach seiner Leistung durchgesetzt und den Enthusiasmus der breiten Massen von Arbeitern und Angestellten angefacht haben, um eine wichtige Rolle bei der Förderung der Produktion und der Verwandlung von Verlusten in erhöhte Gewinne zu spielen." <225>
"Der Einsatz des Verantwortlichkeits-Systems für Finanzen und Produktion und das Ergreifen erster Schritte, um das Verwaltungssystem des 'aus dem gleichen großen Topf essen' und das egalitäre Verteilungssystem zu reformieren, haben den Enthusiasmus der Unternehmen und ihrer Angestellten und Arbeiter wachgerufen." <226>

Trotz dem Pathos dieser Beschreibungen ist erkennbar, daß das Neue am Verantwortlichkeits-System in der Hervorhebung leistungsbezogener Entlohnung bestand, für die mehrere Synonyme verwandt wurden. Auch vor dem Verantwortlichkeits-System gab es die Ansicht, daß das sozialistische Prinzip der Bezahlung eines jeden nach seiner Leistung geltend gemacht wurde (vgl. S. 139), doch geschah dies nur zu einem geringen Teil, so daß dieses Prinzip verletzt wurde. Bereits aus dem Widerspruch, daß sowohl für das VerantwortlichkeitsSystem als auch für dessen Vorläufer in Anspruch genommen wurde, daß sie der Leistung entsprechende Entlohnung boten, ist das Problem der Leistungsmessung erkennbar. Auf dieses Problem wird in der vorliegenden Arbeit nicht in vollem Umfang eingegangen.

Aus dem, was neu am Verantwortlichkeits-System gegenüber seinen Vorläufern war, lassen sich Schlüsse auf deren Schwächen ziehen. Die vorliegenden Hinweise geben Anlaß zu der Vermutung, daß diese Schwächen auf die Verletzung des sozialistischen Verteilungsprinzips "jedem nach seiner Leistung" zurückzuführen sind, das Einkommen an den individuellen Arbeitseinsatz koppelt.

D. L. Chinn untersuchte 1979 das Motivationsproblem, das entsteht, wenn bei kollektiver Landwirtschaft der einzelne Haushalt im Kollektiv nicht den vollständigen Nutzen seiner eigenen Anstrengungen hat. Seine Untersuchung bezieht sich zwar nicht ausdrücklich auf Staatsgüter, doch ist dies nebensächlich, weil die Chinesen selbst Erfahrungen beim Einsatz des Verantwortlichkeits-Systems, die sie im Bereich der kollektiven Landwirtschaft der Volkskommunen sammelten, auf Staatsgüter übertrugen. <227> Chinn zufolge war die Ansicht weit verbreitet, daß durch Abschaffung der egalitären Komponente der Verteilung die Arbeitsproduktivität notwendig steigen wird, indem die Verluste eliminiert werden, die mit dem "Trittbrettfahrer"-Problem, das der egalitären Komponente der Verteilung innewohnt, einhergehen. <228>

Chinn berechnete den kollektiven Arbeitseinsatz von Bauernhaushalten in Abhängigkeit vom Prozentsatz des egalitär verteilten Einkommens. Wenn er sich dabei auch nur auf bruchstückhafte empirische Fakten und vereinfachende Prämissen stützte, gelangte er doch zu grundsätzlichen Feststellungen über das Verhalten der Haushalte. Er nahm an, daß den einzelnen Haushalten für die Entscheidung über ihren individuellen Arbeitseinsatz bei der kollektiven Produktion die Möglichkeit, faul oder fleißig zu sein, offenstand. Resultat seiner Überlegungen war, daß diese Entscheidung für Fleiß oder für Faulheit ausfiel, je nachdem wie hoch die Nutzungskosten der Arbeit und der Anteil des egalitär verteilten Einkommens am Einkommen eines Haushalts waren. <229> Nahmen beide einen hohen Wert an, entschied sich der Haushalt für Faulheit, nahmen beide einen niedrigen Wert an, entschied er sich für Fleiß. Nahmen beide einen mittleren Wert an, entstand eine Situation, in der sich der Haushalt unter Unsicherheit entscheiden mußte, weil sein Vorteil vom Verhalten der übrigen Haushalte des Kollektivs abhing. Doch deren Verhalten kannte er nicht. Diese Situation wird als "prisoner's dilemma" bezeichnet, denn sie beinhaltet ein Entscheidungsproblem, das am Beispiel zweier Häftlinge dargestellt wurde. <230> Das Entscheidungsproblem des Haushalts bestand darin, daß dessen Vorteil weniger von eigenem Fleiß oder eigener Faulheit bestimmt wurde, als von Fleiß oder Faulheit der übrigen Mitglieder des Kollektivs. Wie sich der einzelne Haushalt auch entschied, stets bestand die Möglichkeit, daß sich seine Entscheidung für ihn als unvorteilhaft erwies, falls die übrigen Haushalte sich nicht seinen Erwartungen entsprechend entschieden. Übersicht 17 zeigt für einen Haushalt die Paare alternativer Resultate der Entscheidung über den Arbeitseinsatz bei der kollektiven Produktion.

Übersicht 17

Ergebnis-Matrix eines Hauhalts <1>

Arbeitseinsatz	Übrige Haushalte	
Einzelner Haushalt	Fleißig	Faul
Fleißig	zweitbestes Resultat	schlechtestes Resultat
Faul	bestes Resultat	zweitschlechtestes Resultat

<1> S. Anmerkung <232>
Unter Resultat ist der an den einzelnen Haushalt verteilte kollektive Teil des Produktionsergebnisses abzüglich der Nutzungskosten für den Arbeitseinsatz des Haushalts zu verstehen. Auf die Quantifizierung des Resultats wurde verzichtet, weil sie für das Verständnis dieser Übersicht entbehrlich ist.
Die Gruppe der übrigen Haushalte wurde der Vereinfachung halber als homogen in ihrem Verhalten aufgefaßt. Solche Vereinfachung ändert nichts an dem Entscheidungsproblem des einzelnen Haushalts.

Das vom einzelnen Haushalt bevorzugte Resultat wäre gewesen, faul zu sein, während die übrigen Haushalte fleißig waren und das ungünstigste für ihn wäre gewesen, allein fleißig zu sein, während die übrigen Haushalte faul waren. Nach der maximin-Entscheidungsregel, die besagt, daß "die beste der schlechtesten Möglichkeiten" zu wählen ist <231>, hätte sich der Haushalt dafür entschieden, faul zu sein, um nicht Gefahr zu laufen, der allein Fleißige zu sein. Auf diese Weise wäre er sicher gewesen, in jedem Fall wenigstens das Maximum aller ungünstigen Resultate zu erzielen und er hätte das Risiko, das schlechteste der schlechten Resultate zu erzielen, vermieden. Alle Haushalte, jeder für sich, hatten dieselben Gründe für dieselbe Entscheidung. Einhellige Faulheit und minimale kollektive Produktion war unter diesen Umständen wahrscheinlich und bei allgemeiner Anwendung der maximin-Entscheidungsregel durch die Haushalte unvermeidlich. Die Motivation der Haushalte litt, weil Anlaß zur Sorge bestand, daß sie die Früchte ihrer Arbeit nicht vollständig erhalten würden.

Chinn argumentierte, daß alle einzelnen Haushalte sich durch die Verlockung, das beste Resultat alleiniger Faulheit bei Fleiß aller übrigen zu erzielen, zur Faulheit verleiten ließen. Diese Argumentation ist nicht stichhaltig aus zwei Gründen:

1. Jedem Haushalt war klar, daß alle übrigen Haushalte dieselben Überlegungen anstellten wie er selbst und er daher nicht erwarten konnte, sie alle ständig zu hintergehen, weil sie es ihm aus individuellem Interesse, jeder für sich, leicht hätten gleichtun können.
2. Falls die übrigen Haushalte sich nicht von individuellem, sondern von kollektivem Interesse leiten ließen, hätten sie einen einzelnen faulen Haushalt durch sozialen Druck veranlassen können, fleißig wie die übrigen Haushalte zu sein.

Auch in einer Situation des "prisoner's dilemma" bestanden wesentliche Gründe für die Beibehaltung kollektiver Produktion fort. Zu ihnen gehörten laut Chinn: Vermeidung von Arbeitsverschwendung infolge von Parzellierung; Nutzung von economies of scale; Rationalisierung von Anbauplänen und Ressourcen-Nutzung durch Abschaffung der Subsistenzwirtschaft der Haushalte; Gemeinsame Abdeckung von Risiken sowie kollektiver Arbeitseinsatz zur Behebung von Arbeitsengpässen. <233> Chinn machte darauf aufmerksam, daß in einer Situation des "prisoner's dilemma" die beteiligten Haushalte bereit gewesen wären, eine Abmachung einzugehen, die festlegte, daß jeder Haushalt fleißig sei. Davon, ob eine solche Abmachung zustandegekommen und ihre Einhaltung durchgesetzt worden wäre, hätte der Ausgang der Situation abgehangen: einhellige Faulheit oder allgemeiner Fleiß. <234>

Am Beispiel eines Lohnsystems, das auf einem Staatsgut in Xinjiang angewandt wurde, ist nachfolgend dargestellt, daß ohne durchsetzbare Vereinbarung über Umfang und Art des Einsatzes der Arbeitskräfte noch Spielraum für "Trittbrettfahrer" bestand. Das Staatsgut des 29. Korps in Xinjiang beschäftigte 1979 über 8100 Arbeiter und Angestellte. 1975 begann es, Löhne jeweils in einen festen Bestandteil von 80 % und einen freien Bestandteil von 20 % aufzuspalten. Der feste Bestandteil wurde entsprechend der Teilnahme der Arbeitskräfte an der Arbeit ausgezahlt. Wenn der Staatsplan für Gewinn mit einem Überschuß erfüllt wurde, bekamen die Arbeitskräfte den freien Bestandteil ihrer Löhne sowie einen Bonus, der von der Höhe des Überschusses abhängig war, ausgezahlt. Bei Nichterfüllung des Gewinnplans wurde abhängig von der Höhe des Defizits der freie Bestandteil ganz oder teilweise einbehalten. Die Auszahlung des freien Lohnbestandteils richtete sich nach den Arbeitspunkten der Arbeitskräfte. <235> Über die Berechnung der Arbeitspunkte wurde nichts mitgeteilt.

Seit Einführung dieses Lohnsystems erwirtschaftete das Staatsgut des 29. Korps jährlich zunehmende Gewinne nach anfänglichem Verlust im Jahr 1975. Zwar hielt es sich zugute, auf dem sozialistischen Prinzip der Bezahlung eines jeden nach seiner Leistung bestanden zu haben, doch bot der egalitär verteilte Bestandteil von 80 % des Lohnes den Arbeitskräften Gelegenheit, an den Ergebnissen der Arbeit anderer teilzuhaben. Die Grundeinheit der Rechnungsführung war die Produktionsgruppe, die jährlich ihren Gewinn oder Verlust feststellte und ihre Arbeitskräfte bezahlte. <236> Über die Zahl der Arbeitskräfte innerhalb einer Produktionsgruppe in Staatsgütern Xinjiangs ist nichts bekannt. Vermutlich unterschied sie sich nicht von der entsprechenden Zahl in Staatsgütern Heilongjiangs, wo 180 bis 250 Arbeitskräfte zu einer Produktionsgruppe gehörten. (Vgl. S. 81.) Weil die Produktionsgruppe so viele Personen umfaßte, war sie für einzelne Arbeitskräfte unübersichtlich und konnte Faulheit einzelner Mitglieder unentdeckt bleiben. Dieses Lohnsystem griff zu kurz, um die Motivation der Arbeitskräfte vollständig zu wecken, weil es nicht auf die Verantwortlichkeit des einzelnen Beschäftigen abzielte. Der Einkommensanspruch eines einzelnen Beschäftigten, der aus seiner zusätzlichen Anstrengung erwuchs, die über den Arbeitseinsatz anderer Beschäftigter hinausging, war nicht diesem allein, sondern nur einer Vielzahl von Personen insgesamt zuzuordnen. Der Teil des aus zusätzlicher Anstrengung eines Beschäftigten resultierenden Einkommens, der diesem tatsächlich zufiel, war kleiner als der Teil, auf den er Anspruch hatte, und stand in umgekehrtem Verhältnis zur Größe des Arbeitskollektivs. Diese Perversion des Leistungsprinzips aufgrund einer zu großen Zahl von Mitgliedern des Arbeitskollektivs wirkte in starkem Maße demotivierend, wenn auch anscheinend weniger produktivitätsmindernd als das Lohnsystem, das vor 1975 angewandt wurde. Für jeden Beschäftigten wäre es ein rationales Verhalten gewesen, den Fleiß keines anderen zu übertreffen, m. a. W.: sich nach dem Faulsten zu richten, um sich vor Übervorteilung durch weniger Fleißige zu schützen. Gestaltung übersichtlicher Arbeitskollektive oder Vertragschließung mit Einzelpersonen führte zu weiterer Produktivitätssteigerung. (Vgl. S. 191.)

Die Motivation der Arbeitskräfte wurde nicht nur durch unübersichtliche Arbeitskollektive, sondern auch durch Vorenthaltung von Entscheidungsrechten gebremst. (Vgl. S. 105 und S. 115.) Dies kommt in einer Stellungnahme von Du Runsheng, dem früheren Vizevorsitzenden der staatlichen Landwirtschaftskommission zum Ausdruck, die er nicht ausdrücklich auf Staatsgüter bezog, doch die auch auf sie zutrifft:

> "Obwohl es in unserem System keine Ausbeutung gibt, fühlen die Produzenten, wenn die Produktionsmittel und Früchte der Arbeit ihnen nicht völlig zur Verfügung stehen, daß sie nicht für sich selbst arbeiten." <237>

<220> Renmin Ribao (Volkszeitung), 17. 5. 1983, zit. n. China aktuell, (Hamburg), 12. 5/1983, S. 285.

<221> Vgl. Raise Management Levels in Grain, Oil, and Cotton Processing Industries, in: Zhongguo Nongken (State Farms and Land Reclamation in China), Nr. 11, 24. Nov. 1981, S. 21f., englisch in: JPRS, CRA Nr. 189, 10. Feb. 1982, S. 5.

<222> Chung Min Pang und De Boer, A. J., a. a. O., S. 659.

<223> A. a. O., S. 659 u. 661.

<224> Heilongjiang Ribao, 17. Aug. 1982, S. 1, englisch in: JPRS, CRA Nr. 242, 17. Dez. 1982, S. 28.

<225> Summarize Experiences; Add to Achievements; and Advance on the Crest of Victory, in: Zhongguo Nongken (State Farms and Land Reclamation in China), Nr. 9, 24. Sept. 1982, S. 2f., englisch in: JPRS, CRA Jan./Feb. 1983, S. 7f.

<226> Resolutely Implement the Spirit of the 12th Party Congress: Fight to Open Up a New Situation in State Farms and Land Reclamation, in: Zhongguo Nongken (State Farms and Land Reclamation in China), Nr. 10, 23. Okt. 1982, S. 56, englisch in: JPRS, CRA Jan./Feb. 1983, S. 23.

<227> Great New Beginning Made After One Year's Practice of Responsibility System Assigning Responsibilities on a large Scale, in: Zhongguo Nongmin Bao, 16. Jan. 1983, S. 1f., englisch in: JPRS, CRA Nr. 252, 28. März 1983, S. 54f.

<228> Chinn, D. L.: Diligence and Laziness in Chinese Agricultural Production Teams, in: Journal of Development Economics, (Cambridge, MA) 7. Nr. 3, Sept. 1980, S. 332.

<229> A. a. O., S. 338ff.

<230> Luce, R. D. u. Raiffa, H.: Games and Decisions, New York 1957, S. 94f. Luce und Raiffa wiesen darauf hin, daß A. W. Tucker als Urheber des "prisoner's

dilemma" gilt, bezogen sich dabei aber auf keine seiner Veröffentlichungen.

<231> Kuhlmann, F.: Einführung in die Betriebswirtschaftslehre für den Agrar- und Ernährungsbereich, Frankfurt 1978, S. 293 und Wonnacott, T. H. u. Wonnacott, R. J.: Introductory Statistics for Business and Economics, New York 1977, S. 686f.

<232> Übersicht 17 entstand in Anlehnung an eine Tabelle, die in D. L. Chinns Artikel über "Diligence and Laziness in Chinese Agricultural Production Teams" enthalten ist. Vgl. Chinn, D. L., a. a. O. S. 335.

<233> Chinn, a. a. O., S. 331.

<234> Chinn, a. a. O., S. 336.

<235> Auszüge aus: A Look at China's State Farms--Their Organization and Finance, in: Yong Jingji Banfa Guanli Nongken Qiye (Use Economic Measures to Manage State Farms and Reclamation Enterprises), Juli 1980, S. 1f., 10f., 30f., 36, 53, 88f., 96f., englisch in: JPRS, CRA Nr. 150, 2. Juli 1981, S. 5f. Dieses Lohnsystem scheint mit dem "Akkord-Prämien-System" übereinzustimmen, wie es ab 1961 in sowjetischen Staatsgütern eingeführt wurde. S. Wädekin, K.-E.: Die Bezahlung der Arbeit in der sowjetischen Landwirtschaft, Berlin (West) 1972, S. 157-190.

<236> A Look at China's State Farms--Their Organization and Finance, a. a. O. Vgl. auch Wädekin, K.-E., a. a. O., S. 324 - 366.

<237> Du Runsheng: Guter Anfang für die Reform des Wirtschaftssystems auf dem Lande, in: Beijing Rundschau, 18. Nr. 48, 1. Dez. 1981, S. 12.

5 Versuche zur flexiblen Gestaltung der Leitungsinstrumente

Dieses Kapitel behandelt wirtschaftliche Reformmaßnahmen, die auf die Beseitigung der Ursachen von Verlusten der Staatsgüter sowie auf die Schaffung neuer Gewinnquellen zielten. Es greift nicht die Gliederung des vorigen Kapitels nach den Gebieten Entscheidung, Information und Motivation der Produktionseinheiten auf, weil es auf konkrete Maßnahmen eingeht. Diese Maßnahmen berühren die für die Gliederung des vorigen Kapitels maßgebenden Gebiete jeweils nur zum Teil oder berühren mehr als eines dieser Gebiete gleichzeitig. Die Gliederung dieses Kapitels folgt daher den jeweiligen Maßnahmen. Deren Bezüge zu Entscheidung, Information und Motivation der Produktionseinheiten werden jeweils aufgezeigt.

5.1 Integrierte Agrar-Industrie-Handels-Unternehmen

Seit Ende der 1970er Jahre wurden aus anfangs wenigen Dutzend, später aus mehr als der Hälfte der chinesischen Staatsgüter integrierte Agrar-Industrie-Handels-Unternehmen gebildet. (Vgl. S. 144 und S. 151.) Diese besaßen wesentlich mehr Entscheidungsrechte als zuvor die Staatsgüter, was sich vor allem darin zeigte, daß sie direkten Zugang zu Absatzmärkten hatten, weil sie sektorübergreifend von der Produktion agrarischer Rohstoffe über deren Verarbeitung bis zum Absatz verarbeiteter Produkte organisiert waren. Durch Betriebszusammenlegungen setzten sie landwirtschaftliche Arbeitskräfte frei, die sie außerhalb der Landwirtschaft beschäftigten. Sie steigerten so die landwirtschaftliche Arbeitsproduktivität und erzielten außerlandwirtschaftliche Einnahmen. Sie gingen auch Verbindungen mit ihnen nicht angehörenden Betrieben ein, um ihre Rohstoffbasis zu erweitern. Integrierte Agrar-Industrie-Handels-Unternehmen arbeiteten ohne die Hindernisse, die seit Jahrzehnten die Verbindung von Landwirtschaft, Industrie und Handel verhindert hatten und die ein chinesischer Bericht folgendermaßen charakterisierte:

> "Seit der Gründung der Volksrepublik hat das aus der Sowjetunion importierte Modell des wirtschaftlichen Managements die Gesetze der wirtschaftlichen Entwicklung verletzt und beruhte auf administrativen Zwangsmaßnahmen, um das wirtschaftliche Management von sozialistischer Landwirtschaft, Industrie und

Handel künstlich in Systeme und administrative Gebiete zu trennen. In Landwirtschaft, Industrie und Handel war es nicht erlaubt, in mehr als einem Arbeitsbereich tätig zu sein, noch war es erlaubt, eine integrierte Wirtschaft eines einzelnen Unternehmens in mehr als einem Gebiet zu betreiben. Diese Art wirtschaftlicher Management-Ordnung rief eine Reihe von Hindernissen für die Entwicklung einer sozialistischen Wirtschaft unseres Landes hervor und brachte endlose Schwierigkeiten mit sich." <238>

In integrierten Agrar-Industrie-Handels-Unternehmen wurden zwischen den ihnen angeschlossenen Betrieben unter Umgehung der staatlichen Handelsorganisationen Produkte ausgetauscht und diese Produkte verarbeitet. (Vgl. S. 121.) Zu den Beweisen der Überlegenheit integrierter Agrar-Industrie-Handels-Unternehmen (vgl. S. 252) zählte ein chinesischer Bericht:

"Durch Verbindung mehrerer Einheiten zur gemeinsamen Investitionsmittelbeschaffung können Produktionsaufgaben gestellt werden, die eine einzelne Produktionseinheit nur schwer hätte bewältigen können, und der Umfang der Produktion kann erweitert werden. Durch direkte Vermarktung und Verkauf der eigenen Produkte kann der Zwischenhandel verringert und Lager- und Transportkosten können beschnitten werden, was den Massen hilft und den Markt belebt." <239>

Im September 1978 inspizierte der damalige Parteivorsitzende Hua Guofeng Staatsgüter im Landerschließungsgebiet Shihezi in Xinjiang und schlug die Errichtung einiger Agro-Industriekombinate auf Versuchsbasis vor. <240> Er knüpfte damit an Erfahrungen der dortigen Staatsgüter mit der Verbindung von Landwirtschaft, Industrie und Handel aus den 1950er Jahren an, als 940 000 Hektar Land erschlossen und über 100 Fabriken, Bergwerke und Handelsbetriebe eröffnet wurden. <241> Ende September 1978 berief der Staatsrat ein Symposium über den Pilot-Betrieb integrierter Agrar-Industrie-Handels-Unternehmen ein und bestimmte als Projekt-Gebiete neben Shihezi die Städte Beijing, Tianjin, Shanghai, Harbin und die Provinzen Guangdong und Sichuan. <242> Das Partei-Zentralkomitee bestimmte, daß Staatsgüter so schnell wie möglich integrierte Agrar-Industrie- und Handelsunternehmen gründen sollten.

<243> Bis Mitte 1980 wurden 161 derartige Kombinate in den Staatsgütern von 27 Provinzen, regierungsunmittelbaren Städten und autonomen Gebieten errichtet. <244>

Außer dieser allgemeinen Zielsetzung wurde weder über die Aufgaben der Agro-Industriekombinate noch über die der integrierten Agrar-Industrie-Handels-Unternehmen etwas bekannt. Deshalb war nicht zu ersehen, ob diese Begriffe verschiedene Arten von Unternehmen bezeichneten oder nur verschiedene Bezeichnungen für gleichartige Unternehmen waren. Die unterschiedliche Übersetzung der von Hua Guofeng favorisierten Organisationsform der Staatsgüter als Agro-Industriekomplexe und als kombinierte Landwirtschafts-, Industrie- und Handels-Unternehmen deutet darauf hin, daß diese Begriffe den gleichen Inhalt haben. <245> Im folgenden wird die Bezeichnung Agrar-Industrie-Handels-Unternehmen mit den synonymen Zusätzen "integriert", "vereinigt" oder "kombiniert" gleichbedeutend mit Agro-Industriekombinat verwandt.

Bereits im Oktober 1980 forderte Zhao Fan, Vizeminister für Staatsgüter und Neulanderschließung, daß alle chinesischen Staatsgüter systematisch zu kombinierten Agrar-Industrie-Handels-Unternehmen umgeformt werden. Ihm zufolge hatten integrierte Unternehmen u. a. den Vorteil, daß sie bessere Wirtschaftsergebnisse durch Verarbeitung von Agrarprodukten vor Ort und deren direkte Vermarktung gewährleisteten. <246>

Schon in den 1950er Jahren, bevor der Staatsgütersektor eine rasche Ausdehnung erfuhr, schützen sich Staatsgüter durch die Kombination von Landwirtschaft, Industrie und Handel vor Verlusten - zu Beginn der 1960er Jahre auch unter ungünstigen natürlichen Bedingungen. Neulandgewinnungs-Einheiten wie das Xinjiang Produktions- und Aufbau-Korps richteten damals Industrie-Unternehmen und Handelszentren ein, um landwirtschaftliche Verluste wettzumachen. In zwölf Jahren hintereinander - 1955 bis 1966 - machten sie Gewinn in Höhe von durchschnittlich 84,17 Millionen Yuan jährlich. Kein Wunder, daß verlangt wurde, alle Staatsgüter zu integrierten Agrar-Industrie-Handels-Unternehmen umzuwandeln. <247>

Zwar war unbekannt, was das Ministerium für Staatsgüter von der vollständigen Umwandlung der Staatsgüter in

Agrar-Industrie-Handels-Unternehmen erwartete, doch wurde ausführlich von folgenden Ergebnissen der Experimente mit integrierten Unternehmen berichtet:

1. Ein Teil des Gewinns aus Industrie und Handel wurde den Lieferanten landwirtschaftlicher Rohstoffe überlassen. Dafür förderten diese die Entwicklung der Industrieproduktion mit Lieferungen von Rohstoffen und steigerten so Einkommen und Gewinn. (Vgl. S. 121.) Der Gesamtwert der landwirtschaftlichen und industriellen Produktion von 48 integrierten Unternehmen der Staatsgüter stieg 1980 um 14,9 % gegenüber 1979 und lag damit um 3,2 % höher als der Durchschnitt aller Staatsgüter.
2. Mittels Verarbeitung und Direktverkauf umgingen die integrierten Unternehmen den Zwischenhandel, senkten die Kosten, steigerten das Einkommen und akkumulierten Fonds, die sie für die Steigerung der Produktion verwandten.
3. Kombinierte Unternehmen waren in der Lage, überschüssige Arbeitskräfte in den Bereichen Produktion, Verkauf, Dienstleistung und Bauwesen einzusetzen.
4. Die Handelsabteilungen der integrierten Agrar-Industrie-Handels-Unternehmen boten frische Produkte zu niedrigen Preisen an. In der ersten Hälfte des Jahres 1980 setzten sie 270 Millionen Yuan um. Die integrierten Agrar-Industrie-Handels-Unternehmen aller chinesischen Staatsgüter veranstalteten im Oktober 1980 in Beijing eine landesweit vielbeachtete Verkaufsmesse. Der Gesamtwert aller Geschäftsabschlüsse betrug 30 Millionen Yuan. <248>

Das Agro-Industriekombinat Changjiang in Chongqing, das erste seiner Art, bestand 1980 aus 22 landwirtschaftlichen Betrieben, einer spezialisierten Gesellschaft für Milchprodukte und einer für Bauwesen, einer Teeverarbeitungsfabrik und einer Landmaschinenfabrik. Es beschäftigte insgesamt 9 000 Mitarbeiter, besaß 270 Hektar Ackerland, 1 000 Hektar Obst- und Teeplantagen und 4 700 Hektar Wasserfläche. Alle dem Kombinat angeschlossenen Staatsgüter und Verarbeitungsbetriebe kooperierten miteinander nach vertraglichen Festlegungen. Ihre Zusammenarbeit basierte auf gemeinsamen Interessen und gegenseitigem Nutzen. <249> Wenn auch das Agro-

Industriekombinat seine internen Verhältnisse teilweise selbst bestimmen durfte, unterlag es in seinem Verhältnis zu den staatlichen Handelsabteilungen der Beschränkung, einen Teil seiner Produkte nicht selbst absetzen oder verarbeiten zu dürfen. <250> Damit war auch der Spielraum für Kooperation innerhalb des Kombinats begrenzt.

Wie ungewohnt zu Beginn die Vorstellung war, daß Staatsgüter ihre Produkte selbst absetzten, zeigt das Verhalten des Bediensteten einer Handelsorganisation, der den Verkauf von Produkten des Agro-Industriekombinats von Chongqing verbot und erst auf Intervention eines stellvertretenden Bürgermeisters nachgab. <251> Indem die Staatsgüter jahrzehntelang darauf beschränkt waren, lediglich zu produzieren, ihnen aber nicht erlaubt war, zu verarbeiten und zu verkaufen, entgingen dem Staat Gewinne und entstanden den Endverbrauchern Nachteile, wie folgendes Beispiel des Mandarinenverkaufs zeigt:
Wenn die Ankaufsstelle der staatlichen Handelsabteilung Mandarinen nicht rechtzeitig kaufte, verdarben sie. So verdarben 1977 sechs Tonnen, ein Zehntel der Mandarinenernte der Hongqi-Staatsfarm im Gebiet Chongqing. Für den Rest erhielt diese 0,36 Yuan pro Kilogramm. Über vier Zwischenhändler, die die Mandarinen jeweils verteuerten, gelangten sie in den Obstgeschäften zum Verkauf, wo die Endverbraucher 0,6 Yuan pro Kilogramm bezahlen mußten. Infolge der Verluste auf dem langen Transportweg und der verschiedenen Lager- und Transportkosten gab es zwischen Ankaufs- und Marktpreis eine Differenz von 0,24 Yuan pro Kilogramm, die als reine Verschwendung angesehen wurde. <252> Doch ein Teil dieser Differenz war unvermeidlich, weil den Staatsgütern auch bei eigener Vermarktung Kosten für den Transport der Mandarinen zum Einzelhandel entstanden wären. Außer den Konsumenten war bestenfalls das städtische Amt für Landerschließung der Stadt Chongqing daran interessiert, unnötige Verteuerung der Mandarinen zu vermeiden. Der Leiter dieses Regierungsorgans schickte jährlich eine Selbstkritik an seine Vorgesetzten, weil die ihm unterstehenden Staatsgüter mit Verlust gewirtschaftet hatten. <253> Völlig desinteressiert an den Mandarinen war die sie erzeugende Hongqi-Staatsfarm, weil Gewinne oder Verluste ihrer Produktion vom Staat übernommen wurden. <254>

Durch wertsteigernde Verarbeitung der Mandarinen und Ausschaltung des Zwischenhandels erhöhte sie nach der Kombinatsgründung den Erlös von 0,36 auf 2,2 Yuan pro Kilogramm und erwirtschaftete dabei einen Nettogewinn von 0,3 Yuan pro Kilogramm. <255> Ein Teil des resultierenden Gewinns konnte von der betreffenden Einheit zurückbehalten werden. <256> Hatte sich vor der Kombinatsgründung niemand für die Produktionspläne interessiert, so wurde später auf den Arbeiterversammlungen lebhaft darüber diskutiert. <257> Ein Angestellter der staatlichen Handelsabteilung kommentierte:

> "Seit 30 Jahren konnte keine Mandarine ohne schriftliche Genehmigung und Stempel der Ankaufsstelle die Farm verlassen. Dieses Kombinat ist wirklich eine tolle Sache." <258>

Wäre nicht das Prinzip der vollständigen Gewinnabführung zuvor aufgegeben und durch das der Beteiligung der Staatsgüter am Gewinn ersetzt worden, hätten diese nur geringes Interesse dafür aufgebracht, ihre erweiterte Kompetenz zur Gewinnsteigerung zu nutzen, falls nicht andere widrige Einflüsse sie daran gehindert hätten. Verteilung überplanmäßigen Gewinns führte zur Einkommenssteigerung der einzelnen Arbeitskräfte mittels Jahresendprämien, 1978 in Höhe eines Monatsgehalts und 1979 in Höhe von knapp eineinhalb Monatsgehältern, so daß die Arbeitskräfte nicht indifferent gegenüber der Erfüllung der Gewinn-Norm waren. <259> Die Festlegung der Gewinn-Norm für Einheiten war gleichbedeutend mit partiell egalitärer Einkommensverteilung. (Vgl. S. 136ff.) Immerhin hatte auch diese Form der Entlohnung eine begrenzte motivierende Wirkung. Ohne sie wäre die Erweiterung der Entscheidungsbefugnisse der Produktionseinheiten um die Bereiche Verarbeitung und Verkauf für die Produktionseinheiten weitgehend bedeutungslos gewesen. (Vgl. S. 97.) Zumindest hätten sie mehr dazu geneigt, ihr gleichgültig gegenüberzustehen, als die Verwaltungsinstitutionen, an die sie Gewinn abführten. Über das Parteikomitee der Baiyunshan-Farm in der Provinz Guangdong wurde berichtet, ihm sei bekannt gewesen, daß

1) den Unternehmen durch Überlassung eines Teils ihrer Gewinne Bedingungen geschaffen wurden, durch eigene Investitionen ihre Produktion auszudehnen,

2) aber gutes Management des Unternehmens eine wichtigere Bedingung war und durch Belohnungen der Arbeitsenthusiasmus der Beschäftigten gesteuert wurde. <260> (Vgl. S. 97.)

Der Entscheidungsspielraum für das Changjiang-Kombinat wurde auch in bezug auf die Wahl des Produktionsprogramms erweitert, denn das Recht, Produkte selbst zu verkaufen, schloß das Recht ein, selbst über deren Erzeugung zu entscheiden. Die Staatsgüter waren nicht mehr darauf reduziert, Befehlsempfänger zu sein. Der Direktor der Changshousee-Farm äußerte sich darüber erleichtert:

"Im Changshou-See gibt es 100 große und kleine Inseln, die meisten davon sind Brachland. Aber dort lassen sich gut Sommerorangen anbauen. Wir wußten das seit langem, aber unsere Vorgesetzten ließen uns im ersten Jahr Schilf anbauen, im zweiten Maulbeerbäume, im dritten Mais und in den folgenden Jahren Zuckerrohr, Kaffee usw. - rund ein Jahrzehnt lang jährlich etwas anderes. Entsprechend mager war jedesmal das Ergebnis. Heute können wir endlich entsprechend unseren Bedingungen Sommerorangen anbauen." <261>

Ferner kam die Erweiterung der Entscheidungsbefugnisse der dem Kombinat angeschlossenen Staatsgüter darin zum Ausdruck, daß das Kombinat freigewordene Arbeitskräfte im außerlandwirtschaftlichen Bereich einsetzte. Nach Zusammenschluß einer Molkerei mit zwei Milchvieh-Betrieben stellten diese der Molkerei 21 freigewordene Arbeitskräfte zur Verfügung. Die Molkerei nahm daraufhin die Produktion von Stärke auf und gründete zusätzlich eine Bäckerei. <262> Freigewordene Arbeitskräfte der Staatsgüter wurden auch in einer Baugesellschaft zusammengefaßt, die Außenaufträge übernahm. 1979 verfügte diese über 400 Arbeiter und nahm 800 000 Yuan ein, und 1979 verfügte sie über 700 Arbeiter und hatte Bauaufträge im Wert von 4,8 Millionen Yuan übernommen. <263>

Im Staatsgütersektor Chinas bestand landesweit das Problem eines Arbeitskräfte-Überschusses. Dieser Arbeitskräfte-Überschuß wurde im Mai 1980 auf etwas mehr als eine Million geschätzt - bei knapp fünf Millionen Beschäftigten innerhalb des Staatsgütersektors eine beträchtliche Zahl. <264> Integrierte Agrar-Industrie-Handels-Unternehmen boten Möglichkeiten zur Beschäftigung für Arbeitslose oder Unterbeschäftigte und darüber hinaus für Einnahmesteigerungen.

Auf der Grundlage der Freiwilligkeit und des gegenseitigen Nutzens arbeiteten die dem Kombinat Changjiang unterstehenden Farmen und Verarbeitungsfabriken mit benachbarten Produktionsbrigaden zusammen, denen sie wirtschaftliche und technische Hilfe gaben. Die Hongqi-Farm z. B. kaufte gemäß einer vertraglichen Vereinbarung Orangen und Mandarinen zu einem etwas höheren Preis als die staatlichen Handelsabteilungen. 1979 waren dem Changjiang-Kombinat 50 Produktionsbrigaden, in den ersten sieben Monaten des folgenden Jahres 800 Produktionsbriagden mit durchschnittlich jeweils 200 Bauern angeschlossen. Sowohl das Kombinat als auch die Produktionsbrigaden konnten Arbeitskräfte, Land, Gelder, Geräte und Erzeugnisse in die Gemeinschaftsunternehmen einbringen. Sie befaßten sich gemeinsam mit Produktion, Verarbeitung und Verkauf und teilten sich die Gewinne. Die Produktionsbrigaden wurden auch Aktionäre des Kombinats. <265> Ein Beispiel für den Zusammenschluß eines kombinierten Agrar-Industrie-Handels-Unternehmens mit benachbarten Brigaden bestand im Kreis Xin der Provinz Shanxi. Die Kapazität einer Milchpulverfabrik eines kombinierten Unternehmens war durch zu geringe lokale Produktion von Frischmilch nicht ausgelastet. Das Unternehmen konnte wegen eines Futterengpasses seine Milchkuh-Herden nicht ausdehnen. Das kombinierte Unternehmen half sechs benachbarten Brigaden, eigene Milchvieh-Betriebe zu unterhalten, wofür es Frischmilch geliefert bekam. Das kombinierte Unternehmen deckte seine Kosten, indem es einen reduzierten Preis für diese Milch zahlte. Beide Seiten machten Gewinn und waren sehr zufrieden. <266>

Ein Grundsatzartikel, der zur Verbesserung der Staatsfarm-Wirtschaft aufforderte, wandte sich an führende Genossen der Staatsgüter und verlangte von ihnen, daß sie ständig über Veränderungen von Angebot, Vermarktung und Marktpreisen informiert sind, damit ihre Produkte dem Bedarf der Bevölkerung besser entsprechen und auf dem Markt ein hohes Ansehen haben. <267> Dieser Appell forderte deutlich dazu auf, die Produktion an der Nachfrage zu orientieren und stellte insofern eine Abkehr von der Befehlswirtschaft früherer Jahre dar. Bei gleichzeitigem Fortbestand einer Preisstruktur, die z. B. den Direktverkauf von Getreide gegenüber dessen Veredelung begünstigte, obwohl die Fleischnachfrage groß war <268>, stieß dieser Appell sicher nicht durchweg auf großes Interesse. Immerhin läßt er erkennen, in welche Richtung das Bemühen des Leitungspersonals von Staatsgütern gelenkt wurde. Mehr als ein Appell war besonders in der Gründungs- und Anfangsphase integrierter Unternehmen nötig, als sie von der Partei geschaffen wurden. Die Eröffnung eines kombinierten Unternehmens ging nicht ohne Gutheißung durch ein Parteikomitee und nicht ohne Einhalten von Instruktionen der Regierung und eines Provinz-Parteikomitees vonstatten <269>, in den Unternehmen wurden Parteikomitees eingerichtet, und von einem Kreis-Parteikomitee wurden Investitionen von 280 000 Yuan sowie ein Darlehen in Höhe von 660 000 Yuan arrangiert. <270>

Die Zahl integrierter Agrar-Industrie-Handels-Unternehmen wurde für Februar 1980 mit mehr als 40, für September desselben Jahres mit mehr als 100 angegeben, <271> an anderer Stelle für das Jahr 1980 mit 209, an denen 936 Staatsgüter, 44 % ihrer Gesamtzahl, beteiligt waren. <272> Obwohl die Zahl der integrierten Agrar-Industrie-Handels-Unternehmen diesen Angaben zufolge 1980 rasch zunahm, schien ihr Versuchsstadium noch nicht beendet zu sein. 1982 wurde angegeben, daß in den drei Jahren zuvor 270 integrierte Unternehmen auf Versuchsbasis betrieben wurden und daß 1 218 Farmen [Staatsgüter] oder 58 Prozent ihrer Gesamtzahl daran teilnahmen. <273>

Die Organisationsformen integrierter Unternehmen fielen 1980 hauptsächlich in folgende vier Kategorien:

1. Integration von Staatsgütern durch deren Zusammenschluß untereinander oder mit Fabriken (z. B. von Zuckerrohr-Staatsgütern und Zuckerraffinerien)
2. Zusammenschluß integrierter Unternehmen mit ländlichen Kommunen und Produktionsgruppen
3. Zusammenschluß integrierter Unternehmen mit anderen Partnern (z. B. Verkaufsorganisationen in entfernten Landesteilen)

4. Gründung von joint ventures mit ausländischen Firmen zur Verarbeitung landwirtschaftlicher Produkte (z. B. Wein mit einer französischen Firma). <274>

1984 bestand eine Dach-Organisation der chinesischen Staatsgüter mit dem Namen "China State Farms Corporation of Agriculture, Industry and Commerce", kurz "China AIC Corporation". Ihre Gründung war vom Ministerium für Staatsgüter und Neulandgewinnung vorbereitet worden. <275> Der Tätigkeitsbereich dieser Gesellschaft bestand hauptsächlich in:

- Verwaltung von Produktion und Aufbau der Staatsgüter;
- Öffnung von Kanälen für die Produkt-Zirkulation;
- Beratung, Information und Bereitstellung von wirtschaftlichem und technischem Personal;
- Zusammenarbeit mit dem Ausland in den Bereichen Wirtschaftswissenschaften, Technik und Außenhandel. <276>

Die wirtschaftliche Stärke der China AIC Corporation bestand in 6 800 Fabriken und über 2 000 Staatsgütern mit einer Gesamtfläche von über 26,7 Millionen Hektar, von denen 4,4 Millionen Hektar kultiviert waren, ihrem Handelsnetz von über 20 000 Verkaufsstellen, einer beträchtlichen Kapazität im Bau- und Transportwesen und 5 010 000 Arbeitern und Angestellten. Die Industrie der Staatsgüter stellte über 10 000 verschiedene Produkte her. <277> Während der Verkaufsmesse der integrierten Agrar-Industrie-Handels-Unternehmen aller chinesischen Staatsgüter im Oktober 1980 in Beijing waren nicht nur verarbeitete landwirtschaftliche Erzeugnisse zu sehen, sondern auch Generatoren, Lastwagenanhänger, Landmaschinen, elektronische Meßgeräte, medizinische Ausrüstungen, Möbel und Kleidung. <278> 200 der wichtigsten industriellen und landwirtschaftlichen Produkte chinesischer Staatsgüter wurden exportiert. Ihr Wert belief sich auf mehrere hundert Millionen US-Dollar. <279>

Umgekehrt waren Staatsgüter auch Käufer ausländischer Industrieprodukte oder nahmen ausländisches Kapital in Anspruch. Die Firma Krupp erhielt den Auftrag, in zwei Staatsgütern Soja-Verarbeitungsfabriken im Wert von 14 Millionen DM zu errichten. <280> Durch ein Kompensationsgeschäft mit einer japanischen Firma wurde im April 1980 eine 20 000 ha große Getreidefarm gegründet. Die japanische Seite stellte 13 Millionen US-Dollar für den Import moderner Maschinen und Einrichtungen zur Verfügung. Innerhalb von fünf Jahren sollte diese Summe in Form von Sojabohnen-Lieferungen zurückgezahlt werden. <281> Ein Gemeinschaftsunternehmen der japanischen Firma Toko und der China AIC Corporation hatte ein Investitionsvolumen von 6 Milliarden Yen (ca. 20 Millionen US-Dollar), das zu 70 % von der japanischen Seite aufgebracht wurde. Sein Zweck war die Errichtung eines Apartment-Hotels, eines zwölf-geschossigen Bürogebäudes und von 136 Fertighäusern. <282> Das Staatsgut Nr. 853, das zwar nicht die Bezeichnung "Agrar-Industrie-Handels-Unternehmen" trägt, aber wegen seiner Industrie-Betriebe de facto einem solchen entspricht, produziert mit japanischen Maschinen Wegwerf-Eßstäbchen aus Holz, das es aus seinen Waldbeständen entnimmt. Als Gegenleistung für die Bereitstellung der erforderlichen Produktionsanlagen wird ein Teil dieser Eßstäbchen nach Japan exportiert. Der Wert der täglich im Staatsgut Nr. 853 produzierten Eßstäbchen beträgt 5 000 Yuan. <283>

Integrierte Agrar-Industrie-Handels-Unternehmen stellen unter den gegenwärtigen Bedingungen in China eine Organisationsform dar, die mehrere Vorteile für die Staatsgüter bietet. Zu diesen Vorteilen gehören: Spezialisierung und Arbeitsteilung, Nutzung von economics of scale, Einsatz überschüssiger Arbeitskräfte, Erweiterung der Rohstoffbasis und des Produktionsprogramms, Gewinnsteigerung durch eigene Verarbeitung und Vermarktung, Erschließung entfernter Absatzgebiete und Nutzung ausländischen Kapitals. Die integrierten Agrar-Industrie-Handels-Unternehmen waren - bei aller Handlungsfreiheit, die sie verglichen mit den Staatsgütern vor 1978 erhielten - Beschränkungen unterworfen, die im Bereich des Absatzes (vgl. S. 146ff.) und der Erzeugerpreise (vgl. S. 150) bestanden. Integrierte Agrar-Industrie-Handels-Unternehmen wiesen dennoch 1980 einen größeren Produktionsanstieg als nicht-integrierte Staatsgüter auf. (Vgl. S. 145.) Nicht quantifizierbar ist, inwiefern dieser Erfolg auf die bloße Zusammenfassung von Staatsgütern zurückzuführen ist. Im Zuge dieser Zusammenfassung wurden durch Vergrößerung der Betriebseinheiten manche der Schranken, denen sich Chinesen in China gegenübersehen, aufgehoben oder verschoben. Allein darin ist bereits ein Fortschritt zu sehen, wie die Beschreibung, die von Lingelsheim-Seibicke von diesen Schranken gab, belegt:

> "China ist eine geschlossene Gesellschaft geblieben, die dem Fremden den Rücken zukehrt. Nichts verdeutlicht diesen in der Tiefe konfuzianischer Tradition verwurzelten Hang der Chinesen zur Geheimniskrämerei so sehr wie ihr Bestreben, sich überall dort, wo sie leben und wirken, mit Mauern zu umgeben. [...] Durch in mannshohe Mauern eingefriedete Gevierte oder Gebäudekomplexe, welche der Straße die fensterlosen Rückseiten zukehren, schließt man sich gegenüber dem Nachbarn und Fremden ab, schützt man sich gegen Neugier und Ausspähung, Geschwätz, Neid und Mißgunst. Diese Mauern existieren aber nicht nur physisch, sie umgeben die Chinesen auch im übertragenen Sinne, vor allem die Familie und die 'Einheit' als den grundlegenden Sozialverband, der im modernen China in gewissem Sinne die Funktion der alten clans übernommen hat. Dienststellen, Betriebe, Institute usw. verkehren in aller Regel auf einem durch vorgesetzte Stellen vermittelten Dienstweg; ihre horizontale Interaktion kann man sich nicht unterentwickelt genug vorstellen. Aus Kompetenzneid oder Prestigesucht wird die Geheimsniskrämerei untereinander bisweilen weiter getrieben als gegenüber dem Ausländer." <284>

Der Begriff "geschlossene Gesellschaft" ist in diesem Zusammenhang wörtlich zu verstehen, hat aber auch einen Bezug zu dem Sinn, den Karl R. Popper diesem Begriff gab. <285> Popper war der Ansicht, daß die verhältnismäßig seltenen Änderungen in den Lebensformen der geschlossenen Gesellschaft den Charakter religiöser Bekehrungen und Umwälzungen haben oder daß sie in der Einführung neuer magischer Tabus bestehen. <286> Popper zufolge läßt die geschlossene Gesellschaft keinen Raum für persönliche Verantwortlichkeit. Ausdrücklich lehnte er sich an die Kennzeichnung der geschlossenen Gesellschaft als "eine menschliche Gesellschaftsform, die frisch aus der Hand der Natur kommt", an. Er stellte der geschlossenen Gesellschaft die offene Gesellschaft gegenüber, in der die Menschen gelernt haben, Tabus kritisch gegenüberzustehen und Entscheidungen auf die Autorität ihrer Intelligenz zu gründen. <287> Die Kennzeichnung der chinesischen Gesellschaft als "eine menschliche Gesellschaftsform, die frisch aus der Hand der Natur kommt", ist nicht weit hergeholt, wie ein Bericht Du Runshengs zeigt, der eine überraschende Affinität zwischen einer Naturalwirtschaft betreibenden primitiven Gesellschaftsformation Südchinas und Volkskommunen feststellte. <288> Die Volkskommunen hatten sich insgesamt noch nicht weit von der Naturalwirtschaft entfernt, denn sie vermarkteten 1981 nur ca. 15 Prozent ihres Getreides. <289>

In einem solchen gesellschaftlichen Umfeld gerieten die Staatsgüter in eine vorteilhafte Position, indem sie Verbindungen untereinander eingingen. Diese Position wurde durch die Dachorganisation der Staatsgüter, die "China AIC Corporation" noch gestärkt. Die integrierten Agrar-Industrie-Handels-Unternehmen wurden, in Verbindung mit den ihnen eingeräumten Entscheidungs- und Handlungsrechten, zu Hechten im Karpfenteich nicht nur unter den Staatsgütern, sondern innerhalb der gesamten Wirtschaft Chinas. Das Wachstum des industriellen und landwirtschaftlichen Produktionswertes der gesamten Wirtschaft Chinas betrug 1980 7,2 Prozent und blieb damit um 4,5 Prozent-Punkte hinter dem Wachstum der Staatsgüter und um 7,7 Prozent-Punkte hinter dem Wachstum der integrierten Agrar-Industrie-Handels-Unternehmen zurück. <290> (Vgl. S. 145.)

<238> Summarize Experience and Promote Integration, in: Zhongguo Nongken (Chinese Agricultural Reclamation), Nr. 11, 24. Nov. 1980, S. 2f., englisch in: JPRS, CRA Nr. 135, 29. April 1981, S. 2.

<239> Liu Liangyu, Kong Qingzhi u. Xia Hanxin: Trial Operation of Integrated Agricultural, Industrial, and Commercial Enterprises, englisch in: JPRS, CRA Nr. 144, 10. Juni 1981, S. 73.

<240> Beijing Rundschau Nr. 31, 5. Aug. 1980, S. 21.

<241> A. a. O., S. 19.

<242> Guo Shutian: State Farms must Take the Road of Integrated Agricultural, Industrial, and Commercial Operations, in: Nongye Jingji Wenti (Agricultural Economic Issues) Nr. 5 1980, S. V21, englisch in: JPRS, CRA Nr. 143, 5. Juni 1981, S. 2.

<243> Struggle to Achieve an Overall Improvement in the State Farm Economy, a. a. O., S. 4.

<244> Beijing Rundschau, a. a. O.

<245> Zao Feng u. Ding Lushu, a. a. O., S. 2. und Beijing Rundschau, a. a. O.

<246> China aktuell, Okt. 1980, S. 876 und Woodward, D., a. a. O., S. 248.

<247> Guo Chunhua, a. a. O., S. 417.

<248> A. a. O., S. 413f.

<249> Beijing Rundschau, a. a. O., S. 20 und S. 22.

<250> A. a. O., S. 23.

<251> A. a. O., S. 20.

<252> A. a. O., S. 22f.

<253> A. a. O., S. 20.

<254> A. a. O., S. 21f.

<255> A. a. O., S. 23.

<256> A. a. O., S. 21 und S. 25.

<257> A. a. O., S. 31.

<258> A. a. O., S. 25.

<259> A. a. O., S. 21.

<260> Investigation and Review Office of Guangdong Provincial CCP Committee General Office: Integrated Management of Agriculture, Industry, and Commerce Imperative, in: Nanfang Ribao (Südchinesische Zeitung), 18. März 1980, S. 1f., englisch in: JPRS, CRA Nr. 84, 27. Mai 1980, S. 21.

<261> Beijing Rundschau, a. a. O., S. 24.

<262> A. a. O., S. 23.

<263> A. a. O., S. 31.

<264> Conscienciously Strengthen Management of Financial Affairs, Promote Farms, Reverse Losses, and Increase Profits, a. a. O., S. 5.

<265> Beijing Rundschau, a. a. O.

<266> Kong Qingzhi: State Farms in Various Places Adopt Various Forms of Joint Enterprises With Communes and Brigades To Enliven the Economy of the Farms and Develop Commune and Brigade Production, in: Renmin Ribao (Volkszeitung), 9. Juli 1980, S. 2, englisch in: JPRS, CRA Nr. 109, 6. Nov. 1980, S. 4.

<267> Struggle to Achieve an Overall Improvement in the State Farm Economy, a. a. O., S. 4.

<268> Nach Auskunft eines Beamten des Generalamts für Staatsgüter in Jiamusi am 31. 7. 1985.

<269> Zhu Qingyun u. Wang Nengchong: Integrated Enterprise Prospers, in: Nanfang Ribao (Südchinesische Zeitung),

S. 1, englisch in: JPRS, CRA Nr. 77, 9. April 1980, S. 29.

<270> Ministry of State Farms and Land Reclamation: The Successful Experiments of Tuanshi Agriculture-Industry-Commerce Joint Enterprises of Zhejiang Province, in: Jingji Guanli (Economic Management), Nr. 7, 15. Juli 1980, S. 21f., englisch in: JPRS, CRA Nr. 102, 23. Sept. 1980, S. 18f.

<271> Woodward, D., a. a. O., S. 245.

<272> Guo Chunhua, a. a. O., S. 413.

<273> Summarize Experiences; Add to Achievements; and Advance on the Crest of Victory, a. a. O., S. 7.

<274> Guo Chunhua, a. a. O.

<275> Liu Liangyu, Kong Qingzhi u. Xia Hanxin, a. a. O.

<276> Zhongguo Nongken Nong Gong Shang Lianhe Zong Gongsi (China State Farms Corporation of Agriculture, Industry and Commerce (China AIC Corporation)) (Hrsg.): Zhongguo Nongken Chanpin (Produkte der chinesischen Staatsgüter), Beijing 1984, S. 3.

<277> A. a. O.

<278> Experimente in Chinas Landwirtschaft, in: Neue Zürcher Zeitung, Nr. 289 (Fernausgabe), 12. Dez. 1980, S. 18.

<279> Zhongguo Nongken Nong Gong Shang Lianhe Zong Gongsi (China State Farms Corporation of Agriculture, Industry and Commerce (China AIC Corporation)) (Hrsg.), a. a. O.

<280> Roberge, F.: Great Leap Forward For West German China Trade, in: Far Eastern Economic Review, 3. Juli 1986, Advertisement Supplement.

<281> Liu Chenglie: Die Sanjiang-Tiefebene - eine Kornkammer Chinas, in: China im Aufbau, 8. Nr. 2 1985, S. 50.

<282> The China Business Review, 12. Nr. 5, Sept.-Okt. 1985, S. 66.

<283> Nach Angaben von Leitungs-Personal des Staatsguts Nr. 853 am 16. 8. 1985.

<284> von Lingelsheim-Seibicke, W.: Das China-Geschäft heute und morgen, Köln 1985, S. 196.

<285> Popper, K. R.: Der Zauber Platons, Die offene Gesellschaft und ihre Feinde, Band 1, Bern 1957, S. 232ff. u. 269. Popper bezeichnete eine geschlossene Gesellschaft als eine Gesellschaft, deren Mitglieder "durch Verwandtschaft, Zusammenleben, durch die Teilnahme an gemeinsamen Anstrengungen, gemeinsamen Gefahren, gemeinsamen Freuden und gemeinsamem Unglück zusammengehalten werden." a. a. O., S. 232.

<286> Wörtlich führte Popper aus: "Von diesen seltenen Änderungen abgesehen, regeln und beherrschen die Tabus in starrer Weise alle Aspekte des Lebens. [...] Der richtige Weg ist stets vorgezeichnet, obgleich es bei seiner Verfolgung Schwierigkeiten zu überwinden gibt." a. a. O., S. 232.

<287> A. a. O., S. 233 und S. 269.

<288> Du Runsheng bemerkte, daß der einzige Unterschied zwischen der vormaligen Organisationsform dieser Stammesgesellschaft und ihrer späteren Organisationsform, der Volkskommune, darin bestand, daß der ursprüngliche Häuptling durch einen Produktionsgruppenleiter ersetzt wurde. Du Runsheng, a. a. O., S. 18.

<289> A. a. O., S. 18f.

<290> Statistisches Zentralamt der VR China: Kommuniqué über die Erfüllung des Volkswirtschaftsplans 1980, in: Beijing Rund-schau 18., Nr. 19, 12. Mai 1981, S. 23.

5.2 Verantwortlichkeits-Systeme

5.2.1 System der finanziellen Verantwortlichkeit und Probleme der Rechnungsführung

Über das System der finanziellen Verantwortlichkeit in Staatsgütern liegen keine Berichte vor, die dieses zusammenhängend beschreiben. Stattdessen gibt es darüber fragmentarische Informationen, aus denen seine Grundzüge zu erkennen sind. Diese Informationen weisen einen Mangel an begrifflicher Übereinstimmung auf, der anscheinend darauf zurückzuführen ist, daß finanzielle Verantwortlichkeit ein Novum nicht nur für Chinas Staatsgüter, sondern auch für China insgesamt war (vgl. S. 162) und daher entweder in chinesischen Originaltexten oder deren Übersetzung uneinheitliche Begriffe verwandt wurden. Hinzu kommt, daß von sachunkundigem Personal übersetzter chinesischer Text in der englischen Fassung zum Teil sinnlose Passagen enthielt. (Vgl. S. 165, Anmerkung <308>.)

In den im folgenden verwendeten Quellen stimmten die Inhalte der Begriffe "System fiskalischer Verantwortlichkeit", "finanzielle Verantwortlichkeits-Systeme", "finanzielle Veranwortlichkeit" und "fiskalische Verträge" weitgehend überein. Diese Begriffe werden in der folgenden Charakterisierung des Systems der finanziellen Verantwortlichkeit so übernommen, wie sie in den Quellen vorkamen. Doch im Anschluß daran wird der Einheitlichkeit wegen als Versuch einer begrifflichen Synthese der Begriff "System finanzieller Verantwortlichkeit" verwandt. Für dieses Vorgehen wird Berechtigung aus dem Umstand abgeleitet, daß alle genannten Begriffe aus Übersetzungen stammen, die in bezug auf die Wortwahl oft laienhaft anmuteten, aber sachlich korrekt zu sein schienen.

Folgende Charakterisierung des Systems der finanziellen Verantwortlichkeit in Staatsgütern wurde vom Verfasser aus den wenigen Quellen, die darüber Auskunft geben, zusammengetragen:

* 1979 führten Staatsgüter nach staatlicher Genehmigung ein System fiskalischer Verantwortlichkeit

ein, das "unabhängige Rechnungsführung, alleinige Verantwortung für Gewinne und Verluste und Einbehaltung von Gewinnen ohne Ausgleich von Verlusten" beinhaltete. <291> Später wurde knapper, aber weniger präzise von finanziellen Verantwortlichkeits-Systemen berichtet. <292> Zwar wurde nicht definiert, was darunter zu verstehen ist, doch wurde an anderer Stelle zumindest der Begriff "finanzielle Verantwortlichkeit" definiert:

> "Finanzielle Verantwortlichkeit bedeutete ein größeres Maß finanzieller Autonomie. Farmen [Staatsgüter], die unter finanzieller Verantwortlichkeit arbeiten, können einen großen Teil ihrer Gewinne zu ihrer eigenen Verfügung einbehalten, und Brigaden sind auch in der Lage, einen Teil ihres Gewinns einzubehalten." <293>

Teilweise steht diese Definition in Widerspruch zu einer Resolution, die bereits im Dezember 1978 von der dritten Plenarsitzung des 11. Partei-Zentralkomitees verabschiedet worden war und in der hervorgehoben wurde, daß vor 1985 keinerlei Staatsgüter-Gewinne an höhere Verwaltungsinstitutionen abgeführt zu werden brauchten. <294>

* Finanzielle Verantwortlichkeit der Staatsgüter hatte für diese aber auch Schattenseiten:

> "Viele Farmen [Staatsgüter], die langfristige Verluste erlitten, sind informiert worden, daß sie nicht länger wegen erlittener Verluste unterstützt werden oder daß solche Unterstützungen im Lauf der Zeit allmählich reduziert werden. <295>

* Im Februar 1979 verabschiedete der Staatsrat "Provisorische Regeln über die Einführung fiskalischer Verträge für die Arbeit in Staatsgut-Unternehmen". In einem Kommentar zu diesen Regeln hieß es, sie verlangten, daß Staatsgüter zwischen 1979 und 1985
  - unabhängige Rechnungsführung (s. o.) und
  - persönliche Verantwortung für Gewinne und Verluste einführen,
  - für Verluste keine staatliche Beihilfe in Anspruch nehmen,
  - sich selbst bei der Entwicklung der Produktion durch Gewinne helfen und

- finanzielle Verträge für die Arbeit verwenden, die Darlehen verwenden würden, falls Fonds nicht ausreichten. <296>

Im gleichen Kommentar wurde festgestellt, daß diese Methode die Autonomie der Unternehmen vergrößere, die wirtschaftliche Verantwortlichkeit der Unternehmen unterstütze, die Unternehmen zu Verbesserungen in Verwaltung und Management ansporne, die wirtschaftliche Rechnungsführung stärke und kritische Aufmerksamkeit auf wirtschaftliche Ergebnisse richte. Angeblich waren Staatsgüter die ersten Unternehmen Chinas, die fiskalische Verträge für die Arbeit festlegten. <297>

Als Ergebnis erweiterter Autonomie der Unternehmen stand es diesen frei, ihre Gewinne für die Entwicklung der Produktion, Verbesserung der Produktionsbedingungen, Modernisierung der Technik oder Aufnahme neuer Produktionszweige zu verwenden. Die von den Unternehmen zurückbehaltenen Gewinne durften zur Verbesserung kollektiver Wohlfahrtseinrichtungen oder zur Belohnung von Arbeitskräften verwandt werden. Dabei war Unterschiedlichkeit der Distribution zwischen Unternehmen erlaubt. Das System legte aber die Einrichtung eines Reservefonds fest, der die Jahre schlechter Ernten durch die der guten Ernten bezuschußte. <298>

Zhang Linchi, ein Mitgliedschaftskandidat des Zentralkomitees der Kommunistischen Partei, trat 1981 in einem Artikel dafür ein, 1982 das Phänomen defizitärer Unternehmen praktisch zum Verschwinden zu bringen. Er setzte sich ferner für die Schließung oder Fusionierung solcher Unternehmen ein. <299> Mit dieser Ansicht stand er nicht allein. In einem anderen Artikel hieß es:

> "Alle Farmen [Staatsgüter] und [deren] Industrie-Unternehmen, die jetzt noch Verluste erleiden, stehen dem großen und schwierigen Problem gegenüber, ihren Fortbestand zu sichern. Jeder Gedanke an weiteres Vertrauen auf den Staat für Beihilfe [...] ist gefährlich. <300>

Der Kommentar zu den Regeln des Staatsrats "über die Einführung fiskalischer Verträge" in Staatsgütern nannte an erster Stelle, daß sie unabhängige Rechnungsführung von ihnen verlangten. (Vgl. S. 161.) Unter dem Begriff "unabhängige Rechnungsführung" ist in diesem Zusammenhang zu verstehen, daß nicht alle Einnahmen an übergeordnete Verwaltungsinstitutionen abgeführt und von diesen nicht alle Ausgaben erstattet werden. <301> In den Jahren 1980 bis 1983 erschienen mehrere Artikel, die über diese Definition hinaus Aufschluß über Formen und Schwächen der Rechnungsführung in Staatsgütern gaben. <302> Sie beziehen sich nicht aufeinander, stehen aber dadurch in Zusammenhang, daß sie jeder auf seine Weise zum Verständnis der Rechnungsführung in Staatsgütern beitragen. Gleichzeitig lassen sie jedoch einige Fragen unbeantwortet. Ihre konfus wirkenden Aufzählungen und Aneinanderreihungen von Imperativen bleiben im folgenden außer Betracht, nur ihr konkreter Gehalt wird behandelt.

Hu Yimin stellte seinem Artikel über Rechnungsführung in Staatsgut-Produktionsgruppen die Bemerkung voran, daß Rechnungsführung große Bedeutung für die Verbesserung wirtschaftlicher Resultate hat, besonders wenn der Staat Arbeitsverträge mit Farmen schließt und diese wiederum mit ihren Untereinheiten Arbeitsverträge schließen. Nach seiner Darstellung gehört zur Rechnungsführung der Produktionsgruppen

- die Statistik, die Rohdaten für die Buchführung liefert,
- die Buchführung in monetären Einheiten mit der Berechnung der Kosten im Mittelpunkt und
- die geschäftliche Rechnungsführung, die Planziele verwendet, um optimale Produktionstechniken auszuwählen. <303>

Wie die Planziele zustandekommen und verwendet werden, wurde von Hu Yumin ebensowenig beschrieben wie die Wahl optimaler Produktionstechniken.

In einer Abhandlung über Kostenmanagement ging Wang Peiwen auf die Ziele für Produktionskosten ein, indem er verlangte, daß vor einer Investition eine Kostenvorhersage gemacht werde und Kostenziele aufgestellt werden. Er vertrat die Ansicht, der Schlüssel zur Erreichung der angestrebten Kosten liege in der Stärkung der Kostenkontrolle. Zu deren wichtigsten Methoden zählte er

- Zentralisierung der Prüfung und Genehmigung von Ausgaben,
- Gewährleistung völliger Verantwortlichkeit für Ausgaben durch Festlegung der Budget-Ziele bei instabilen Einnahmen und Ausgaben und
- Management nach festgelegten Normen.

Nach seiner Auffassung "bestand die althergebrachte Krankheit des Staatsgüter-Kostenmanagements in der falschen Ansicht", daß die Stück-Produktionskosten ein Werkzeug für die Überwachung der Produktionsausgaben sind. <304> Die Stück-Produktionskosten allerdings konnten erst am Jahresende berechnet werden, weil sie auch von der Produktion abhingen, die erst nach der Ernte bekannt war. <305> Wang Peiwen forderte, daß die Staatsgüter über Pläne für die Produktionsausgaben verfügten, Kosten- und Ausgaben-Ziele zu Jahresbeginn zerlegten und sie vertikal zu den Produktionsgruppen und horizontal in den Staatsgütern zu den verschiedenen funktionellen Abteilungen der Büros für Produktion, Einkauf und Verkauf, Maschinenunterhalt, Hydroelektrizität, Arbeit und Finanzen in Staatsgütern separat weiterleiteten. Er nahm an, daß dies die Verantwortlichkeiten klären und gegenseitige Beaufsichtigung bewirken würde. <306>

1981 übermittelte das Staatsgut Xinli in der Provinz Liaoning den Büros für Produktion, Einkauf und Verkauf, Maschinenunterhalt, Hydroelektrizität und Arbeit relevante Kosten- und Ausgaben-Ziele. Gleichzeitig erhielten die Produktionsgruppen Kosten- und Ausgaben-Ziele. Dies bezeichnete Wang Peiwen als "wirtschaftliches Verantwortungssystem". Es verringerte die Ausgaben um 300 000 Yuan. <307> Daß Wang Peiwen die Bezeichnung "wirtschaftliches Verantwortungssystem" für ein System des Kostenmanagements wählte, darf nicht den Blick dafür verstellen, daß es sich vom System finanzieller Verantwortlichkeit unterscheidet: während Kostenmanagement ausschließlich innerhalb eines Staatsguts das Verhältnis von Teilen des Staatsguts zueinander bestimmt, bezieht sich finanzielle Verantwortlichkeit auf das Verhältnis zwischen einem Staatsgut und seinen übergeordneten Verwaltungsinstitutionen.

Wang Peiwen wandte sich dagegen, daß Kostenanalyse in Staatsgütern bei nachträglichen Berichten und Analysen stehenblieb, erklärte aber nicht, wie die von ihm geforderten Kostenvorhersagen und Pläne für Produktionsausgaben entstehen sollten.

Sowohl dem Konzept von Hu Yumin als auch dem von Wang Peiwen mangelt es an konkreten Vorschlägen für die Planung auf Betriebsebene. Hu Yumin erwähnte zwar in seinem Artikel über Rechnungsführung das Problem der Wahl optimaler Produktionsverfahren, doch befaßte er sich nicht mit dessen Lösung. Das Problem der Entscheidung über Produktionsprogramm und -intensität umging er ganz. Bei knappen Inputs (vgl. S. 82, S. 88f., S. 107, S. 114, S. 194 und S. 196) und teilweise beschränkten Absatzmöglichkeiten der Staatsgüter (vgl. S. 146ff.) war dies verständlich. Wang Peiwen teilte nichts über das Vorgehen bei der Erstellung von Kostenvorhersagen und Ausgabenplänen mit. Das von ihm beschriebene Kostenmanagementsystem erweist sich als bloße Sparmethode und ist für dispositive Zwecke ungeeignet. Von Vorschlägen zur Betriebsplanung, die über die Konzepte Hu Yumins und Wang Peiwens hinausgehen, ist nichts bekannt. Aus der Verwirrung, die in Staatsgütern in bezug auf Kostenmanagement bestand und auch in Artikeln darüber festzustellen war, ist darauf zu schließen, daß solche Vorschläge entweder nicht veröffentlicht wurden oder nicht existierten. (Vgl. S. 167ff.)

Die Staatsgüter waren ohne eigene Planungsverfahren auf die Nutzung der ihnen gewährten Autonomie wenig vorbereitet. Weil sie nicht in der Lage waren, im voraus die Kosten alternativer Produktionsverfahren zu vergleichen, um sich für das günstigste zu entscheiden, blieb ihnen nichts anderes übrig, als zu experimentieren. Ding Lushu berichtete über Tests mit Landmaschinen in zwei Staatsgütern, deren Ergebnisse er verglich. <308> Ergebnisse der Tests sind in Übersicht 18 dargestellt.

Ding Lushu resümierte, vom Standpunkt der Verbesserung der wirtschaftlichen Ergebnisse sei das Potential der Produktionsgruppe Nr. 2 des Teil-Staatsguts Nr. 5 des "Freundschafts-Staatsguts" höher als das der Produktionsgruppe Nr. 9 des Teil-Staatsguts Nr. 1 des Xunke-Staatsguts. <309> Andere als die von ihm untersuchten Staatsgüter, die vor der Entscheidung

Übersicht 18

Vergleich wirtschaftlicher Ergebnisse der Tests von Landmaschinen, 1979 <1>

Einheit	Produktionsgruppe Nr. 2 des Teil-Staatsguts Nr. 5 des "Freundschafts-Staatsguts"	Produktionsgruppe Nr. 9 des Teil-Staatsguts Nr. 1 des Xunke-Staatsguts
Ausstattung	kompletter Satz importierter Landmaschinen und Geräte	hauptsächlich inländische Maschinen
Investitionen in Landmaschinen pro mu	166 Yuan (5,1)	32,3 Yuan
Getreideproduk-produktion pro 10 000 Yuan Investitionen in Landmaschinen	12 700 kg	70 500 kg (5,5)
Getreideproduktion pro Arbeiter	438 000 (3,3)	132 000
Gewinn pro 100 Yuan Produktionswert	22,6 Yuan	60,6 Yuan (2,7)

<1> S. Anmerkung <311>
Die Zahlen in Klammern geben jweils das Vielfache gegenüber der Vergleichs-Produktionsgruppe an.

über Investitionen in Landmaschinen standen, waren in der Lage, Lehren aus seinem Vergleich zu ziehen, der aber ein Planungsverfahren nicht ersetzen konnte. Falls diese anderen Staatsgüter sich aber nicht an Ding Lushus Artikel, sondern an dem zwei Monate zuvor veröffentlichten Artikel von Liu Liangyu orientierten

<310>, entschieden sie sich vielleicht dafür, die Produktionsgruppe Nr. 2 des 5. Teilstaatsguts des "Freundschaftsstaatsguts" nachzuahmen. Liu Liangyu verglich diese Produktionsgruppe, die sich in Heilongjiang befindet, mit dem Durchschnitt der Staatsgüter in Heilongjiang und stellte fest, daß 1979 die Kosten pro Gewichtseinheit Getreide und [Soja-] Bohnen dieser Produktionsgruppe um zwanzig Prozent unter dem Durchschnitt derartiger Kosten der Staatsgüter in Heilongjiang lagen. <312>

Solche Anhaltspunkte, die ohne Prüfung allerdings in die Irre führten, wie das obige Beispiel zeigt, bot auch eine Normdaten-Sammlung mit Richtwerten für die Produktion in Staatsgütern Heilongjiangs, die vom Generalamt für Staaatsgüter der Provinz Heilongjiang herausgegeben wurde und die der Verfasser vorübergehend zur Ansicht erhielt. Ein Buch, das lückenlose Zeitreihen von Details der Buchhaltung des Keshan-Staatsguts der Provinz Heilongjiang enthielt, bekam der Verfasser nur für wenige Stunden ausgehändigt. Entgegenkommen dieser Art brachte dennoch nur wenig Licht in die Buchhaltung der chinesischen Staatsgüter, weil die technische Ausrüstung zur Anfertigung von Kopien fehlte. So gewann der Verfasser keine genauen Kenntnisse, bekam aber Anregungen, Fragen zu stellen.

Chung Min Pang und De Boer erläuterten folgendermaßen, welche Auswirkungen es auf die Staatsgüter haben würde, daß der Staat ihre Verluste nicht mehr ausglich:

> "Diese Maßnahme verhindert, daß eine Situation entsteht, in der Bonus-Zahlungen an Arbeiter zunehmen, während das Unternehmen selbst weiterhin Verluste macht. Sie zwingt das Management der Farm [des Staatsguts], realistische Leistungsziele zu setzen, von denen die Bonus-Zahlungen abgeleitet werden, und einen Weg zur Steigerung der Effizienz zu finden." <313>

Bei der Suche nach realistischen Leistungszielen und einem Weg zur Steigerung der Effizienz waren die Staatsgüter auf sich gestellt, weil sie sich in der für sie ungewohnten Situation der finanziellen Verantwortlichkeit zurechtfinden mußten. Sie waren ohne die nötigen Management-Kenntnisse in die Autonomie entlassen worden. Dies beweist ein Bericht über das Nanjiao-Staatsgut in Beijing. In den zehn Jahren von 1970 bis 1979, dem Jahr der Einführung des Systems der finanziellen Verantwortlichkeit, steigerte dieses Staatsgut die Erträge, doch die Selbstkosten überstiegen die Verkaufserlöse aus den gesteigerten Erträgen bei weitem. Die Kosten mechanisierter Agrarproduktion stiegen in diesem Staatsgut um mehr als das Dreifache, doch auch die Kosten für Zugtiere verdoppelten sich nahezu, und die Zahl der landwirtschaftlichen Arbeitskräfte nahm nicht ab, sondern stieg um 3 000. In dem Bericht über das Nanjiao-Staatsgut wurde auch erwähnt, was in chinesischen Quellen äußerst selten zu lesen, in China aber häufig zu beobachten ist: ein großer Teil der Maschinen wurde ernsthaft beschädigt, weil sie Wind und Regen ausgesetzt blieben. <314>

Gegen blinde Kostensteigerung, aber auch gegen unbedachte Kosteneinsparung wurde in einem Artikel über die Verbesserung der wirtschaftlichen Effizienz des Wusi-Staatsguts in der Provinz Shandong argumentiert, der eine Untersuchung über Kosten und Erlöse von dessen Weizenproduktion enthielt. In diesem Artikel wurde hervorgehoben, daß das Ziel des Kostenmanagements nicht darin bestehe, die Kosten passiv zu senken. Dieses Ziel sollte darin bestehen, die Kosten aktiv zu erhöhen, um den höchsten Grad der Verbesserung der wirtschaftlichen Effizienz zu erreichen, wenn der Wert der Produktionssteigerung größer sei als die Kostensteigerung. Aufgabe des Kostenmanagements sei, den optimalen Intensitätsgrad zu finden. <315> Diese Grundsätze waren gleichbedeutend mit dem Grenzprinzip und bildeten das Fazit der Untersuchung über Kosten und Erlöse der Weizenproduktion des Wusi-Staatsguts, deren Ergebnisse in Übersicht 19 zum Teil aufgeführt sind.

Der vorgeschlagene "höchste Grad der Verbesserung der wirtschaftlichen Effizienz" wurde 1977 erreicht, aber 1979 war er wieder niedriger, sogar niedriger als 1975. Gemäß der Empfehlung, die Kosten zu steigern, wenn der Wert der Produktionssteigerung größer ist als die Kostensteigerung, hätte nach 1977 die Kostensteigerung, rückblickend beurteilt, keinen Sinn ge-

Übersicht 19

Kosten und Erlöse der Weizenproduktion des Wusi-Staatsguts <1>

Jahr	Ertrag pro mu (jin)	Kosten pro mu (Yuan)	Erlös pro mu (Yuan)	Kosten-zuwachs (Yuan)	Erlös-zuwachs (Yuan)	Verhältnis von Erlöszuwachs zu Kostenzuwachs	Gewinn <2> pro mu (Yuan)
1974	336	27,00	56,07	.	.	.	29,07
1975	407	29,15	67,97	2,15	11,86	5,52	38,82
1976	347	32,15	57,95	3,00	- 9,62	- 3,20	25,80
1977	387	33,00	64,63	0,85	6,68	7,86	31,63
1978	330	34,15	55,11	1,15	- 9,52	- 8,28	20,96
1979	558	50,00	93,19	15,85	38,08	2,40	43,91
1980	415	52,30	69,31	2,30	-23,85	-10,38	17,01
1981	402	58,22	70,14	5,92	- 2,17	- 0,37	11,92

<1> S. Anmerkung <316>
Die Zahlen in Übersicht 19 wurden trotz einiger Abweichungen zwischen Zahlen, die definitionsgemäß übereinstimmen müssen, aus der Quelle übernommen.
Der Begriff "income" wurde mit "Erlös" übersetzt, weil er mit dem Begriff "Kosten" korrespondiert.
Der Erlös wurde durch eine Preiserhöhung von knapp 5 Prozent im Jahr 1981 geringfügig beeinflußt. In den Jahren 1974 bis 1980 änderte sich der Preis nicht.

<2> Der Gewinn pro mu wurde als Differenz aus Erlös pro mu und Kosten pro mu errechnet.

habt. Doch 1979 wurde der größte Gewinn erreicht. Weder enthielt die Untersuchung die Berechnung des Gewinns, noch enthielt sie eine Aussage darüber, ob 1977 oder 1979 das Jahr des geforderten optimalen Intensitätsgrades war. Ein Leiter eines Staatsguts, der für dessen Gewinn verantwortlich war, wäre bei der Lektüre dieser Untersuchung ratlos gewesen. Selbst wenn diese einen eindeutigen Maßstab für die Festlegung des optimalen Intensitätsgrades geboten hätte, wäre das für die Untersuchung herangezogene Beispiel der Weizenproduktion des Wusi-Staatsguts nicht geeignet, gewinnorientierten Staatsgütern diesen Maßstab zu erklären. In diesem Beispiel ist für den Gewinn im konkreten Fall einzelner Jahre nicht das Verhältnis von Erlös- zu Kostenzuwachs, sondern die Differenz zwischen Kosten und Erlösen maßgebend. Solange die Produktionsfunktion unbekannt ist, besteht keine Gewißheit darüber, ob bei Überwiegen der Kostensteigerung über die Erlössteigerung bereits der optimale Intensitätsgrad überschritten wurde und ob die Erlössteigerung zufällig oder erwartungsgemäß hinter der Kostensteigerung zurückblieb. Die Ermittlung der Produktionsfunktion hätte von Stückkosten und Preisen ausgehen müssen, statt Kosten und Erlöse auf die Flächeneinheit zu beziehen.

Überzeugend zeigte ein Artikel über den Vergleich zweier Produktionsgruppen das Potential für Kostensenkungen. Zwei fast gleich große Produktionsgruppen, die beide Reis produzierten, deren natürliche Bedingungen im wesentlichen übereinstimmten und die dem gleichen Agrar-Industrie-Handels-Unternehmen angehörten, wiesen einen großen Unterschied der Gewinne auf. Dieser Unterschied beruhte darauf, daß die eine Produktionsgruppe im Vergleich zur anderen niedrigere Erträge hatte, obwohl ihre Kosten pro Flächeneinheit höher waren als die der anderen. <317>

Allen in diesem Abschnitt genannten Artikeln über Rechnungsführung der Staatsgüter ist gemeinsam, daß sie die Entstehung von Kostenbewußtsein beweisen. Zum Teil äußerte sich dieses Kostenbewußtsein darin, daß in Heilongjiang dreizehn Unternehmen, die der dortigen Staatsgüterverwaltung unterstanden, geschlossen wurden und auf diese Weise die Verluste um über drei Millionen Yuan verringert wurden. <318> Dennoch wurde

Zhang Linchis Ziel, 1982 die Existenz defizitärer Unternehmen zu beenden - durch Eliminierung der Verluste oder der Unternehmen selbt - nicht erreicht. (Vgl. S. 162 u. S. 94f.)

<291> Shi Weigang: A Major Reform in the Fiscal System of Farm Reclamation Enterprises, in: Zhongguo Nongken (Chinese Agricultural Reclamation), Nr. 1, 24. Jan. 1980, S. 14, englisch in: JPRS, CRA Nr. 108, 30. Okt. 1980, S. 5.
Zum Begriff "Unabhängige Rechnungsführung" s. S. 81, Anmerkung <116>.

<292> Special Commentary on Improving Economic Efficiency in Enterprise Consolidation, a. a. O., S. 3 u. Resolutely Implement the Spirit of the 12th Party Congress: Fight to Open Up a New Situation in State Farms and Land Reclamation, in: Zhongguo Nongken (State Farms and Land Reclamation in China), Nr. 10, 23. Okt 1982, S. 56f., englisch in: JPRS, CRA Jan./Feb. 1983, S. 23.

<293> Chung Min Pang u. De Boer, A. J., a. a. O., S. 661.

<294> ConsciencioUsly Strengthen Management of Financial Affairs, Promote Farms, Reverse Losses, and Increase Profits, a. a. O.

<295> Chung Min Pang u. De Boer, a. a. O.

<296> Zao Xuezhi: State Farms Enterprises Convert Losses into Profits, englisch in: JPRS, CRA Nr. 144, 10. Juni 1981, S. 72.

<297> A. a. O.

<298> Shi Weigang, a. a. O., S. 5f.

<299> Zhang Linchi: Need for Further Readjustments, in: Zhongguo Nongken (Chinese Agricultural Reclamation), Nr. 4 1981, S. 5, englisch in: JPRS, CRA Nr. 157, 10. Aug. 1981, S. 5. Zhang Linchi bezog sich auf Unternehmen des "Landwirtschafts- und Neulandgewinnungs-Systems". Trotz dieser ungewöhnlichen Bezeichnung sind unter solchen Unternehmen Staatsgüter oder ihnen angegliederte Betriebe zu verstehen.

<300> Struggle to Achieve an Overall Improvement in the State Farm Economy, a. a. O., S. 2.

<301> Kuaiji Cidian (Wörterbuch des Rechnungswesens), a. a. O., S. 496 und S. 304.

<302> Ding Lushu: Improving Economic Results Is an Important Current Problem in the Operation of State Farms, in: Zhongguo Nongken (Chinese Agricultural Reclamation), Nr. 10, 24. Okt 1980, S. 7-10, englisch in: JPRS, CRA Nr. 137, 7. Mai 1981, S. 3ff.; Hu Yimin: Preliminary Remarks on Economic Accounting in State-Owned Farm Production Teams, in: Zhongguo Nongken (State Farms and Land Reclamation in China), Nr. 8 1982, S. 14f., englisch in: JPRS, CRA Nr. 234, 27. Okt. 1982, S. 21ff.; Wang Peiwen: A Brief Discussion of Cost Management on State Farms, in: Zhongguo Nongken (State Farms and Land Reclamation in China), Nr. 10, 24. Okt. 1982, S. 20f., englisch in: JPRS, CRA Nr. 252, 28. März 1983, S. 86ff.

<303> Hu Yimin, a. a. O., S. 21. Die Begriffe "Buchführung" und "geschäftliche Rechnungsführung" sind von den Begriffen "Buchhaltung" und "Geschäftsbuchhaltung", wie sie in den hiesigen Wirtschaftswissenschaften verwandt werden, zu unterscheiden.

<304> Wang Peiwen, a. a. O., S. 87f.

<305> A. a. O., S. 87.

<306> A. a. O., S. 88f.

<307> A. a. O., S. 89.

<308> Ding Lushu, a. a. O., S. 5. Ding Lushus von der Übersetzung entstellter chinesischer Originaltext handelt von der Produktionsgruppe Nr. 2 des 5. Teil-Staatsguts des "Freundschafts-Staatsguts", die der Verfasser besuchte und deren Beschreibung durch Ding Lushu mit den Eindrücken des Verfassers übereinstimmt. In der Übersetzung wird dagegen nicht diese Produktionsgruppe genannt, sondern der Ausdruck "two teams and 5 fen of land" gebraucht. In der Übersetzung wurden Ordinal- und Kardinalzahlen verwechselt und das Wort "fen", das die Bedeutung von "Teil" hat, unübersetzt wiedergegeben. Ferner wurde das Wort Brigade für "Produktionsgruppe" verwandt sowie die Wortstellung des zusammengesetzten Begriffs "Gewinn pro 100 Yuan Produktionswert" gewechselt, die darüber hinaus nie der logischen Reihenfolge entsprach.

<309> A. a. O.

<310> Liu Liangyu: Much Greater Use Should Be Made of the Advantages of Agricultural Mechanization in Reclamation Areas of Heilongjiang, in: Zhongguo Nongken (Chinese Agricultural Reclamation), Nr. 8, 24. Aug. 1980, S. 6f., englisch in: JPRS, CRA Nr. 137, 7. Mai 1981, S. 15ff.

<311> Ding Lushu, a. a. O.

<312> Liu Liangyu, a. a. O., S. 16.

<313> Chung Min Pang u. De Boer, a. a. O.

<314> Li Shixiong, Wang Jiyao u. Zhang Hongjun: Why Did Nanjiao Farm Increase the Yield But Harvest Less?, in: Zhongguo Nongken (Chinese Agricultural Reclamation), Nr. 1, 24. jan. 1981, S. 5, englisch in: JPRS, CRA Nr. 148, 25. Juni 1981, S. 6f. Das englische Wort "income" wurde mit "Verkaufserlös" statt mit "Einkommen" wiedergegeben, weil Verkaufserlös mit Selbstkosten korrespondiert. (Vgl. S. 98, Übersicht 8.)

<315> Application of Marginal Analysis to Improvement of Economic Effectiveness, in Zhongguo Nongken (State Farms & Land Reclamation in China), Nr. 8/1982, S. 12f., englisch in: JPRS, CRA Nr. 233, 21. Okt. 1982, S. 46. Der Begriff "wirtschaftliche Effizienz" wurde nicht erläutert. In der vorliegenden Arbeit wird er nach Kuhlmann im Sinn des Verhältnisses von Wert der Outputs zum Wert der Inputs interpretiert. Kuhlmann, a. a. O., S. 78f.

<316> Application of Marginal Analysis to Improvement of Economic Effectiveness, a. a. O., S. 44.

<317> Zhang Wenchong, Wang Jingrong u. Ban Yongfu: Why Do Economic Benefits Greatly Differ? An Investigation of Rice Costs for Two Production Teams, in: Zhongguo Nongken (Chinese Agricultural Reclamation), Nr. 7, 24. Juli 1980, S. 20f., englisch in: JPRS, CRA Nr. 136, 4. Mai 1981, S. 30ff.

<318> Sun Panqi, a. a. O., S. 4.

5.2.2 System der Produktions-Verantwortlichkeit in der Arbeitsentlohnung

Das System der Produktions-Verantwortlichkeit in Staatsgütern wurde wie das System der finanziellen Verantwortlichkeit (vgl. Abschnitt 5.2.1) in verschiedenen Quellen beschrieben <319>, jedoch nicht zusammenhängend und fast nur in allgemeinen, wenig aussagenden Angaben. Eine Ausnahme bildet der ausführliche Aufsatz von Chung Min Pang und De Boer <320>, auf den sich deshalb die nachstehenden Ausführungen überwiegend stützen. In den meisten der für die vorliegende Arbeit herangezogenen chinesischen Publikationen wurde übereinstimmend der Begriff "System der Produktions-Verantwortlichkeit" verwandt. Er wird deshalb auch in diesem Abschnitt gebraucht.

5.2.2.1 Mutmaßliche Gründe und Ziele

Gründe und Ziele für die Einführung des Systems der Produktions-Verantwortlichkeit in Staatsgütern wurden in für die vorliegende Arbeit verwandten Veröffentlichungen nicht explizit genannt. Allen diesen Veröffentlichungen ist gemeinsam, daß sie lediglich einen Vorher-Nachher-Vergleich der Perioden ohne und mit Produktions-Verantwortlichkeit zulassen. Ursachen für die Reformbedürftigkeit des Staatsgütersektors wurden nicht als solche genannt, und es fand keine Ableitung erforderlicher Maßnahmen zur Behebung seiner Schwachstellen statt. Dieser Mangel an kausaler und finaler Argumentation ist verständlich angesichts der Risiken, die ein gewöhnlicher Chinese eingegangen wäre, hätte er Kritik und Verbesserungsvorschläge veröffentlicht. Selbst innerhalb der Staats- und Parteiführung ging die Reformdiskussion anscheinend nicht-öffentlich vor sich, denn sonst wären vermutlich Dokumente dieser Diskussion in den für die vorliegende Arbeit herangezogenen Quellen wiedergegeben worden. Auch nach der Einführung des Systems der Produktions-Verantwortlichkeit fehlte es an der Bekanntgabe seiner Ziele, wahrscheinlich aus Sorge, damit einen Erfolgs-Maßstab zu bieten, nach dem die Resultate von Reformmaßnahmen beurteilt würden.

Nicht-Chinesen, die seit langem an verantwortliches Handeln gewöhnt sind, entgeht oft die Tatsache, daß bereits die Verwendung des Begriffs "Verantwortlichkeit" in China für viele eine Neuerung darstellt, weil die chinesische Gesellschaft meist in einer erstarrten Lebensform beharrte, in der der richtige Weg stets vorgezeichnet, wenn auch manchmal schwierig war. (Vgl. S. 154 und Anmerkung <286> auf S. 159.) Verantwortliches Handeln dagegen muß häufig ohne vorgezeichneten Weg auskommen oder von ihm abweichen und sich auf individuelle Entscheidungen stützen. Die Einführung der Verantwortlichkeit ist ein Versuch, im Verhalten der Chinesen einen tiefgreifenden Wandel herbeizuführen, und zielt auf einen Bruch mit dem traditionellen "way of life" Chinas ab. Sie wird dann erfolgreich sein, wenn solcher Wandel der Lebensformen alltäglich wird und nicht auf seltene Umwälzungen begrenzt ist, die für Außenstehende ebenso unerwartet wie rätselhaft sind.

Zu den Ursachen für die Einführung des Systems der Produktions-Verantwortlichkeit in Staatsgütern gehören vermutlich die produktionshemmenden Wirkungen der Leitungsinstrumente, die in Kapitel 4 der vorliegenden Arbeit beschrieben wurden. Über die Ziele des Systems der Produktions-Verantwortlichkeit in Staatsgütern ist zu mutmaßen, daß sie mit denen übereinstimmen, die Du Runsheng, der damalige Vizevorsitzende der Staatlichen Landwirtschaftskommission, in einer Rede in der dem Zentralkomitee der Kommunistischen Partei Chinas unterstellten Parteischule nannte - er bezog sich auf den nichtstaatlichen Teil der Landwirtschaft:

> "Die Einführung des Produktionsverantwortlichkeitssystems entwickelt sich zu einer allseitigen Reform des Wirtschaftssystems auf dem Lande, die hauptsächlich darauf abzielt, Selbstentscheidungsrechte der Kollektivwirtschaft festzulegen und die materiellen Interessen der Bauern zu berücksichtigen, so daß ihre Leistungsbereitschaft gefördert wird. Diese Reform ist erst der Anfang und wird sich entwickeln und ausbreiten. [...] Es kann zu Widersprüchen zwischen Knappheit an Geldmitteln und Bewirtschaftung durch einzelne Haushalte einerseits und Erweiterung

der Reproduktion andererseits kommen. Der einzige Ausweg wird sein, Geldmittel und Arbeitskräfte zu vereinigen. [...] Eine fortgeschrittene Form der Vereinigung kann nur aufgrund der Entwicklung der Warenwirtschaft und nach der allmählichen Reife der Bedingungen für die Spezialisierung der Produktion und die Vergesellschaftung der Arbeit verwirklicht werden. Dann werden die Vereinigungen ihre Arbeit auf spezialisierte Produktion und Dienstleistungen ausdehnen müssen, [...] um Probleme hinsichtlich Technik, Versorgung, Absatz und Dienstleistung einheitlich zu lösen. Dann mögen solche Organisationen zu einer Integration von Landwirtschaft, Industrie und Handel auf überregionaler Ebene führen. Kurz, mit der Erhöhung der Produktivkräfte, der Entwicklung der Warenwirtschaft sowie der Einfuhr und Zunahme neuer Technologien und Anlagen wird die Kleinproduktion bei der Festlegung von Land auf Grund der einzelen Haushalte sich in die vereinte Großproduktion umwandeln." <321>

Die Staatsgüter hatten zumindest im Bereich der Warenproduktion (vgl. S. 256) und der Integration von Landwirtschaft, Industrie und Handel auf überregionaler Ebene (vgl. Kapitel 5.1) einen Vorsprung vor dem Rest der chinesischen Landwirtschaft in der Realisierung der von Du Runsheng genannten Ziele.

5.2.2.2 Wesentliche Merkmale

Folgende Erläuterungen und Beschreibungen geben einen Überblick über die wesentlichen Merkmale des Systems der Produktions-Verantwortlichkeit der Staatsgüter:

Der Aufsatz von Chung Min Pang und De Boer stellte auch in seiner Wortwahl eine Ausnahme unter den Quellen dar. Diese beiden Autoren bezeichneten das System der finanziellen Verantwortlichkeit (vgl. Abschnitt 5.2.1) und das System der Produktions-Verantwortlichkeit zusammen als "wirtschaftliches Verantwortungssystem". Sie berichteten, es sei 1979 erstmals eingesetzt worden und habe zu jener Zeit nur die Festlegung der Entlohnung betroffen, später aber auch die finanzielle Verantwortlichkeit der Unternehmen umfaßt. <322> Sie gaben folgende Beschreibung:

"Das wirtschaftliche Verantwortungssystem ist eher ein Konzept als bloß ein wohldefiniertes Management-System. In der Praxis bezieht sich das wirtschaftliche Verantwortungssystem auf Maßnahmen, die Verantwortlichkeit und Autorität nach unten delegieren. Das ihm zugrundeliegende Prinzip ist, daß in einer zentral geplanten Wirtschaft die Effizienz des Managements gesteigert werden kann, wenn Unternehmen, Gruppen oder Einzelpersonen Spielraum erhalten, ihre Initiative zu nutzen und für ihre Tätigkeit zur Rechenschaft gezogen werden. Abgesehen von einigen grundlegenden Richtlinien ist das wirtschaftliche Verantwortungssystem auf unbestimmte und flexible Weise verbreitet worden, so daß einzelne Farmen [Staatsgüter] entsprechend ihren besonderen Bedürfnissen und Bedingungen Systeme maßschneidern können. In bezug auf den Staatsgütersektor besteht ein wichtiges Charakteristikum in dem Versuch, die Entlohnung an die wirtschaftliche Leistung der Farm [des Staatsguts] zu binden, indem die Ermächtigung, Löhne festzusetzen, an Farm-Manager [Staatsgut-Manager] delegiert wird." <323>

In einem früheren Bericht beschrieb Guo Chunhua das System der Produktions-Verantwortlichkeit unter der Bezeichnung "System der persönlichen Produktions-Verantwortlichkeit" nicht als eigenständiges System, sondern in Verbindung mit den damaligen Lohnsystemen (vgl. S. 133f. und S. 179ff.):

"Viele Farmen [Staatsgüter] haben das System der persönlichen Produktions-Verantwortlichkeit mit Löhnen und Belohnungen kombiniert. Sie haben das Lohnsystem praktiziert, in dem Arbeiter und Angestellte ihre Bezahlung und Boni in Abhängigkeit davon erhalten, wie gut und wie viel sie gearbeitet haben. Dies System hat zwei verschiedene Formen: Einige Farmen [Staatsgüter], die dem Stufen-Lohnsystem folgen, teilen ihre Bezahlung in zwei Teile. Ein Teil des Lohnes wird nach der Lohnstufe berechnet; der andere Teil wird danach berechnet, wie viel eine Person gearbeitet hat. Dies führt zu einem System von Lohnstufe plus Produktion. Einige der Farmen [Staatsgüter], die dem Arbeitspunkte-Lohnsystem folgen, mögen die Bezahlung entsprechend dem Nettogewinn verteilen. Arbeiter erhalten Boni, indem sie einen Teil der Gewinne bekommen, die sie produziert haben. Einige bekommen ihre Boni, indem alle Gewinne aufgeteilt werden (das heißt, wo Gewinn ist, gibt es Bonus) [sic]. Bisher gibt es keine einheitlichen Regeln darüber, welches Lohn- oder Belohnungs-System betrieben werden soll." <324>

Nach Guo Chunhuas Angaben erhielten etwa 80 % der 4,8 Millionen Arbeiter und Angestellten der Staatsgüter ihre Bezahlung durch das Stufen-Lohnsystem und 20 % durch das Arbeitspunkte-System. Guo Chunhua kritisierte am Stufen-Lohnsystem, es sei ungeeignet, die Initiative der Unternehmen und Arbeiter und Angestellten zu mobilisieren. Er bemängelte, das Arbeitspunkte-System verlange "die Aufzeichnung der von den Arbeitern verdienten Arbeitspunkte und die Berechnung ihrer Bezahlung nach der Menge." Da Quantität und Qualität der Arbeit in der landwirtschaftlichen Produktion schwerer abzuschätzen seien als in der Industrie, habe dieses Lohnsystem auch einige Schwachpunkte. <325>

Die von Guo Chunhua genannten Stufen-Lohn- und Arbeitspunkte-Systeme waren von den verschiedenen Lohnsystemen übriggeblieben, die seit Beginn der 1950er Jahre in den chinesischen Staatsgütern eingeführt worden und dort bis 1979 in Gebrauch waren. Eine zusammenfassende Einschätzung dieser Lohnsysteme der Staatsgüter ist in Kapitel 4 der vorliegenden Arbeit wiedergegeben (vgl. S. 133f.), ihre Details sind nachstehend erläutert:

* Vor 1952 wurden die Arbeiter einiger Staatsgüter in Naturalien bezahlt. Sie erhielten Nahrungsgetreide und wichtige Lebensmittel für ihre Arbeit. <326>

* Zwischen 1952 und 1956 wurden die Staatsgüter in das Geldsystem eingegliedert und die Beschäftigten in Übereinstimmung mit gesamtstaatlichen

Lohnskalen bezahlt. In Pflanzen- und Tierproduktion Beschäftigte wurden in sieben Lohnklassen unterteilt. Diejenigen, die Maschinen bedienten, wurden in acht Lohnklassen unterteilt. Es gab ein Senioritäts-System und finanzielle Abstufungen, die auf Unterschieden im Dienstalter, Fachkenntnis und Qualifikation beruhten. Die Beschäftigten wurden monatlich ohne Abzüge und Boni bezahlt. <327>

* 1956 begannen die Staatsgüter ein Stücklohn-System, ein Drei-Verträge-Lohnsystem (das einen Produktions-Vertrag, einen Arbeits-Vertrag und einen Kosten-Vertrag umfaßte) und ein Lohnsystem "dreier Festlegungen und einer Belohnung" zu praktizieren. Doch diese Systeme wurden nur in einigen Neulandgewinnungsgebieten oder in einigen Staatsgütern praktiziert und kurz nach Ausbruch der "Kulturrevolution" aufgegeben. <328> Nach dem Verträge-System verpflichtete sich jede Brigade, ein vereinbartes Mindestmaß an Arbeit zu leisten, innerhalb festgelegter Ausgaben-Niveaus zu bleiben und Produktionsziele zu erfüllen. Jeden Monat erhielten die Beschäftigten nur 70 % bis 80 % ihres je nach Lohnklasse zu beanspruchenden Lohnes. Die verbleibenden 20 % bis 30 % wurden bis zum Jahresende einbehalten und dann entweder vollständig oder teilweise ausgezahlt, oder sie verfielen, je nachdem in welchem Maß die Brigade vereinbarte Ziele erreicht oder nicht erreicht hatte. Wenn die tatsächlichen Ergebnisse die Ziele übertrafen, wurden zusätzlich zu den Löhnen Boni gezahlt. Dieses System wurde 80/20-System genannt. Es ist ein modifiziertes Lohnklassen-System. <329> Zur Erleichterung des Verständnisses ist dieses System nachfolgend in Formel (1) dargestellt.

<u>Formel (1):</u>

unbedingte monatliche Auszahlung 70 % bis 80 %	+	bedingte vollständige oder unvollständige Auszahlung am Jahresende 20 % bis 30 %	+	Überschuß-Boni

1966 griffen jene Staatsgüter, die das Stücklohn-System und das 80/20-System übernommen hatten, auf das System aus der Zeit vor 1956 zurück. <330>

* 1973 versuchten einige Staatsgüter nach Anweisungen des vormaligen Premiers Zhou Enlai das Naturalien-Lohnsystem und das Stufen-Lohnsystem in das Arbeitspunkte-Lohnsystem umzuwandeln. Einige gebildete Jugendliche, die in Produktion und Bauwesen arbeiteten, erhielten ihre Bezahlung durch das Naturalien-System. <331> Etwa 20 % aller Beschäftigten der Staatsgüter übernahmen ein Arbeitspunkte-System, das mit der 80/20-Methode in Beziehung stand und eine Synthese von Stufen-Lohnsystem und Arbeitspunkte-System war. Nach diesem System erhielt jeder Beschäftigte Punkte entsprechend der Qualität und dem Niveau der Arbeitsleistung. Monatlich wurde nur die Hälfte der 70 % bis 80 % des zu beanspruchenden Lohnes entsprechend der Lohnklasse [=Lohnstufe] gezahlt. Die andere Hälfte wurde zusammengefaßt und entsprechend der Zahl der Arbeitspunkte geteilt, die jeder einzelne gesammelt hatte. Am Jahresende wurden die einbehaltenen 20 % bis 30 % ebenfalls geteilt. Eine Hälfte dieses Betrages wurde nach der Lohnklasse verteilt und der Rest wurde auf der Basis der gesammelten jährlichen Arbeitspunkte gezahlt. <332> Ob die einbehaltenen 20 % bis 30 % am Jahresende vorbehaltlich der Vertragserfüllung ausgezahlt und darüber hinaus im Fall eines Überschusses Boni gewährt wurden, ist nicht bekannt. Zum besseren Verständnis ist dieses System nachstehend in Formel (2) dargestellt.

Formel (2):

monatliche Auszahlung 70 % bis 80 %, halb gemäß Lohnklasse, halb nach Arbeitspunkten	+	Auszahlung am Jahresende 20 % bis 30 %, halb gemäß Lohnklasse, halb nach Arbeitspunkten

Anders als Guo Chunhua, der zwei Formen des Systems der Produktionsverantwortlichkeit unterschied, unterteilten Chung Min Pang und De Boer das System der Produktions-Verantwortlichkeit in vier Kategorien nach dem Grad der Dezentralisierung, die von Verträgen mit großen Gruppen zu Verträgen mit Einzelpersonen reicht. Sie stellten fest, daß die Unterschiede zwischen diesen Kategorien auf der Ebene der Brigade und darunter existierten. Oberhalb der Brigade-Ebene war die Zuweisung von Aufgaben ein relativ unkomplizierter Vorgang und bei allen Staatsgütern ähnlich. Jedes Jahr nach der Erstellung der Produktions-, Neulandgewinnungs-, Bau- und Haushalts-Pläne der Staatsgüter verteilte deren Management die Aufgaben und leitete den Plan für die Brigaden ab. Die Brigaden-Leiter waren dann für die weitere Unterteilung der Aufgaben und deren vertragliche Übernahme durch Gruppen, Haushalte und Einzelpersonen verantwortlich. <333>

Die Varianten des Systems der Produktions-Verantwortlichkeit fielen in folgende vier Kategorien nach Chung Min Pang und De Boer:

1. Vertrag nach Spezialisierung, Entlohnung verbunden mit Leistung
2. Vertrag mit Gruppen, Entlohnung verbunden mit Leistung oder Produktion
3. Verträge vollständiger Verantwortlichkeit: Entlohnung verbunden mit Produktion
4. Haushalts- und Individual-Verträge: Entlohnung verbunden mit Produktion <334>

Ad 1. Spezialisierte Gruppen innerhalb der Brigade verpflichteten sich vertraglich zur Übernahme von Aufgaben wie Maschinenbetreuung, Saatgutproduktion, Feldbestellung und Transport. Die Vertragsziele, zu denen z. B. Ausgaben, Menge der Produkte und Menge der transportierten Güter gehörten, wurden durch Diskussion zwischen den Brigademitgliedern festgelegt. Für jede Aufgabe wurden Arbeitspunkte festgelegt, deren Verteilung sich danach richtete, in welchem Maß die Aufgabe erfüllt wurde. Am Jahresende wurde ein Teil des Brigade-Gewinns zur Reinvestition an das Management des Staatsguts abgeführt, ein Teil verblieb für Reinvestition, Sozialleistungen und den Reservefonds der Brigade beim Brigade-Management, und der Rest wurde in Gestalt von Boni ausgezahlt, wenn die Brigade insgesamt in der Lage war, ihre Planziele zu erreichen. Falls die Produktion der Brigade die Planziele übertraf, wurde das aus dem Überschuß entstandene Einkommen ebenso in drei Teile geteilt. Doch der Anteil des Bonus sank zunehmend mit steigendem Überschuß. Die Teilung des Gewinns zwischen Staatsgut, Brigade und Boni wurde von den Staatsgütern selbst festgesetzt und variierte von Staatsgut zu Staatsgut. In Nordost-China erhielt der Gesamtbetrieb gewöhnlich 40 % bis 60 %, die Brigade 10 %, und auf Boni entfielen 30 % bis 50 %. Die Boni wurden gemäß den von jedem einzelnen gesammelten Arbeitspunkten verteilt. Im "Freundschafts-Staatsgut" der Provinz Heilongjiang wurde das Netto-Einkommen [gemeint ist vermutlich der Gewinn] der Brigade wie folgt verteilt: 60 % an das Management des Staatsguts zur Reinvestition, 30 % an Brigade-Mitglieder als Bonus-Zahlungen und 10 % an das Brigade-Management. Von diesen 10 % wurden 50 % für Produktionssteigerung, 30 % für die Verbesserung von Sozialleistungen wie Wohnungen für Brigade-Mitglieder und 20 % für den Reservefonds verwandt.

Diese Variante beinhaltete in der Regel einen festen Lohnbestandteil des 80/20-Systems sowie Löhne und Boni, die nach Arbeitspunkten verteilt wurden. Sie beließ das einheitliche Management auf der Ebene der Brigade, die die Grundeinheit der Rechnungsführung war. Sie war die am stärksten zentralisierte Form des Systems der Produktions-Verantwortlichkeit und wurde meist in den großen mechanisierten Staatsgütern der Provinz Heilongjiang verwandt. Der relativ hohe Mechanisierungsgrad dieser Staatsgüter erschwerte weitere Dezentralisierung. Die hohen Einkommen, die dort möglich waren (oft höher als das durchschnittliche städtische Einkommen), schienen eine starre Verbindung von Leistung und Belohnung nicht erforderlich zu machen. Die auf diesen Staatsgütern durch das System der Produktions-Verantwortlichkeit hervorgerufenen Änderungen waren wenig ausgeprägt. <335>
Die Variante der ersten Kategorie entsprach anscheinend dem 1973 eingeführten Lohnsystem (vgl. S. 181) mit der Abwandlung, daß die Auszahlung am Jahresende bedingt erfolgte und Bonus-Zahlungen möglich waren.

Ad 2. Diese Variante gab es in zwei Formen. Die erste Form bestand in Verträgen zwischen Brigade und unabhängigen, selbständigen Einheiten, die für alle, nicht nur für spezielle Produktionsaktivitäten auf einer bestimmten Fläche Landes verantwortlich waren. Für jede Aufgabe wurden Arbeitspunkte vergeben, und ein monatlicher fester Arbeitslohn entsprechend der Lohnklasse wurde gezahlt. Am Jahresende wurden Boni im Verhältnis zur erbrachten Leistung gezahlt. Auch die zweite Form sah Vertragschließungen zwischen Brigaden und Gruppen vor. Die Gruppen wiederum unterteilten das Land, für das sie Verträge abgeschlossen hatten, derart, daß jedes Mitglied für eine Parzelle verantwortlich war. Das Management der Gruppen war nichtsdestoweniger einheitlich, und Arbeiten wie Pflügen oder Ernten mit Maschinen wurden noch immer gemeinsam erledigt. Doch Boni wurden direkt an die Produktion der verantwortlichen Einzelperson gekoppelt.
Beide Formen erlaubten einen hohen Mechanisierungsgrad. <336>

Ad 3. Die vertragschließenden Gruppen übernahmen vollständige Verantwortung und waren finanziell völlig unabhängig. Das einheitliche Management bestand auf der Ebene der Gruppe. Die Gruppenmitglieder erhielten kein festes Monatsgehalt. Die Entlohnung war direkt an die Gewinne der Gruppe gekoppelt. Die Gewinne wurden entweder gemäß Arbeitspunkten oder bei Verträgen mit Einzelpersonen gemäß deren Produktion verteilt.
Auch diese Variante erlaubte einen beträchtlichen Mechanisierungsgrad. Doch wurde sie im allgemeinen auf wenig wohlhabenden Staatsgütern angewandt, weil der Staat keinen Grund hatte, nennenswerte Überschüsse von diesen Staatsgütern zu erwarten. Daher wurde es als vernünftig angesehen, den Beschäftigten zu überlassen, das Beste aus den verfügbaren Ressourcen zu machen. <337>

Ad 4. Diese am meisten dezentralisierte Form des Systems der Produktions-Verantwortlichkeit war vorwiegend in den ärmsten und am wenigsten mechanisierten Staatsgütern anzutreffen, wo der größte Teil der Arbeiten von Hand oder mit Zugtieren erledigt wurde. Diese Variante war auch besonders für die extensiv bewirtschafteten Weidegebiete wie die Innere Mongolei geeignet, weil Viehherden geteilt und der Aufsicht von Haushalten und Einzelpersonen übertragen werden können. Die in Pflanzenproduktions-Staatsgütern abgeschlossenen Verträge nahmen fast unvermeidlich die Form vollständiger Verantwortlichkeit an. In Tierproduktions-Staatsgütern wurde ein Lohn- und Bonus-System, das auf Arbeitspunkten basierte, angewendet, weil die Einzelpersonen oder Haushalte die Tiere nur beaufsichtigten. Doch viele Staatsgüter zahlten keine monetären Boni, sondern gewährten stattdessen lebende Tiere. Bei Abschluß eines Vertrages über die Beaufsichtigung einer Viehherde wurde in der Regel ein Verlust-Anteil von 3 % bis 5 % festgelegt. War der tatsächliche Verlust-Anteil niedriger als festgelegt, bekam der verantwortliche Beschäftigte die gesamte Differenz als Bonus. War der tatsächliche Verlust-Anteil größer als festgelegt, wurde der verantwortliche Beschäftigte mit der Hälfte des zusätzlichen Verlustes bestraft. Infolgedessen bauten erfolgreiche Arbeitskräfte allmählich ihre eigenen Herden auf. <338>

Vom 80/20-System unterschied sich das System der Produktions-Verantwortlichkeit wesentlich dadurch, daß zu ihm Verträge mit Gruppen, Familien und Einzelpersonen gehörten und daß der garantierte Sockel von 80 % des Lohnes allmählich verringert wurde, so daß die Entlohnung der Arbeitskräfte stärker an Einsatz und Leistung gekoppelt wurde. Der garantierte Lohnbestandteil lag 1983 allgemein unter 50 %. In einigen Fällen lag er bei 10 % oder entfiel ganz. Ein weiterer Unterschied bestand darin, daß Staatsgüter und Brigaden entsprechend dem System der Produktions-Verantwortlichkeit Gewinn einbehielten und so für das Staatsgut- und Brigade-Management Spielraum und Anreiz zur Gewinn-Steigerung bestand. Seit Einführung des Systems der Produktions-Verantwortlichkeit wurden staatliche Produktionsziele für drei bis fünf Jahre im voraus festgelegt, so daß die Erhöhung des Produktionsniveaus nicht sofort zu höheren Produktionszielen im folgenden Jahr führte. Diese Produktionsziele wurden in Gestalt von Mindestflächen für bestimmte

Kulturen festgelegt. Nach Erfüllung des Produktionsziels waren die Staatsgüter dann ungebunden in der Wahl ihres Produktionsprogramms. <339> Unklar ist, ob die mittelfristige Festlegung der Produktionsziele von vornherein Bestandteil des Systems der Produktions-Verantwortlichkeit war oder eine flankierende Maßnahme wie die Erhöhung der staatlichen Aufkaufpreise um etwa 20 % im Jahr 1979. <340>

In einer historischen Darstellung über die Anwendung des Systems der Produktions-Verantwortlichkeit im Neulandgewinnungsgebiet der Provinz Heilongjiang beschrieb Fu Shuben den Verlauf von Änderungen dieses Systems seit 1979. In dieser Darstellung wurde statt des Begriffs "System der Produktions-Verantwortlichkeit" der Begriff "Management-System der vertragsgebundenen Arbeits-Verantwortlichkeit" verwandt und darauf hingewiesen, daß vor diesem als seine Vorläufer das "wirtschaftliche System der Arbeits-Verantwortlichkeit" und davor das "Produktions-System der Arbeits-Verantwortlichkeit" bestanden hatten. Fu Shuben unterschied zwei Entwicklungslinien des Systems der Produktions-Verantwortlichkeit. <341>

Die erste dieser Entwicklungslinien war durch die Distributionsform gekennzeichnet und begann mit der Durchführung der Methode von Grundlohn und zusätzlicher Belohnung. 1979 wurde in einem Verwaltungsdokument bestimmt, daß die Produktionsgruppen einen monatlichen Grundlohn und eine Jahresend-Belohnung auszahlen. Fu Shuben bemängelte, daß diese Methode egalitär war und nur geringe Lohnunterschiede zuließ. Damit unterstellte er implizit geringe Gewinne. 1980 wurde die Grundlohn-Belohnung-Methode in einer abgewandelten Form fortgeführt, welche den Einheiten erlaubte, einen Teil des über den Plan-Gewinn hinaus erwirtschafteten Überschuß-Gewinns als Belohnung einzubehalten. Bei einem Überschuß-Gewinn bis zu 30 000 Yuan war den Einheiten gestattet, 40 % dieses Überschuß-Gewinns einzubehalten. In den Intervallen 30 000 bis 60 000, 60 000 bis 100 000 und über 100 000 Yuan Überschuß-Gewinn verringerte sich der Prozentsatz des der Einheit zufallenden Überschuß-Gewinns um jeweils 10 Punkte. Diese Methode empfand Fu Shuben gegenüber der 1979 angewandten als weniger egalitär. 1981 erhielten die Produktionsgruppen die Möglichkeit, den Arbeitern und Angestellten ca. 37 Yuan als Sockellohn auszuzahlen und den darüber hinausgehenden Teil des Lohns vorübergehend einzubehalten. 37 Yuan wurden zu 80 % oder 90 % entsprechend den registrierten Arbeitspunkten oder der Zahl der Arbeitstage monatlich ausgezahlt, und die einbehaltenen 10 % oder 20 % wurden am Jahresende bei Gewinn ausgezahlt und bei Verlust proportional zur Verlusthöhe vermindert oder ganz einbehalten. Weil der Sockellohn von 37 Yuan nur zu 80 % oder 90 % feststand, wurde er als fluktuierender Lohn bezeichnet. 1981 wandten von 2 644 Produktionsgruppen 1 500 die Grundlohn-Belohnungs-Methode an und 1 144 zahlten fluktuierenden Lohn. Fu Shuben erwähnte, daß manche der Ansicht waren, durch fluktuierenden Lohn habe die "eiserne Reisschale" einen Sprung bekommen. 1982 zahlten 94 % der Staatsgüter im Neulandgewinnungsgebiet der Provinz Heilongjiang fluktuierenden Lohn, im darauffolgenden Jahr nur noch 57 von 97 Staatsgütern, und 1984 nur noch 17 Staatsgüter, weil andere Entlohnungsformen hinzugekommen waren, die Fu Shuben in diesem Zusammenhang nicht beschrieb. Er gab lediglich die Namen dieser Entlohnungsformen mit "da bao gan" und "you xian jiang pei" an, für die der Verfasser keine sinnvolle wörtliche Übersetzung fand und die nicht frei zu übersetzen sind, weil sie ohne Erläuterung im Text vorkamen. <342>

Die zweite Entwicklungslinie war durch die Vertragsform gekennzeichnet. 1979 war eine Vertragsform weit verbreitet, deren vertragschließende Einheit die Produktionsgruppe war. Diese Vertragsform erfaßte nicht, wie viel und wie gut die Arbeiter und Angestellten arbeiteten. Wenn ein Verlust auftrat, bekamen alle keine Belohnung, und wenn ein Gewinn auftrat, bekamen alle eine Belohnung. Nur deren Höhe war nicht in allen Fällen gleich. Fu Shuben kritisierte, daß diese Methode nicht geeignet war, den Enthusiasmus der Arbeiter und Angestellten zu wecken. Auch 1980 war noch die Produktionsgruppe vertragschließende Einheit. Die Vertragsform entwickelte sich 1981 außerhalb der Pflanzenproduktion. <343> In Forstwirtschaft, Viehzucht, Nebengewerbe und Fischerei wurden neben Verträgen mit Gruppen auch Verträge mit Einzelpersonen abgeschlossen. 1982 wurde in diesen Gewerben die Vertragschließung mit Einzelpersonen empfohlen. 1983 entwickelte sich die Vertragsform weiter, indem Einzelpersonen die Erlaubnis zum Abschluß von Verträgen über die Produktion von Mais, Reis und anderem Nahrungsgetreide außer Weizen und Reis erhielten. Doch im allgemeinen wurden Verträge über die Produktion von Getreide und Sojabohnen von großen mechanisierten Produktionsgruppen abgeschlossen . 1984 gab es 58 043 Haushalte, die Produktions-Verträge abgeschlossen hatten, darunter 46 175 Haushalte, die sich mit Pflanzenproduktion befaßten und die de facto als Familien-Betriebe galten. (Familien-Betriebe sind im folgenden Abschnitt erläutert. Vgl. S. 202ff.) Sie bestellten 16,3 % des kultivierten Landes. In jenem Jahr wurden 59,4 % des kultivierten Landes von mechanisierten Produktionsgruppen bestellt. Der Anteil ihrer Arbeiter und Angestellten an der Gesamtzahl der Arbeiter und Angestellten des Neulandgewinnungsgebietes der Provinz Heilongjiang betrug 49 %. <344> Fu Shuben verglich diese beiden Prozentanteile nicht, doch deutet ihr Verhältnis darauf hin, daß die Arbeitsproduktivität der Arbeitskräfte in mechanisierten Produktionsgruppen nur unwesentlich höher war als die der übrigen Arbeitskräfte. Diese entfielen nach unvollständigen Statistiken zum Teil auf Familien-Betriebe, die 5,1 % des kultivierten Landes bestellten und auf weitere Vertragsformen, die Fu Shuben nicht erklärte. <345>

Außer neuen Distributions- und Vertragsformen entstanden innerhalb der Staatsgüter auch neue Besitzformen, die in diesem Abschnitt behandelt werden, weil sie mit dem System der Produktions-Verantwortlichkeit in Zusammenhang standen: sie ergänzten oder ersetzten staatliche Besitzformen. In einem Artikel über das Besitzsystem im Neulandgewinnungsgebiet der Provinz Heilongjiang kam deutlich zum Ausdruck, daß genossenschaftliche und einzelbetriebliche Wirtschaftsformen als Ergänzung aufgefaßt wurden:

> "Die Wirtschaft des Neulandgewinnungsgebietes in unserer Provinz entwickelt sich jetzt allmählich

in die Richtung eines diversifizierten Besitzsystems. Gegenwärtig gibt es 1 457 Unternehmen in genossenschaftlichem Besitz (von Produktionsgruppen) mit etwa 110 000 Arbeitern und Angestellten in den Neulandgewinnungsgebieten [sic] und die Zahl der Haushalte, die einzelne Arbeitskräfte bereitstellen, ist auf über 3 000 gewachsen.
Diese genossenschaftlichen und einzelbetrieblichen Wirtschaftsformen werden durch staatliche Planung geführt und sind der diesbezüglichen Politik des Staates und seinen Regeln unterworfen. Sie bilden eine wichtige Komponente und eine notwendige Ergänzung der Wirtschaft des Neulandgewinnungsgebietes. Diese genossenschaftlichen und einzelbetrieblichen Wirtschaftseinheiten befassen sich hauptsächlich mit wirtschaftlicher Diversifizierung, sozialen Dienstleistungen und kleinbetrieblicher Verarbeitung von Pflanzen- und Tierprodukten. Einige dieser Aktivitäten haben die Form unabhängigen Managements angenommen; andere sind in Verträge mit Staatsgütern und Staatsweiden zur Rinderhaltung oder zum Anbau von Marktfrüchten integriert. Ihre Arbeitsformen sind vielfältig und von großer Anpassungsfähigkeit." <346>

Viele Staatsgüter nutzten die Flexibilität des Systems der Produktions-Verantwortlichkeit, um die Kosten der Tierproduktion zu senken, indem sie vertragliche Vereinbarungen über die Tierproduktion mit Haushalten und Genossenschaften, die durch Haushalte innerhalb der Staatsgüter gebildet wurden, schlossen. Sie zahlten den Haushalten und Genossenschaften keine Löhne, sondern überließen denen unentgeltlich Futter und Tiere, die sie anschließend von den Haushalten und Genossenschaften wieder übernahmen, zu einem Preis, der von Gewicht und Qualität der Tiere abhing. Arbeitskräfte mit niedrigen Nutzungskosten wurden für die Tierproduktion eingeteilt. Diese Art der Vertragschließung breitete sich in den Jahren 1980 und 1981 rasch aus, besonders in der Schweinehaltung. 1981 wurden 50 % der in Staatsgütern produzierten Schweine von Haushalten und 4 % von Genossenschaften geliefert. <347>

In der Vergangenheit war die Beschaffung von Arbeitsplätzen für die Jugend in Staatsgütern allein Aufgabe des Staates. Nach chinesischen Angaben war dies nicht länger möglich bei Verbreitung des Systems der Produktions-Verantwortlichkeit. Die Entstehung genossenschaftlicher und einzelbetrieblicher Wirtschaftsformen schuf neue Arbeitsmöglichkeiten. Unternehmen in genossenschaftlichem Besitz boten mehr als 27 200 Arbeiterkindern oder 35,9 Prozent der Gesamtzahl von Jugendlichen, "die auf Arbeit warteten" (ein chinesischer Euphemismus für Arbeitslosigkeit - R. G.), eine Beschäftigung. <348> Daß Jugendliche unter dem System der Produktions-Verantwortlichkeit nicht mehr ausschließlich staatliche Arbeitsplätze erhielten, deutet darauf hin, daß die Jugendarbeitslosigkeit erst durch dieses System akut wurde, indem sie von einem verdeckten zu einem offenen Problem wurde. Arbeitslosigkeit hatte es bereits zwischen 1966 und 1977 gegeben, viele Jahre vor Einführung des Systems der Produktions-Verantwortlichkeit. Damals wurden überschüssige Arbeitskräfte zum Gesamtbestand der Arbeitskräfte gezählt, und ihnen wurde Lohn gezahlt, wie aus einem Bericht eines Vizedirektors des Generalamts für Staatsgüter in Xinjiang hervorgeht:

> "[...] Wachstum des Arbeitskräftebestandes hat den Bedarf für die Entwicklung der Produktion weit übertroffen. Eine große Zahl überschüssiger Arbeitskräfte bläht die Lohnliste auf. In den elf Jahren von 1966 bis 1977 [sic] ist die Größenordnung der Pflanzen- und Tierproduktion in Staatsgut- und Neulandgewinnungs-Unternehmen Xinjiangs annähernd gleich geblieben. Die Fläche kultivierten Landes nahm von 808 695 auf 844 733 Hektar um nur 4,5 Prozent zu, wogegen die Zahl der Arbeitskräfte von 547 000 auf 731 000 um 33,1 Prozent stieg. Die Lohnsumme für Arbeiter und Angestellte stieg von 254,44 Millionen Yuan auf 420,12 Millionen Yuan um 65,1 Prozent. Regimenter und Farmen [Staatsgüter] haben einen Überschuß von 300 000 Menschen, die jährlich insgesamt 200 Millionen Yuan Lohnkosten verursachen." <349>

Indem das System der Produktions-Verantwortlichkeit den Überschuß an Arbeitskräften aufdeckte, bot es aber einem chinesischen Bericht zufolge auch Möglichkeiten, ihn abzubauen:

> "Nachdem das Staatsgut Wan'an ein System der Produktions-Verantwortlichkeit einführte, wurden mehr als 120 überschüssige Arbeitskräfte entsprechend ihren Fähigkeiten dazu eingeteilt, in verschiedenen Handwerken und Gewerben zu arbeiten und Metallteile (Nägel, Drähte, Bolzen, Scharniere, Schlösser, etc.) herzustellen, Reismehl-Nudeln zu verarbeiten [sic] und kleine Läden, Schneidereien und Friseurgeschäfte zu betreiben. Bei diesen verschiedenen Arbeiten wurden unterschiedliche Besitzsysteme praktiziert. Dies [...] steigerte das individuelle Einkommen [...]. <350>

5.2.2.3 Kritische Einschätzung

Chung Min Pang und De Boer hielten es für unmöglich, konkrete Schlußfolgerungen über den Einfluß des Systems der Produktions-Verantwortlichkeit auf Produktion, Löhne und Faktorproduktivität zu ziehen. <351> Sun Panqi dagegen stellte fest, daß als Folge dieses Systems die Arbeitseffizienz und Qualität der Arbeit beträchtlich verbessert worden seien. <352> Die leistungsabhängige Entlohnung (1. Kategorie, vgl. S. 182ff.) wirkte - unter der Annahme, daß sie entsprechend einer Abwandlung des 1973 eingeführten Lohnsystems (vgl. S. 181ff.) durchgeführt wurde - teilweise leistungssteigernd auf die Arbeitskräfte, weil der garantierte Lohnbestandteil weniger als 50 % betrug. Übersicht 20 veranschaulicht, daß nur 35 % bis 40 % des Lohnes leistungsunabhängig waren und der Rest zum größten Teil von individueller Leistung und zum geringeren Teil von der Leistung der Arbeitskollegen eines Produktionsbrigaden-Mitglieds und anderen Einflüssen abhing. Das Leistungsniveau des gesamten Arbeitskollektivs einer Produktionsbrigade erhöhte oder verminderte das individuelle Einkommen um maximal 20 % bis 30 %. Damit war die Gefahr einer Situation des "prisoner's dilemma" (vgl. S. 136f.) begrenzt. Andere Einflüsse, wie Bereitstellung oder Ausbleiben von Inputs, die in mechanisierten Brigaden wichtig für den Produktionsablauf waren, sowie das Wetter, bestimmten den Betrag des am Jahresende

Übersicht 20

Lohnbestandteile nach einem kombinierten Lohnstufen- und Arbeitspunkte-Lohnsystem, in Prozent <1>

Auszahlung der Lohnbestandteile gemäß	Auszahlung der Lohnbestandteile	
	monatlich	am Jahresende
Lohnstufe	35-40	10-15
Arbeitspunkten	35-40	10-15

Legende: nicht unterlegt = leistungsunabhängig

= von individueller Leistung abhängig

= von kollektiver Leistung abhängig

= von individueller und kollektiver Leistung abhängig

<1> Vgl. S. 181ff.
Unter "Leistung" ist durch Arbeitspunkte quantitativ meßbare Leistung zu verstehen (zum Problem der Leistungsmessung siehe S. 135 und S. 193 sowie Anmerkung 353, S. 200). Der von qualitativen Einflüssen wie "Sorgfalt" und "Geschicklichkeit" abhängige Produktionserfolg war mittels des Arbeitspunkte-Systems nicht eindeutig denen zuzuordnen, die ihn erarbeitet hatten - falls solcher Produktionserfolg unter dem Arbeitspunkte-System überhaupt zustandekam. Er stellte sich vermutlich vorwiegend in überschaubaren Kleingruppen wie der Familie und bei Verträgen mit Individuen ein.

ausgezahlten Lohnbestandteils ebenfalls. Der einzelne Lohnempfänger war in der Lage, seinen Lohn zu

70 % bis 80 % zu kalkulieren und auf die Hälfte dieses Prozentsatzes durch eigene Anstrengung Einfluß zu nehmen. Sowohl sein Risiko als auch der egalitär an ihn verteilte Lohnbestandteil waren gering. Dadurch unterscheidet sich diese Form der Entlohnung vom 80/20-System und auch von den Varianten des Systems der Produktions-Verantwortlichkeit der Kategorien 2, 3 und 4, denn das 80/20-System war relativ egalitär (vgl. S. 133f.), und in den Kategorien 2, 3 und 4 bestand ein vergleichsweise hohes Risiko für die Produzenten. Ein Reservefonds war für die Deckung des Risikos schlechter Ernten innerhalb der Staatsgüter vorgeschrieben. (Vgl. S. 162) Der egalitär verteilte Lohnbestandteil war auch in Kategorie 2 vorhanden, fehlte aber in Kategorie 3 ganz und in Kategorie 4 teilweise. Gleichzeitig war das Lohnniveau in diesen Kategorien niedriger als in Kategorie 1. Deshalb ist nicht überraschend, daß gerade in diesen Kategorien die durch das System der Produktions-Verantwortlichkeit bewirkten Veränderungen stärker ausgeprägt waren als in Kategorie 1. (Vgl. S. 182f.) Unterschiede in der Höhe des Lohnniveaus zwischen Staatsgütern stellten eine Verletzung des sozialistischen Prinzips der Bezahlung eines jeden nach seiner Leistung dar. <353> Sie führten dazu, daß zwei Arbeitskräfte, deren Leistung gleich war, ungleich bezahlt wurden, wenn eine von ihnen in einem Staatsgut mit niedrigem Lohnniveau und die andere in einem Staatsgut mit hohem Lohnniveau arbeitete.

War der einzelne Produzent auch weitgehend gegen "Trittbrettfahrer" - durch zum größten Teil von kollektiver Leistung unabhängigen Lohn <354> - und schlechte Ernten abgesichert, so hatte er doch anscheinend keine Gewähr dafür, daß die von ihm benötigten Inputs rechtzeitig und in ausreichender Menge und Qualität bereitgestellt wurden. Durch Intensivierung der Wirtschaftsweise war die Menge des durchschnittlich von Staatsgütern verwandten [chemisch hergestellten] Düngers von 180 kg [pro ha] im Jahr 1977 auf 300 kg [pro ha] im Jahr 1980 gestiegen. 1980 betrug die mit Herbiziden behandelte Fläche der Staatsgüter mehr als 1,33 Millionen Hektar oder ein Drittel der gesamten kultivierten Fläche. <355> Damit war bereits eine spürbare Abhängigkeit von industriellen Vorleistungen entstanden. Solange diese knapp waren und durch Steigerung der Aufwendungen die Gewinne erhöht wurden, bestand in ihrer Beschaffung ein Problem, wie die Mitteilung eines Beschäftigten des Keshan-Staatsguts in der Provinz Heilongjiang belegt, der zufolge das Keshan-Staatsgut Dünger "durch die Hintertür" einkaufte. <356> Der Zusammenhang zwischen Aufwendungen und Gewinnen ist aus Übersicht 21 ersichtlich. Mangelnde Inputs wirkten sich ungünstig auf die Motivation aus. Dazu stellte Wädekin fest:

> "Wenn Aufgabe und Inputs sich nicht entsprechen, werden Anstrengungen und Geschicklichkeit zunichtegemacht und der Anreizcharakter der Bezahlung gemäß der Produktion verloren oder ins Gegenteil verkehrt. Um solche Bezahlung wirksam zu machen, sollten daher die Arbeitseinheit und ihr Management das Recht haben, [...] die benötigten Inputs zu verlangen." <357>

Mangel an Lagermöglichkeiten, Fördereinrichtungen und Transportfahrzeugen bereitete auch nach der Ernte Probleme. <358> Deutlich illustriert dies ein chinesischer Bericht:

> "Wegen fehlender Transportmittel stapelt sich das Getreide auf den Trocknungs-Plätzen nur. Viele Farmen [Staatsgüter] unter dem Verwaltungsbüro Jiansanjiang sind Neugründungen, und viele Produktionsgruppen haben keine Trocknungs-Plätze mit Zementboden. Strohmatten zur Abdeckung sind auch relativ knapp, und auf diese Weise verschimmeln und verderben hunderte von Tonnen Weizen in der regnerischen Jahreszeit und können nur als Dünger genutzt werden. Jeder Trocknungs-Platz verliert nicht weniger als zehn Tonnen Getreide. Dieses Jahr verlor eine Farm [ein Staatsgut] 200 Tonnen Weizen durch Schimmel. Einige Brigade-Leiter sagten mit Tränen in ihren Augen: 'Die Anstrengung dieses Jahres war wieder umsonst.' Es gibt eine Spruchregel über die Schwierigkeit der Getreide-Ablieferung: 'Man hofft auf eine gute Ernte in diesem Jahr und auf

Übersicht 21

Veränderung von Kosten und Gewinnen pro mu im Keshan-Staatsgut <1>

Jahr	Kosten pro mu (Yuan)	Getreide-ertrag pro mu (jin)	Kosten pro jin (Yuan) <2>	Preis pro jin (Yuan) <3>	Erlös pro mu (Yuan) <4>	Gewinn pro mu (Yuan)
1978	33,71	361	0,093	0,111	40,31	6,60
1979	36,78	349	0,105	0,170	59,62	22,84
1980	42,55	374	0,113	0,176	66,06	23,51
1981	43,21	366	0,118	0,183	67,05	23,84
1982	43,17	336	0,128	0,196	65,94	22,77
1983	59,14	432	0,136	0,192	83,23	24,14

<1> S. Anmerkung <359>
<2> errechnet aus Kosten und Getreideertrag pro mu
<3> errechnet aus Kosten, Gewinn und Getreideertrag pro mu
<4> errechnet aus Kosten und Gewinn pro mu

> eine gute Ernte im nächsten Jahr, und wenn eine gute Ernte kommt, hat man nichts als Sorgen.'" <360>

Auch auf chinesische Staatsgüter trifft folgender Kommentar Wädekins über das landwirtschaftliche Lohnsystem in der Sowjetunion zu:

> "[...] unter dem Vertragssystem [wird] der Höhe der festen Vorauszahlungen, die im Lauf des Jahres gemacht werden, Bedeutung beigemessen. Diese Vorauszahlungen zielen darauf ab, den Bedarf der Arbeiter zu decken, solange die Jahresend-Zahlungen auf der Basis der Produktion noch nicht erfolgt sind. In Wirklichkeit dienen sie aber als ein garantierter Mindestlohn für den Fall, daß die vertraglich vereinbarte Produktion nicht erreicht wird." <361>

Unvorhergesehene Schwierigkeiten brachte das System der Produktions-Verantwortlichkeit in Staatsgütern der Provinz Guangdong mit sich. Dort stieg wegen Erzeugerpreis-Erhöhungen und neuer Freiheiten unter dem System der Produktions-Verantwortlichkeit die Sisal-Anbaufläche innerhalb von zwei Jahren um knapp 30 Prozent. Doch die Außenhandelsorganisationen fuhren fort, jährlich etwa 5 000 Tonnen harte Fasern, etwa die Hälfte des chinesischen Jahresverbrauchs, zu importieren. Ein großer Teil der gestiegenen Inlands-Produktion von Sisal war allerdings von schlechter Qualität und teurer als auf dem Weltmarkt. Nach vorherigem Mangel an Sisal sahen sich die Staatsgüter plötzlich wachsenden Lagern teurer Fasern schlechter Qualität gegenüber. <362> Indem sie die Sisal-Anbaufläche ausdehnten, handelten sie jedoch weniger irrational als die Außenhandelsorganisationen, die ungeachtet der gestiegenen Inlandsproduktion von Sisal Fasern importierten, und auch weniger irrational als die Behörde, die den inländischen Sisalpreis trotz Überangebot auf dem Inlandsmarkt höher als den Weltmarktpreis festsetzte.

<319> Sun Panqi, a. a. O., S. 5. Liu Xiangqi: How To Do a Good Job of State Farm Readjustment; Notes Taken at Conference of Directors of State Farms and Land Reclamation Departments and Bureaus, in: Ching-Chi Tao-Pao, (Hongkong) 29. April 1981, S. 7, englisch in: JPRS, CRA Nr. 154, 23 Juli 1981, S. 59. Yu Xizhi: Our Province's State-Run Agricultural Reclamation Enterprises Have Established Many Forms of the Production Responsibility System; Reversing the Deficits of Many Years, Last Year a Profit of Over 1.3 Million Yuan Was Realized, in: Shanxi Ribao (Shanxi Tageszeitung), 5. Juli 1981, S. 3, englisch in: JPRS, CRA Nr. 165, 28. Sept. 1981, S. 34. Financial Contracts and the Production Responsibility System Have Mobilized The Enthusiasm of the Broad Number of Workers; the Yunnan State Farm System Turned Losses into Profits in One Year, in: Renmin Ribao (Volkszeitung), 7. Aug. 1981, S. 1, englisch in: JPRS, CRA Nr. 170, 28. Okt. 1981, S. 40. Lei Yuxin, ohne Titel, in: Zhongguo Nongken (State Farms and Land Reclamation in China), Nr. 9, 24. Sept. 1981, S. 12f., englisch in: JPRS, CRA Nr. 178, 11. Dez. 1981, S. 8. Xinjiang Production and Construction Army Wins New Victories in All Around Bumper Harvest and in Turning Losses into Profits, in: Zhongguo Nongken (State Farms and Land Reclamation in China), Nr. 1/1982, S. 5, englisch in: JPRS, CRA Nr. 212, 28. Juni 1982, S. 59. Reclamation Area Economy Developing in the Direction of a Diversified Ownership System, in: Heilongjiang Ribao, 12. April 1982, S. 1, englisch in: JPRS, CRA Nr. 216, 27. Juli 1982, S. 16f. New Development of Province's State Farm and Land Reclamation Areas Following 3 Years of Readjustment and Restructuring; Structure of Agriculture Increasingly Rational Day by Day; Marked Rise in Economic Effectiveness; Rapid Development of Economic Diversification; and General Increase in Staff and Worker Earnings, in: Heilongjiang Ribao (Heilongjiang Tageszeitung), 17. Aug. 1982, S. 1, englisch in: JPRS, CRA Nr. 242, 17. Dez. 1982, S. 28.

<320> Chung Min Pang u. De Boer, A. J.: Management Decentralization on China's State Farms, in: American Journal of Agricultural Economics, Ames/Iowa, 65. Nr. 4, Nov. 1983, S. 657-666.

<321> Du Runsheng, a. a. O., S. 15 u. 20.

<322> Chung Min Pang u. De Boer, a. a. O., S. 657, 659 u. 661.

<323> A. a. O., S. 659f.

<324> Guo Chunhua, a. a. O., S. 416. Guo Chunhua veröffentlichte diesen Artikel über Staatsgüter 1982. Seine im Präsens gemachten Angaben beziehen sich daher auf 1982 oder die Jahre davor.

<325> Guo Chunhua, a. a. O., S. 415.

<326> Chung Min Pang u. De Boer, A. J., a. a. O., S. 659.

<327> A. a. O.

<328> Guo Chunhua, a. a. O. Guo Chunhua erklärte nicht, was unter einem Lohnsystem "dreier Festlegungen und einer Belohnung" zu verstehen ist. Sun Panqi definierte es als "festgelegter Produktionswert, festgelegte Produktionskosten und festgelegter Gewinn und Belohnung für Übererfüllung geplanter Gewinne." Sun Panqi, a. a. O., S. 5.

<329> Dieses Lohnsystem entspricht dem Akkord-Prämien-System in den Sovchozen, den staatlichen Agrarbetrieben der Sowjetunion, wie es dort 1961 verordnet wurde. Vgl. Wädekin, K.- E.: Die Bezahlung der Arbeit in der sowjetischen Landwirtschaft, Berlin 1972, S. 157ff.

<330> Chung Min Pang u. De Boer, A. J., a. a. O.

<331> Guo Chunhua, a. a. O.

<332> Chung Min Pang u. De Boer, A. J., a. a. O.

<333> A. a. O., S. 660.

<334> A. a. O., S. 660f.

<335> A. a. O., S. 660ff. Bei dem Begriff "einheitliches Management" handelt es sich anscheinend um einen Terminus technicus. Über seine Bedeutung ist nichts bekannt.

<336> A. a. O., S. 660f.

<337> A. a. O., S. 661.

<338> A. a. O. u. S. 664f.

<339> A. a. O., S. 661f.

<340> A. a. O.

<341> Fu Shuben: Kenqu tuixing jingying chengbao zerenzhi huigu (Überblick über die Anwendung des Management-Systems der vertragsgebundenen Arbeits-Verantwortlichkeit), in: Guoying nongchang changshi ziliao (Dokumente der Entwicklung der Staatsgüter), o. O., 1984, S. 7ff. In Fu Shubens Text kamen die Worte "ban", "zu" und "dui" vor, die alle die Bedeutung "Gruppe" haben, doch als alternative Begriffe verwandt wurden (S. 8 rechts unten). Fu Shubens Text lag dem Verfasser im Original vor. Die Verwirrung der Begriffe ist nicht auf einen Übersetzer zurückzuführen.

<342> A. a. O., S. 7f.

<343> A. a. O., S. 8f. Das chinesische Wort "nongye" wurde in diesem Fall mit Pflanzenproduktion wiedergegeben. "Nongye" wird als Pflanzenproduktion im Unterschied zu Forstwirtschaft, Viehzucht, Nebengewerbe und Fischerei aufgefaßt, gilt aber auch als die Gesamtheit dieser fünf Produktionsbereiche. Kuaiji Cidian, a. a. O., S. 237. An anderer Stelle wurde "nongye" in Klammern durch den Zusatz "zhongzhiye" (= Pflanzenbau oder -produktion) präzisiert. Fu Shuben, a. a. O., S. 9.

<344> A. a. O., S. 9f.

<345> A. a. O.

<346> Reclamation Area Economy Developing in the Direction of a Diversified Ownership System, in: Heilongjiang Ribao, 12. April 1982, S. 1, englisch in: JPRS, CRA Nr. 216, 27. Juli 1982, S. 16.

<347> Chung Min Pang u. De Boer, A. J., a. a. O., S. 664f.

<348> Reclamation Area Economy Developing in the Direction of a Diversified Ownership System, a. a. O.

<349> Mao Naishun, ohne Titel, in: Zhongguo Nongken (State Farms and Land Reclamation in China), Nr. 9, 24. Sept. 1981, S. 10f., englisch in: JPRS, CRA Nr. 178, 11. Dez. 1981, S. 3.

<350> Lei Yuxin, ohne Titel, in: Zhongguo Nongken (State Farms and Land Reclamation in China), a. a. O., S. 12f., englisch in: JPRS, CRA a. a. O., S. 8.

<351> Chung Min Pang u. De Boer, A. J., a. a. O., S. 666. Ihr Artikel datiert in der Ursprungsversion von März 1982, in der revidierten Fassung von April 1983.

<352> Sun Panqi, a. a. O. Sun Panqis Artikel datiert vom 15. August 1981.

<353> Dies trifft nur zu unter der Voraussetzung, daß die Kriterien der Leistungsmessung sowie ihr Gegenstand übereinstimmten, was in der Praxis eher die Ausnahme als die Regel ist. Arbeitspunkte für verschiedene Tätigkeiten auf gleiche Weise zu vergeben, ist unmöglich. Über die monetäre Bewertung der Arbeitspunkte ist nichts bekannt. Falls der Produktionswert den Geldwert der Arbeitspunkte bestimmte, hätten unterschiedliche Produktpreise auch zu unterschiedlichen Lohnniveaus geführt. Der Begriff "Produktionswert" ist auf S. 242 in Anmerkung 1 und Anmerkung 2 erläutert.

<354> Der gemäß Lohnstufe gezahlte Monatslohn war von individueller und kollektiver Leistung und anscheinend auch von der Finanzlage des jeweiligen Staatsguts unabhängig. Nach Auskunft eines Beamten des Generalamts für Staatsgüter in Jiamusi am 29. 7. 1985 mußten Staatsgüter, die nicht in der Lage waren, aus eigenen Mitteln Löhne zu zahlen, Kredit aufnehmen.

<355> Liu Xiangqi, a. a. O., S. 58f.

<356> am 24. 7. 1985. Mit der Formulierung "durch die Hintertür" umschreibt man in China zwielichtige Einkaufsmethoden.

<357> Wädekin, K.-E.: Agrarian Structures and Policies in the USSR, China and Hungary, S. 13, in: Brada, J. C. u. Wädekin, K.-E.: Socialist Agriculture in Transition, Boulder, Colorado 1987.

<358> Propaganda- und Handels-Abteilungen des Qindeli-Staatsguts in Heilongjiang, ohne Titel, in: Renmin Ribao (Volkszeitung), 24. Nov. 1979, S. 3., englisch in: JPRS, CRA Nr. 71, 22. 2. 1980, S. 30f.

<359> Qiao Lin u. Dong Yunfu, ohne Titel, in: Nongchang Jingji Guanli (Staatsgüter-Betriebsführung), 3/1985, S. 7.

<360> Propaganda- und Handels-Abteilungen des Qindeli-Staatsguts in Heilongjiang, a. a. O., S. 31.

<361> Wädekin, K.-E.: "Contract" and "Normless" Labor in Soviet Farms: an Interpretation and Prognosis, in: Radio Liberty Research, 8. Feb. 1984, S. 4.

<362> Chung Min Pang u. De Boer, A. J., a. a. O., S. 663f.

5.3 Familien-Betriebe

Über Familien-Betriebe in chinesischen Staatsgütern sind nur wenige Informationen verfügbar. Dieser Abschnitt der vorliegenden Arbeit stützt sich hauptsächlich auf einen Zeitungsartikel <363> und auf ein Dokument <364>, das der Entwurf eines Statuts für Staatsgüter-Familien-Betriebe ist. Angesichts solchen Mangels an Quellen ist dieser Abschnitt daher nicht mehr als eine einführende Darstellung.

Familien-Betriebe sind ein Teil der Verantwortlichkeits-Systeme. <365> Auf welche Weise sie in oder neben den Verantwortlichkeits-Systemen einzuordnen sind, die in den vorigen Abschnitten behandelt wurden, ist unklar. Unter Verantwortlichkeits-Systemen arbeiteten 1984 mehr als ein Drittel der 4,8 Millionen Arbeitskräfte der Staatsgüter Chinas. <366> Wieviele davon auf Familien-Betriebe entfielen, ist unbekannt. Über den Unterschied zwischen dem System der Familien-Betriebe und der Kategorie 4 der Varianten des Systems der Produktions-Verantwortlichkeit (vgl. S. 182 und S. 184f.) ist nichts bekannt. Fu Shuben führte an, daß ein nomineller, wenn auch kein faktischer, Unterschied vorhanden gewesen sei. <367> Vielleicht gibt es keinen sachlichen Unterschied zwischen dem System der Familien-Betriebe und der Kategorie 4 der Varianten des Systems der Produktions-Verantwortlichkeit. Darauf deutet eine Übereinstimmung zwischen Nie Lishengs Bericht und dem Artikel von Chung Min Pang und De Boer hin: in beiden Veröffentlichungen ist der Hinweis enthalten, daß Teile der Inneren Mongolei sich besonders für das jeweilige System eigneten. <368> Zwar ist nichts bekannt über die Abschaffung der Verwaltungsebene der Produktionsbrigaden in Kategorie 4 der Varianten des Systems der Produktions-Verantwortlichkeit – im Gegensatz zum System der Familien-Betriebe (vgl. S. 204) – doch ist der Schluß, daß das Bestehen oder Fehlen von Produktionsbrigaden ein Unterscheidungskriterium sei, unzulässig.

Im August 1983, als Premierminister Zhao Ziyang eine Inspektionsreise durch Xinjiang unternahm, schlug er vor, Familien-Betriebe aufzubauen. Seitdem schufen die Staatsgüter bis Juni 1984 beinahe 85 000 kleinere Betriebe in 17 Provinzen, provinzfreien Städten und autonomen Gebieten. Ein Jahr zuvor hatte es von diesen kleineren Betrieben nur einige Tausend in vier Provinzen und autonomen Gebieten gegeben. Ende April 1984 gab es die meisten Familien-Betriebe in der Provinz Guangdong: 30 639 Familien-Betriebe mit 59 563 Arbeitskräften, 14,5 % aller Arbeitskräfte der Staatsgüter in der Provinz Guangdong. <369> Anfang Oktober 1985 meldete eine chinesische Zeitung, seit 1979 seien etwa eine Million Familien-Betriebe entstanden. <370> In einem Artikel, der einen chinesischen Zeitungsbericht kommentierend wiedergab, hieß es, 1986 habe eine Dualstruktur aus 2 000 großen Staatsgütern und 940 000 Familien-Betrieben mit unabhängiger Rechnungsführung bestanden und die Zahl der Arbeitskräfte dieser Familien-Betriebe habe 1,6 Millionen betragen. <371> Der Begriff "Dualstruktur" läßt offen, ob die 940 000 Familien-Betriebe zusätzlich zu 2 000 großen Staatsgütern oder innerhalb dieser existierten. Chinesischen Angaben ist aber zu entnehmen, daß die Familien-Betriebe innerhalb der Staatsgüter existierten. <372>

1983 gab es im Neulandgewinungsgebiet der Provinz Heilongjiang zum erstenmal Familien-Betriebe, deren Zahl mit etwa zwanzig angegeben wurde. Davon wurde der Wang Mu Cun Familien-Betrieb des Staatsgutes Nr. 858 bekannt, der mit acht Arbeitskräften 150 Hektar Land bestellte und 1983 über 11 000 Yuan Gewinn erwirtschaftete. 1984 entstanden im Neulandgewinnungsgebiet jener Provinz 4 346 Familien-Betriebe, davon 3 460 im Bereich der Pflanzenproduktion, die sich wiederum auf 2 282 Einzelhaushalte und 1 178 Haushaltsverbindungen verteilten. Die Zahl ihrer Arbeitskräfte betrug 12 738, und sie bestellten knapp 100 000 Hektar oder 5,1 % des kultivierten Landes jenes Neulandgewinnungsgebiets. <373> Seit Februar 1985 gab es 130 000 Familien-Betriebe in Heilongjiang, die sich auf 2 400 Produktionsbrigaden oder Teil-Staatsgüter (vgl. S. 81) verteilten. <374> Sie nahmen 1,4 Millionen Hektar kultivierten Landes unter Vertrag, 87 Prozent der gesamten kultivierten Fläche jenes Neulandgewinnungsgebiets. <375>

Über die organisatorischen Ursprünge der Familien-Betriebe ist lediglich bekannt, daß die Einführung des Vertrags-Verantwortlichkeits-Systems (gemeint ist vermutlich das System der Produktions-Verantwortlichkeit) in großen Staatsgütern zur Entstehung einer wachsenden Zahl kleiner Familien-Betriebe führte. <376> Fu Shuben berichtete, daß man im Neulandgewinnungsgebiet der Provinz Heilongjiang 1984 begonnen habe, "den umfassenden Aufbau von Familien-Betrieben als Zentrum der neuen Periode der Wirtschaftsreform anzusehen", und daß der Aufbau von Familien-Betrieben sich auf der Basis des Systems der Produktions-Verantwortlichkeit entwickele. <377>

Wu Zibin, ein Sprecher des Büros für Staatsgüter und Neulandgewinnung (dies ist vermutlich identisch mit dem Hauptbüro für Staatsgüter, vgl. S. 71), sagte, daß Familien-Betriebe hauptsächlich drei Formen annahmen:

- einige wurden von einem Haushalt betrieben,
- andere wurden von zwei oder mehr Haushalten oder von einem Haushalt mit Unterstützung anderer Arbeitskräfte betrieben und
- andere bestanden aus einer Gruppe einzelner Arbeitskräfte. <378>

Waren die Staatsgüter zuvor mit zuviel Management-Personal ausgestattet, so nahm dessen Zahl nach Auflösung von Produktionsbrigaden ab, im Lixin-Staatsgut in der Provinz Heilongjiang z. B. um 55 %. Das verbleibende Management in den Hauptquartieren der Staatsgüter widmete sich der Bereitstellung verschiedener wirtschaftlicher Dienstleistungen wie Beschaffung von Inputs und Absatz von Outputs, statt wie zuvor administrativ zu führen. <379>

Die Haushalte durften das Land, das sie vertraglich übernahmen, nicht verpachten oder verkaufen. Ihre Verträge verlangten, daß sie ihre Produktion unter einem umfassenden Staatsplan organisierten und einen festgelegten Bestandteil ihrer Produktion oder ihres Einkommens an den Staat ablieferten. <380> Relativ ausführlich sind Familien-Betriebe der chinesischen Staatsgüter im Dokument Nr. 3 einer gesamtchinesischen Staatsgüter-Arbeitskonferenz beschrieben, das den Titel "Staatsgüter-Familien-Betriebs-Statut (Versuchsentwurf, revidierte Fassung)" trägt und vom 2. September 1984 datiert. Es beruhte auf der Zusammenfassung von Erfahrungen mit der Einführung von Familien-Betrieben, doch wie der Titel dieses Dokuments besagt, enthält es keine endgültigen verbindlichen Festlegungen und ist außerdem mit der dem Chinesischen eigentümlichen Unbestimmtheit ausgedrückt. <381> In seinem ersten Abschnitt "Allgemeine Bestimmungen" heißt es:

"1. Familien-Betriebe befinden sich unter der Führung des Staatsgüter-Systems in Volkseigentum. Die Einheit ist der Haushalt, der Familien-Wirtschaft betreibt, Plansoll abliefert und für Gewinn und Verlust selbst verantwortlich ist.

2. Familien-Betriebe nutzen unter langfristigen Verträgen staatseigene Produktionsmittel wie Boden, Bergwald, Grasland, Wasserflächen usw. und verfügen gleichzeitig über selbst angeschaffte Produktionsmittel. Sie befassen sich relativ selbständig mit Pflanzenproduktion, Forstwirtschaft, Tierproduktion, Nebengewerbe und Fischerei. Ihr Eigentum und ihre Rechte erhalten staatlichen Schutz. Die Familien-Betriebe liefern gemäß Vertragsbestimmung einen Teil ihres Einkommens an Staat und Unternehmen. Was übrig bleibt, gehört ihnen.

3. Familienbetriebe sind Teil der organischen Gesamtheit der Staatsgüter. Wie die Staatsgüter sind sie der Verwaltung untergeordnet. Die Staatsgüter übernehmen die Führung, beaufsichtigen die Ausführung des Staatsplans und die Einhaltung der Politik, Gesetze und Verordnungen durch die Familienbetriebe. Was die Wirtschaft betrifft, besteht eine vertragliche Beziehung. Beide Seiten müssen Vertragsbedingungen einhalten. Im Vertrag drückt sich der Staatsplan aus. Den Staatsplan auszuführen ist Pflicht gegenüber dem Staat." <382>

Dauer der Verträge über Nutzung natürlicher Ressourcen, Ausmaß der Selbständigkeit, Betrag oder Prozentsatz des abzuliefernden Einkommens sowie Vertragspartner der Familien-Betriebe und deren Verpflichtungen waren im ersten Abschnitt dieses Dokumentes nicht festgelegt. Der Beginn des Abschnitts über Rechte und Pflichten der Familien-Betriebe in diesem Dokument war in dem dem Verfasser vorliegenden Exemplar aufgrund schlechter Druckqualität unleserlich. Deshalb wird nicht darauf eingegangen. Die rechtlichen Aspekte der Familien-Betriebe verdienen weitere Untersuchung, nicht nur aufgrund des oben zitierten veralteten Statuten-Entwurfs, sondern auch aufgrund empirischen Materials über tatsächliche Voraussetzungen und Ergebnisse der Familien-Betriebe. Empirisches Material des Joint Publications Research Service (vgl. S. 92, Anmerkung <159>), das ab Frühjahr 1983 erschien, war nicht mehr zugänglich. Aufgrund weiteren solchen Materials ist Aufschluß über die Aspekte der Familien-Betriebe zu erhoffen, die in der vorliegenden Arbeit nicht weiter behandelt werden können.

Ob die Einführung der Familien-Betriebe mehr Vorteile oder mehr Nachteile mit sich brachte, ist nach dem bisherigen Kenntnisstand nicht zu bestimmen. Zumindest in den Bereichen Mechanisierung und Rechnungsführung verursachte sie Probleme:

In Heilongjiang wurden die Landmaschinen-Bestände der Staatsgüter an die Familien-Betriebe in diesen Staatsgütern zu Schätzpreisen nach dem Buchwert verkauft. <383> Durch Aufbringung von 40 Millionen Yuan kauften die Arbeiter und Angestellten der Staatsgüter Heilongjiangs mehr als 2 700 große Traktoren, 200 Mähdrescher und 430 Kraftwagen. <384> Den Verkaufs-Erlös nahmen die Staatsgüter ein, <385> die auf diese Weise Kaufkraft der Haushalte abschöpften und für Gegenstände, die sie sonst nur noch hätten abschreiben können, liquide Mittel erhielten. Der Verkaufserlös wurde nicht für die Anschaffung neuer Landmaschinen verwandt, weil die Haushalte nicht mehr genügend Geld besaßen, um diese Maschinen zu kaufen, wenn auch das Angebot kleiner Landmaschinen angeblich ausreichend war. <386> Den Staatsgütern war erlaubt, den Erlös aus Maschinenverkäufen für Investitionen in, beispielsweise, Futtermittel-Fabriken, Kühlhäuser und Fleischverarbeitungs-Fabriken zu verwenden. Nicht nur die Staatsgüter hatten Vorteile vom Eigentümer-Wechsel der Landmaschinen, sondern auch jene Familien-Betriebe, die Maschinen besaßen und deshalb in der Lage waren, mehr Land zu bewirtschaften, als Familien-Betriebe ohne Maschinen. <387> Ferner war es ihnen möglich, ihren Gewinn zu erhöhen, indem sie mit ihren Traktoren für andere Familien-Betriebe deren Land pflügten und dafür als Entgelt 30 Yuan pro Hektar einnahmen, von denen mehr als 3 Yuan als Gewinn bezeichnet wurden. <388> Sie behandelten die Maschinen besser als zuvor, als sie die gleichen

Maschinen benutzten, ohne damals jedoch deren Eigentümer gewesen zu sein. Sie schonten die Maschinen, weil unnötige Traktor-Fahrten, anders als zuvor, unterblieben. Zum Teil arbeiteten mehrere Familien-Betriebe in der Pflanzenproduktion zusammen als Kollektiv, wie in der Weizen-Aussaat, hatten aber getrennte Rechnungsführung. <389>

Probleme bestanden auch darin, daß Familien-Betriebe zu wenig Geschick im Umgang mit Maschinen hatten. Um Hilfe zu leisten, wurden Maschinen-Stationen eingerichtet. Jede Produktionsgruppe hatte einen Techniker. <390> Ein weiteres Problem war, daß viele große Maschinen nicht in Familien-Betrieben genutzt werden konnten. <391>

In der Rechnungsführung von Staatsgütern Heilongjiangs bestand das Problem, daß für Planung und Aufzeichnung der Wirtschaftsergebnisse noch keine neuen Regeln zur Anweisung der Familien-Betriebe vorhanden waren. Es gab im allgemeinen keine klaren Informationen über Effizienz, Kosten und Gewinne der Familien-Betriebe. Das Ministerium für Landwirtschaft plante, eine Konferenz einzuberufen, um ein Buchführungs-System für Familien-Betriebe einzuführen. <392>
Im Staatsgut Nr. 853 wurde ein Stichproben-Verfahren verwandt, durch das etwa jeder zwölfte Haushalt ausgewählt wurde, Bücher zu führen, unter den etwa 60 bis 70 Haushalten einer Produktionsgruppe 5 Haushalte. Das für Rechnungsführung zuständige Personal der Brigaden hatte angeblich viel Freizeit, um diesen Haushalten bei Berechnungen zu helfen. <393>

Die Familien-Betriebe erwirtschafteten 1984 etwa ein Siebentel des Bruttoproduktionswerts der Landwirtschaft der Staatsgüter Chinas, obwohl auf sie ein Fünftel von deren Arbeitskräfte-Bestand entfiel. <394> Demnach war ihre Arbeitsproduktivität geringer als die der unter anderen Verantwortlichkeits-Systemen arbeitenden Teile der Staatsgüter. Ihre relativ geringe Arbeitsproduktivität war teilweise bedingt durch die Spaltung des Getreidepreises, denn Staatsgüter erhielten bei Getreide-Verkäufen an Getreide-Speicher der Lokal-Regierung einen höheren Preis als Familien-Betriebe. Diese verschiedenen Preise wurden in Beijing festgelegt. <395>

<363> Nie Lisheng: Reform of State farm system accelerates, in: China Daily, 4., Nr. 897, Montag, 11. Juni 1984, S. 1.

<364> Quanguo Nongken Gongzuo Huiyi, Wenjian Zhi San, "Guoying Nongchang Zhigong Jiating Nongchang Zhangcheng (Shixing Zhangan) (Xiugai Gao)" (Yi Jiu Ba Si Nian Jiu Yue Er Ri) [Gesamtchinesische Staatsgüter-Arbeitskonferenz, Dokument Nr. 3, "Staatsgüter-Familien-Betriebs-Statut (Versuchsentwurf, revidierte Fassung)", o. O., 2. Sept. 1984.]. S. 1-7.

<365> Nie Lisheng, a. a. O.

<366> A. a. O.

<367> Fu Shuben, a. a. O., S. 10., vgl. S. 182 und S. 184f.

<368> Nie Lisheng, a. a. O.; Chung Min Pang u. De Boer, a. a. O., S. 661. Vgl. S. 184.

<369> Nie Lisheng, a. a. O. Auffällig ist, daß wie 1978 wieder eine wichtige Reform-Maßnahme im Bereich der Staatsgüter auf eine Anregung eines Ministerpräsidenten während einer Reise durch Xinjiang zurückging. (Vgl. S. 144) Fu Shuben behauptete, daß im Zentralen Dokument Nr. 1 (1984) der Aufbau von Familien-Betrieben vorgeschlagen wurde, doch gibt es in diesem Dokument keinen Hinweis darauf. Fu Shuben, a. a. O. Vgl. The China Quarterly, Nr. 1, März 1985, S. 132ff., wo das Zentrale Dokument Nr. 1 (1984) wiedergegeben ist unter dem Titel "Circular of the Central Committee of the Chinese Communist Party on Rural Work During 1984." Das Dokument datiert vom 1. Januar 1984. Sein Originaltext wurde in Renmin Ribao (Volkszeitung) erst am 12. Juni 1984 veröffentlicht.

<370> China Daily, Donnerstag, 3. Oktober 1985, S. 2.

<371> China aktuell, April 1986, S. 211.

<372> Die Zahl der Staatsgüter-Unternehmen mit unabhängiger Rechnungsführung betrug 2 630, im Bereich der Landwirtschaft 2 048, im Jahr 1984. Editorial Board of China Agriculture Yearbook: China Agriculture Yearbook

1985, S. 108. Die Zahl der "Familien-Betriebe innerhalb der Staatsgüter" wurde für 1984 mit 422 794 angegeben. a. a. O., S. 194.

<373> Fu Shuben, a. a. O., S. 9f.

<374> Nach Auskunft eines Beamten des Generalamts für Staatsgüter in Jiamusi am 2. 8. 1985. Vermutlich liegt entweder dieser Angabe oder der auf S. 81 angegebenen Zahl von 2 100 Produktionsgruppen in Staatsgütern Heilongjiangs die Verwechslung der Begriffe "Produktionsgruppe" und "Produktionsbrigade" durch den auskunftgebenden Beamten oder den Dolmetscher zugrunde, denn die Zahlen 2 100 und 2 400 liegen zu dicht beieinander, um Verschiedenes zu bezeichnen. Nach Auskunft von Leitungs-Personal des Staatsguts Nr. 853 am 16. 8. 1985 hatte jedes Teil-Staatsgut, das einer Produktionsbrigade entspach (vgl. S. 81), durchschnittlich 500 Haushalte, jede Produktionsgruppe ca. 60 bis 70 Haushalte. Demnach war eine Produktionsbrigade sieben bis acht mal größer als eine Produktionsgruppe. Die Zahl von durchschnittlich 500 Haushalten je Produktionsbrigade gilt entweder nur für das Staatsgut Nr. 853 oder ist vermutlich unzutreffend. Die Zahl der Familien-Betriebe der Staatsgüter Chinas und die Zahl der Arbeitskräfte dieser Familien-Betriebe standen 1985 im Verhältnis 1 : 1,7. (Vgl. China aktuell, a. a. O.) 1984 stand die Zahl der Familien-Betriebe der Staatsgüter Heilongjiangs und die Zahl der Arbeitskräfte dieser Familien-Betriebe im Verhältnis 1 : 1,6. (Vgl. Editorial Board of China Agriculture Yearbook, S. 108 und S. 194.) Ähnliche Verhältnisse für die Familien-Betriebe der Staatsgüter Heilongjiangs im Jahr 1985 vorausgesetzt, hatten diese einen Bestand von ca. 200 000 Arbeitskräften, ca. einem Drittel der für das Jahr 1984 angegebenen Zahl von 638 500 Arbeitskräften der Staatsgüter Heilongjiangs insgesamt. Erstaunlich, daß ca. ein Drittel der Arbeitskräfte fast 90 Prozent der kultivierten Fläche der Staatsgüter Heilongjiangs bewirtschafteten. (Vgl. China aktuell, a. a. O.) Dies deutet entweder auf Arbeitsteilung und diversifizierte Wirtschaft oder auf geringe Produktivität der übrigen Arbeitskräfte hin.

<375> China aktuell, a. a. O.

<376> Nie Lisheng, a. a. O.

<377> Fu Shuben, a. a. O., S. 7.

<378> Zitiert bei Nie Lisheng, a. a. O.

<379> A. a. O.

<380> A. a. O.

<381> Quanguo Nongken Gongzuo Huiyi, Wenjian Zhi San, "Guoying Nongchang Zhigong Jiating Nongchang Zhangcheng (Shixing Zhangan) (Xiugai Gao)" (Yi Jiu Ba Si Nian Jiu Yue Er Ri) [Gesamtchinesische Staatsgüter-Arbeitskonferenz, Dokument Nr. 3, "Staatsgüter-Familien-Betriebs-Statut (Versuchsentwurf, revidierte Fassung)", o. O., 2. Sept. 1984.], S. 1.

<382> A. a. O., S. 1f.

<383> Nach Auskunft eines Beamten des Generalamts für Staatsgüter in Jiamusi am 2. 8. 1985.

<384> China aktuell, a. a. O.

<385> Nach Auskunft eines Beamten des Generalamts für Staatsgüter in Jiamusi am 2. 8. 1985.

<386> Nach Angaben von Leitungs-Personal des Staatsguts Nr. 853 am 16. 8. 1985.

<387> Dto. Familien-Betriebe von Staatsgütern Heilongjiangs bestellten bis zu 20 Hektar, im Durchschnitt drei Hektar pro Arbeitskraft. Nach Angaben von Leitungs-Personal des Staatsguts Nr. 597 am 9. 8. 1985.

<388> Nach Angaben von Leitungs-Personal des Staatsguts Nr. 597 am 9. 8. 1985. Solche Angaben über das Entgelt dieser Lohn-Unternehmer variierten: Für 20 cm tiefes Pflügen des Bodens setzte das Staatsgut einen Betrag von 30 yuan pro Hektar fest. Für Kraftstoff wurden 9 Yuan, für Reparaturen 4,5 Yuan, für Abschreibung 6 Yuan, für Arbeitslohn 4,5 bis 6 Yuan und für Management waren 1,5 bis 3 Yuan pro Hektar an das Staatsgut zu entrichten. Der Gewinn betrug weniger als 5 Yuan pro Hektar. Dieser Gewinn wurde als gering gegenüber

dem Gewinn aus der Pflanzenproduktion angesehen. Ferner wurden 18 Yuan als Entgelt für die Leih-Nutzung eines Traktors genannt, in denen die Kosten von Kraftstoff, Abschreibung und Arbeitslohn sowie Gewinn enthalten waren. Demgegenüber wurde von Leitungs-Personal des Staatsguts Nr. 853 am 16. 8. 1985 ein Betrag von 21 Yuan Entgelt pro Hektar für den Traktor-Einsatz genannt, von denen 6 Yuan Gewinn waren, der insgesamt 3 000 bis 5 000 Yuan erreichte, wenn mehrere Hundert Hektar bestellt wurden. Den Familien-Betrieben war gestattet, bis zu 1 000 Hektar für andere Familien-Betriebe zu bestellen.

<389> Nach Angaben von Leitungs-Personal des Staatsguts Nr. 597 am 9. 8. 1985.

<390> Nach Angaben von Leitungs-Personal des Staatsguts Nr. 853 am 16. 8. 1985.

<391> Nach Auskunft von Mitarbeitern des Wirtschafts-Forschungsinstituts der Staatsgüter Heilongjiangs in Harbin am 26. 8. 1985.

<392> Nach Auskunft von Mitarbeitern der Staatsgüter-Hochschule 1. August in Mishan/Heilongjiang am 21. 8. 1985.

<393> Nach Angaben von Leitungs-Personal des Staatsguts Nr. 853 am 16. 8. 1985.

<394> Editorial Board of China Agriculture Yearbook, a. a. O., S. 108 u. 194.

<395> Nach Angaben von Leitungs-Personal des Staatsguts Nr. 853 am 16. 8. 1985.

6 Bestandsaufnahme der Jahre 1983 bis 1985

Die folgende Beschreibung des chinesischen Staatsgütersektors in den Jahren 1983 bis 1985 geht über die Beschreibung von einzelnen seiner Aspekte in den Kapiteln 4 und 5 hinaus. Sie beruht vorwiegend auf chinesischen Statistiken jener Jahre. In einigen Fällen ist zur Darstellung einer Entwicklung oder eines Zusammenhangs der Rückgriff auf die Zeit vor 1983 erforderlich.

6.1 Allgemeine Statistik

Übersicht 22 (S. 214f.) schließt an Übersicht 6 (S. 61) an. Sie weist eine Abnahme der Zahl der Staatsgüter auf 2 048 im Jahr 1984 aus, die vermutlich durch Betriebs-Schließungen oder -Zusammenlegungen (vgl. S. 162) verursacht wurde. Die Verringerung der Getreidefläche im Jahr 1984 gegenüber 1983 um fast zehn Prozent ist nur zu einem geringen Teil durch Änderung des Produkt-mix zu erklären. (Vgl. S. 232f., Übersicht 27.) Insgesamt behielten die Staatsgüter den Zahlen der Übersicht 22 zufolge eine bis zu dreimal so hohe Getreide-Vermarktungsquote im Vergleich zur durchschnittlichen Getreide-Vermarktungsquote ganz Chinas bei, die 1981 auf fünfzehn Prozent beziffert wurde. <396> Bei einer durchschnittlichen Getreide-Vermarktungsquote ganz Chinas von fünfzehn Prozent im Jahr 1981 wären nur 48,8 Millionen Tonnen der damaligen chinesischen Getreideernte von 325,02 Millionen Tonnen vermarktet worden. <397> In jenem Jahr vermarkteten die Staatsgüter 2,1 Millionen Tonnen Getreide, 4,3 Prozent der vermuteten damaligen Marktgetreide-Menge in China insgesamt. (Vgl. S. 214f., Übersicht 22.) <398> Diese Menge kam nur etwa einem Zehntel der geschätzten Getreide-Importe Chinas im Jahr 1981 gleich. <399> Wenn auch die Marktgetreide-Menge der Staatsgüter im Vergleich zu den Getreide-Importen gering war, trug sie doch zu Devisen-Einsparungen bei. Vermutlich war dies einer der Gründe für die Beibehaltung der Staatsgüter. Weitere, wichtigere Gründe für ihren Fortbestand waren die Erwartung, daß Staatsgüter einen größeren Beitrag zur gesamten Getreideproduktion Chinas leisten (vgl. S. 24), und die Bedeutung der Staatsgüter für den Aufbau der Grenzgebiete. (Vgl. S. 263f.)

In Xinjiang gab es 1984 weitaus mehr Staatsgüter-Unternehmen insgesamt und im Bereich der Landwirtschaft als in jedem einzelnen der übrigen Landesteile. Dies trifft auch auf die Zahl der Arbeitskräfte der Staatsgüter-Unternehmen zu. (S. 216f., Übersicht 23.) Nach Xinjiang nahmen Guangdong und in knappem Abstand folgend Heilongjiang die zweite und dritte Position in der Zahl der Arbeitskräfte ein. Zwar hatte Sichuan mehr Staatsgüter-Unternehmen als Heilongjiang, doch war die Durchschnitts-Zahl von 160 Arbeitskräften pro Staatsgüter-Unternehmen in Sichuan niedriger als anderswo, während sie in Heilongjiang 4 695 betrug, mehr als in allen anderen Provinzen, provinzfreien Städten und autonomen Gebieten mit Ausnahme von Hubei. Hubei nahm in bezug auf die Gesamtzahl der Arbeitskräfte in einigem Abstand nach Heilongjiang die vierte Position ein.

Aus dieser Rangfolge lassen sich lediglich Schwerpunkte in der Verteilung der Staatsgüter-Unternehmen und ihrer Arbeitskräfte ablesen, doch meist keine Anhaltspunkte für die Arbeitsintensität der Landwirtschaft gewinnen, weil die Zahl der Arbeitskräfte nicht nach Industrie und Landwirtschaft getrennt ausgewiesen und nur in wenigen Fällen ganz der Landwirtschaft zuzurechnen ist und weil die Arbeitsintensität auch von der Fläche abhängt.

Die Landwirtschaft der Staatsgüter-Unternehmen innerhalb der einzelnen Provinzen war nicht einheitlich, wie Übersicht 24 zeigt. (S. 218f.) In allen Landesteilen gab es in den Staatsgütern außer der kultivierten Fläche Waldfläche sowie Grasland oder Wasserfläche oder beides. In 14 der 29 Provinzen, provinzfreien Städte und autonomen Gebiete überwog entweder die Waldfläche oder die Fläche des Graslands der Staatsgüter deren kultivierte Fläche. Insgesamt betrug die Fläche des Graslandes mehr als das Dreifache, die Waldfläche mehr als die Hälfte und die Wasserfläche mehr als ein Achtel der kultivierten Fläche der Staatsgüter. Im gesamten Südwesten Chinas mit Ausnahme Yunnans und im gesamten Nordwesten Chinas mit Ausnahme Shaanxis sowie in der Inneren Mongolei und der angrenzenden Nordost-Provinz Jilin überwog das Grasland, in Fujian, Jiangxi, Guangdong, Guangxi und Yunnan überwog die Waldfläche. Die Fläche des Graslands der Staatsgüter Xinjiangs allein war fast doppelt so groß wie die kultivierte

Übersicht 22

Zahl, Fläche, Getreideernte und Beschäftigte der Staatsgüter, landesweit, 1980 - 1984

Jahr	Zahl	Kultivierte Fläche in ha <1>	Getreideernte in Tonnen <2>	Beschäftigte
1980	2 093 <a>	4 456 167 <b> Getreidefläche: 3 574 667	7 650 000 <c> darunter Marktgetreide: 3 050 000	4 921 400 <c>
1981	2 094 <d>	4 602 000 <c> Getreidefläche: 3 479 333	6 100 000 <c> darunter Marktgetreide: 2 100 000	4 928 300 <c>
1982	2 078 <e>	. Getreidefläche: 3 342 867 <f>	6 819 216 <f> .	4 944 200 <e>
1983	2 070 <g>	4 430 000 <g> Getreidefläche: 3 429 000	8 145 000 <g> darunter Marktgetreide: 3 785 000	5 018 000 <g>
1984	2 048 <g>	4 085 000 <g> Getreidefläche: 3 102 000	7 460 000 <g> darunter Marktgetreide: 3 393 000	4 928 000 <g>

Anmerkungen siehe folgende Seite

Anmerkungen zu Übersicht 22:

<1> Kultivierte Fläche bzw. Getreidefläche, die den größten Teil der kultivierten Fläche ausmacht. Die Angabe über kultivierte Fläche des Jahres 1981 betrifft Aussaatfläche. 1980 betrug die Aussaatfläche 4 682 667 Hektar. S. Anmerkung <b>. 1983 betrug die Aussaatfläche 4 517 000 Hektar, und 1984 betrug sie 4 122 000 Hektar. S. Anmerkung <g>. Die Angaben über Getreidefläche beziehen sich außer für die Jahre 1983 und 1984 weder ausdrücklich auf Aussaatfläche noch auf Anbaufläche und lassen deshalb für die Jahre vor 1983 offen, ob auf der Getreidefläche mehr als einmal im Jahr geerntet wurde. Die Angaben über Getreidefläche für 1983 und 1984 betreffen Aussaatfläche.
Für die Verringerung der kultivierten Fläche zwischen 1983 und 1984 um fast acht Prozent ist keine Ursache bekannt. Außer der kultivierten Fläche ist Forstfläche von 1 689 000 Hektar für 1983 und 1 747 000 Hektar für 1984 aufgeführt. Diese Zahlen weichen stark von denen der Planungsabteilung des Ministeriums für Forstwirtschaft ab, das die Forstfläche der Staatsgüter mit 620 300 Hektar für 1983 und 694 800 Hektar für 1984 angab. Editorial Board of China Agriculture Yearbook, a. a. O., S. 135. Anscheinend wird die Forstfläche der Staatsgüter von zwei Behörden verwaltet. Die vom Ministerium für Forstwirtschaft angegebene Zahl von 4 145 Staats-Forstbetrieben im Jahr 1984 ist nicht dem Staatsgütersektor zuzurechnen. A. a. O., S. 101.

<2> Getreide und [Soja-] Bohnen.

<a> Zhongguo nongye nianjian 1981, Beijing 1982, S. 13.

<b> A. a. O., S. 52.

<c> Zhongguo nongye nianjian 1982, Beijing 1983, S. 66f. Diese Quelle weist ferner eine Waldfläche von 2 118 000 Hektar für 1980 und von 2 083 333 Hektar für 1981 aus.

<d> A. a. O., S. 21.

<e> Zhongguo nongye nianjian 1983, Beijing 1984, S. 26.

<f> A. a. O., S. 94.

<g> Die Zahlen für 1983 und 1984 gehen auf Angaben des Hauptbüros für Staatsgüter (Bureau of State Farms and Land Reclamation) im chinesischen Landwirtschaftsministerium zurück. Editorial Board of China Agriculture Yearbook, a. a. O., S. 179f. u. S. 182.

Übersicht 23

Zahl, Art, Bevölkerung und Beschäftigte von Staatsgüter-Unternehmen nach Provinzen, 1984 <1>

Provinz, provinzfreie Stadt oder autonomes Gebiet	Unternehmen mit unabhängiger Rechnungsführung <2>	Davon im Bereich: Landwirtschaft	Industrie	Transport	Bauwesen	Binnenhandel	Bevölkerung (1000)	Arbeiter und Angestellte (1000)
Insgesamt								
1983 <a>	2 592	2 070	268	28	50	176	11 587,0	5 018,0
1984 <b>	2 630	2 048	296	30	55	201	11 363,0	4 927,9
Beijing	19	16	.	.	1	2	389,1	54,0
Tianjin	21	16	3	.	.	2	28,9	22,4
Hebei	33	32	.	.	.	1	351,7	119,3
Shanxi	34	31	2	.	.	1	16,5	8,9
Inn. Mongol.	154	120	15	1	3	15	428,8	181,1
Liaoning	131	121	1	.	.	9	786,2	317,6
Jilin	134	128	1	.	.	5	265,9	72,5
Heilongjiang	136	84	24	5	9	14	1452,9	638,5
Shanghai	47	27	17	1	1	1	181,2	139,1
Jiangsu	54	31	16	1	1	5	268,4	153,0
Zhejiang	68	66	2	.	.	.	48,1	35,5
Anhui	29	25	1	.	1	2	133,5	75,2
Fujian	131	121	4	.	.	6	233,5	73,1
Jiangxi	162	154	1	.	.	7	508,6	237,0

(Fortsetzung siehe folgende Seite)

(Fortsetzung von Übersicht 23)

Shandong	17	17	.	.	.	.	22,0	9,2
Henan	95	95	.	.	.	.	69,2	39,1
Hubei	49	49	.	.	.	.	942,8	384,7
Hunan	86	84	2	.	.	.	472,9	226,1
Guangdong	201	157	34	.	2	8	1339,7	693,1
Guangxi	58	49	6	.	.	3	154,5	79,6
Sichuan	171	141	5	.	1	24	44,9	27,4
Guizhou	48	44	1	.	.	3	28,9	13,9
Yunnan	73	44	13	1	3	12	250,8	129,9
Tibet	13	8	3	1	.	1	42,9	12,2
Shaanxi	32	19	9	.	.	4	41,6	23,0
Gansu	39	20	11	.	2	6	72,9	41,6
Qinghai	16	16	.	.	.	.	24,5	8,5
Ningxia	19	14	3	.	1	1	87,9	44,8
Xinjiang	560	319	122	20	30	69	2674,2	1067,6

<1> Diese Übersicht geht auf Angaben des Hauptbüros für Staatsgüter (Bureau of State Farms and Land Reclamation) im chinesischen Landwirtschaftsministerium zurück.

<2> Der Begriff "unabhängige Rechnungsführung" ist auf S. 85 in Anmerkung <116> und auf S. 163 erläutert.

<a> Editorial Board of China Agriculture Yearbook, a. a. O., 1986, S. 179.

<b> A. a. O., S. 108.

Übersicht 24

Landnutzung von Staatsgütern nach Provinzen, 1984, in 1000 Hektar <1>

Provinz, provinzfreie Stadt oder autonomes Gebiet	Kultivierte Fläche	Grasland	Waldfläche <2>	Wasserfläche	Zur Neulandgewinnung geeignetes Ödland	Andere Flächen	Saatfläche <3>	davon: für Getreide <4>	Getreide-Erzeugung (1000 t)	Ertrag pro Hektar (dt)
Insgesamt	4 085,4	13 170,2	2 114,9	539,9	2 275,8	7 715,5	4 121,8	3 101,9	7 460,5	24,1
Beijing	46,0	.	2,9	0,9	.	27,1	69,4+	50,5	219,4	43,5
Tianjin	5,6	.	0,2	0,1	0,4	5,2	5,7+	2,4	3,2	13,3
Hebei	99,0	93,3	17,5	15,5	3,7	120,7	104,1+	79,5	205,6	25,9
Shanxi	8,1	7,2	4,0	...	5,7	14,2	6,5	1,5	3,1	21,2
Inn. Mong. (G)	385,9	3956,6	48,7	104,5	426,0	2 304,9	277,3	233,4	305,9	13,1
Liaoning	112,3	31,9	60,0	18,7	23,3	177,8	114,1+	101,0	641,9	63,6
Jilin (G)	64,3	120,9	48,5	4,0	20,2	69,8	60,2	49,2	156,8	31,9
Heilongjiang	1622,3	365,3	621,3	173,3	872,7	1 451,7	1 612,3	1 480,8	2 412,7	16,3
Shanghai	19,2	.	3,3	1,7	16,9	13,8	34,0+	21,8	86,9	39,8
Jiangsu	70,3	.	13,9	16,9	3,0	39,3	102,9+	58,2	226,0	38,8
Zhejiang	9,0	.	1,7	0,8	0,9	7,9	17,1+	10,2	42,4	34,1
Anhui	35,0	.	6,6	5,7	1,5	23,4	55,2+	39,9	119,5	29,9
Fujian (W)	15,9	2,8	49,8	2,5	8,4	59,3	27,8+	21,2	98,0	46,3
Jiangxi (W)	41,9	6,7	419,7	10,7	7,4	92,8	90,0+	58,3	246,1	42,2

(Fortsetzung siehe folgende Seite)

(Fortsetzung von Übersicht 24)

Shandong		12,9	10,9	0,4	0,2	0,7	13,9	14,6+	9,7	16,1	16,6
Henan		21,8	.	2,4	0,4	3,2	14,0	31,8+	2,4	72,5	30,5
Hubei		159,9	.	27,7	30,4	18,6	74,2	274,6+	169,0	630,1	37,3
Hunan		67,1	12,8	26,6	14,8	4,9	64,3	130,0+	63,7	284,2	44,6
Guangdong	(W)	63,1	.	448,3	3,0	53,2	561,1	86,9+	51,4	154,4	30,0
Guangxi	(W)	20,0	3,5	33,3	2,1	38,7	60,7	17,4	6,3	16,6	26,3
Sichuan	(G)	5,0	490,0	40,1	1,2	6,4	118,6	2,1	0,5	1,0	20,1
Guizhou	(G)	2,4	10,9	1,8	6,1	3,5	13,9	2,5+	1,1	3,7	33,9
Yunnan	(W)	12,5	.	66,7	1,2	0,5	56,7	16,8+	7,9	26,0	32,9
Tibet	(G)	12,4	50,5	13,5	.	.	0,4	12,2	10,6	19,6	18,5
Shaanxi		22,2	7,7	2,3	...	6,3	10,7	23,2+	16,6	43,9	26,4
Gansu	(G)	39,7	171,0	9,1	0,5	87,7	86,1	31,6	18,4	40,6	22,1
Qinghai	(G)	16,9	307,8	0,3	0,4	1,3	110,6	10,3	3,6	7,0	20,3
Ningxia	(G)	30,2	53,7	4,2	2,7	22,5	65,1	26,6	18,1	79,6	43,9
Xinjiang	(G)	1064,7	7466,7	136,1	121,6	638,4	2 057,3	864,6	493,5	1 297,8	26,3

<1> Diese Übersicht geht auf Angaben des Hauptbüros für Staatsgüter (Bureau of State Farms and Land Reclamation) im chinesischen Landwirtschaftsministerium zurück. Editorial Board of China Agriculture Yearbook, a. a. O., S. 184f. Je nachdem, welche Art der Landnutzung der Staatsgüter vorherrschte, sind die Namen der Provinzen, provinzfreien Städte und autonomen Gebiete in Übersicht 24 mit (G) für "Grasland" und (W) für "Waldfläche" gekennzeichnet oder nicht mit einem Zusatz versehen, wenn die kultivierte Fläche überwog.

<2> In der Waldfläche sind insgesamt 368 000 Hektar Gummi-Plantagen enthalten. Davon entfallen auf die Provinz Fujian 4 000 Hektar, auf die Provinz Guangdong 287 600 Hektar, auf das autonome Gebiet Guangxi 14 400 Hektar und auf die Provinz Yunnan 62 000 Hektar.

<3> Vermutlich resultierte die im Vergleich zur Kultivierten Fläche größere Saatfläche zum Teil aus zwei oder drei Aussaaten pro Jahr. Die Angaben über die Saatfläche der Staatsgüter derjenigen Landesteile, in denen die Saatfläche der Staatsgüter deren kultivierte Fläche überwog, sind mit "+" versehen.

<4> Getreide und [Soja-] Bohnen.

Fläche aller Staatsgüter. Die mit Abstand größte kultivierte Fläche wiesen die Staatsgüter Heilongjiangs auf, gefolgt von denen in Xinjiang, der Inneren Mongolei und Hubei. Auffällig ist, daß sich die kultivierte Fläche der Staatsgüter in der Inneren Mongolei gegenüber 1978 verfünffachte und daß sie in Heilongjiang um mehr als 500 000 Hektar abnahm. (Vgl. S. 65, Übersicht 7.) Zum größten Teil resultierte diese Veränderung wahrscheinlich aus der Änderung der Grenzziehung zwischen der Inneren Mongolei und Heilongjiang im Zeitraum 1977-1982. <400> Insgesamt nahm die kultivierte Fläche der Staatsgüter gegenüber 1978 nur um weniger als 150 000 Hektar zu. Die größten Neulandreserven gab es in Heilongjiang, Xinjiang und der Inneren Mongolei. Bis auf Shanxi, die Innere Mongolei, Heilongjiang, Jilin, Guangxi, Sichuan und den Nordwesten mit Ausnahme Shaanxis überstieg die Saatfläche der Staatsgüter deren kultivierte Fläche, was auf Mehrfachernten hindeutet. Teilweise sind Mehrfachernten auch die Erklärung für die unterschiedlichen Erträge der Staatsgüter im Getreideanbau, der den größten Teil von deren Saatfläche einnahm.

6.2 Getreide-Produktion und -Vermarktungsquote

Die Staatsgüter Heilongjiangs produzierten 1984, trotz niedrigen Ertrags in jenem Jahr, der nur noch von den Staatsgütern Tianjins und der Inneren Mongolei unterschritten wurde, weitaus mehr Getreide als die Staatsgüter aller anderen Landesteile jeweils produzierten. (Vgl. S. 218f., Übersicht 24.) Aus Übersicht 25 (S. 222f.) geht hervor, daß dies auch auf das Jahr 1983 zutrifft, als der Ertrag der Staatsgüter Heilongjiangs ebenfalls einer der niedrigsten der Staatsgüter ganz Chinas war. In jenem Jahr stellten die Staatsgüter Heilongjiangs mit Abstand das meiste Marktgetreide unter den Staatsgütern aller Landesteile. Die Marktgetreide-Produktion hing von Vermarktungsquote und Getreideproduktion ab und diese wiederum von Saatfläche und Ertrag. Die Staatsgüter von drei anderen Provinzen und einer provinzfreien Stadt übertrafen die Vermarktungsquote der Staatsgüter Heilongjiangs. Vermutlich ist dies dadaurch bedingt, daß diese fast ausschließlich auf Eigenversorgung angewiesen waren. Der Ertrag der Staatsgüter Heilongjiangs lag um mehr als zwanzig Prozent unter dem Durchschnitt aller Staatsgüter, vermutlich verursacht durch die kurze Vegetationsperiode in jener nördlichsten Provinz Chinas und durch den hohen Soja-Anteil. Soja wirft zwar einen hohen Gewinn ab, hat aber einen relativ niedrigen Ertrag. (Vgl. die Übersichten 9 bis 14, S. 108 bis 113.) Doch aufgrund der großen Saatfläche, die mehr als die Hälfte der Saatfläche aller Staatsgüter ausmachte, waren die Staatsgüter Heilongjiangs in der absoluten Menge erzeugten Marktgetreides führend.

Die Zahlen der Übersicht 25 (S. 222f.) für Heilongjiang weichen etwas von denen der Übersicht 26 (S. 224ff.) für das Jahr 1983 ab, ohne daß dafür eine Erklärung vorliegt. Immerhin zeigen sie, daß das Jahr 1983 ein Ausnahmejahr war, weil im Durchschnitt mehrerer Jahre die Vermarktungsquote der Staatsgüter Heilongjiangs drei Jahrzehnte lang stets zwischen 40 % und 50 % lag. Doch selbst wenn diese im Jahr 1983 nicht 59,3 Prozent, wie in Übersicht 25 angegeben, sondern weniger als 40 Prozent betragen hätte, wären die Staatsgüter Heilongjiangs in der Lage gewesen, weit mehr als eine Million Tonnen Marktgetreide zu liefern.

Der untere Teil der Übersicht 26 (S. 224ff.) zeigt: In den 35 Jahren von 1949 bis 1983 wurde die jährliche Getreideernte der Staatsgüter Heilongjiangs von 0,27 Milliarden jin [= 135 000 Tonnen] im Zeitraum 1949-1957 um 4,88 Milliarden jin [= 2 440 000 Tonnen] auf 5,15 Milliarden jin [= 2 575 000 Tonnen] im Zeitraum 1976-1983 - auf mehr als das Neunzehnfache - gesteigert. Dazu trug in erster Linie die Steigerung der Erntefläche um 26,73 Millionen mu [= 1,782 Millionen Hektar] auf mehr als das Dreizehnfache bei - unter der Annahme, daß Neuland ungefähr den gleichen Flächenertrag hat wie bereits zuvor in Kultur befindliches Land. Gleichzeitig stiegen die Erträge um ca. 50 Prozent. - Chinesischen Angaben zufolge wurde angestrebt, 1985 eine Gesamternte von 8,5 Milliarden jin [= 4,25 Millionen Tonnen] Getreide und [Soja-] Bohnen zu erreichen und 4,5 bis 5 Milliarden jin [= 2,25 bis 2,5 Millionen Tonnen] Marktgetreide an den Staat zu liefern. <401> Gemäß Staatsplänen mußten die Staatsgüter Heilongjiangs bis 1985 in fünf Jahren 10 Millionen mu [= 666 667 Hektar] Ödland kultivieren, im Durchschnitt 133 333 Hektar jährlich. <402> Wenn 10 Millionen mu Neuland gewonnen worden wären und einen Ertrag von

Übersicht 25

Anbaufläche, Ertrag, Produktion, Marktgetreide und Vermarktungsquote von Getreide in Staatsgütern nach Provinzen, 1983 <1>

Provinz	Saatfläche (Hektar)	Ertrag (kg pro Hektar)	Produktion (Tonnen)	Marktgetreide (Tonnen)	Vermarktungsquote (%)
Insgesamt	3 428 893,3	2 377,5	8 146 252,8	3 786 049,0	46,5
Beijing	51 533,3	4 162,5	214 445,5	57 097,5	26,6
Tianjin	5 066,7	1 635,0	8 291,75	3 910,1	47,2
Hebei	84 020,0	2 940,0	246 737,5	102 760,0	41,7
Shanxi	2 373,3	1 432,5	3 412,2	420,0	12,3
Inn. Mongol.	246 220,0	1 470,0	361 479,95	158 427,0	43,8
Liaoning	101 146,7	6 045,0	612 178,5	294 460,0	48,1
Jilin	51 060,0	3 015,0	153 887,5	81 013,3	52,7
Heilongjiang	1 766 180,0	1 882,5	3 324 720,5	1 972 380,0	59,3
Shanghai	19 780,0	3 915,0	77 420,65	77 420,0	99,9
Jiangsu	62 533,3	3 540,0	221 333,35	73 019,2	33,0
Zhejiang	11 233,3	3 405,0	38 263,7	32 373,0	84,6
Anhui	45 220,0	2 145,0	97 080,1	68 875,0	68,9
Fujian	28 793,3	4 350,0	125 352,65	44 557,05	35,6
Jiangxi	58 720,0	3 645,0	214 096,0	59 166,4	27,6

(Fortsetzung siehe folgende Seite)

(Fortsetzung von Übersicht 25)

Shandong	11 053,3	2 092,5	23 136,7	7 449,35	32,2
Henan	24 406,7	3 090,0	75 426,9	35 691,0	47,3
Hubei	178 600,0	3 045,0	545 785,95	221 676,6	40,6
Hunan	63 046,7	3 847,5	242 613,75	51 117,15	21,1
Guangdong	49 953,3	2 677,5	133 826,0	18 013,6	13,5
Guangxi	6 680,0	2 955,0	19 760,85	-	0,0
Sichuan	646,7	1 575,0	1 022,7	90,3	8,8
Guizhou	993,3	3 232,5	3 208,45	898,3	28,0
Yunnan	7 953,3	3 502,5	27 885,35	24 295,0	87,1
Tibet	10 800,0	1 537,5	16 677,85	4 350,0	26,1
Shaanxi	17 373,3	2 842,5	49 433,1	28 455,2	57,6
Gansu	21 486,7	2 070,0	44 408,6	9 371,5	21,1
Qinghai	3 640,0	2 077,5	7 575,4	400,0	05,3
Ningxia	18 906,7	4 042,5	76 430,0	33 082,0	43,3
Xinjiang (Armee)	408 560,0	2 557,5	1 044 387,3	282 934,6	27,1
Xinjiang (Pfl.-P.)	29 166,7	2 325,0	67 730,45	22 434,2	33,1
Xinjiang (Tier-P.)	41 406,7	1 620,0	67 159,45	19 742,25	29,4
2 Tropen-Anstalten	340,0	3 165,0	1 084,2	179,4	16,6

<1> Zhongguo Nongye Nianjian 1984, a. a. O., S. 138f. 1983 ist das einzige Jahr, für das Angaben über die Menge vermarkteten Getreides der Staatsgüter in den einzelnen Provinzen vorliegen. A. a. O., S. 139. Die chinesischen Einheiten "10 000 mu", "jin" und "10 000 jin" wurden in metrische Einheiten umgerechnet. Die Vermarktungsquote wurde errechnet. Der Begriff "Marktgetreide" ist auf S. 226 in Anmerkung <3> der Übersicht 26 erläutert.
Die Angaben für Xinjiang sind nach Armee-Staatsgütern, Pflanzen-Produktions-Staatsgütern und Tierproduktions-Staatsgütern unterschieden. Wo sich die in der letzten Zeile aufgeführten Tropen-Anstalten befinden, ist nicht bekannt.

Übersicht 26

Getreideernte und Marktgetreide der Staatsgüter Heilongjiangs, in Abhängigkeit von Ertrag und Erntefläche

Zeitraum	Getreideernte <2> (Milliarden jin)	Getreideernte <2> Zuwachs auf (%)	Marktgetreide <3> (Milliarden jin)	Marktgetreide <3> Zuwachs auf (%)	Vermarktungsquote (%)	Ertrag <4> (jin pro mu)	Ertrag <4> Zuwachs um (%)	Erntefläche <5> (Millionen mu)	Erntefläche <5> Zuwachs auf (%)	Neuland <6> (Millionen mu)
nach: "Zhongguo Nongken", 24. Jan. 1981 <1>										
1949-1960 (12 Jahre) Durchschnitt d. 12 J.	6,17 [0,51]		2,51 [0,21]		[41,2]	126		[4,05]		
1961-1967 (7 Jahre) Durchschnitt d. 7 J.	14,7 [2,1]	[411,8]	7,3 [1,04]	[495,2]	[49,5]	[172,62]	37	[12,17]	[300,5]	7,97 [1,14]
1968-1976 (9 Jahre) Durchschnitt d. 9 J.	30,8 [3,42]	[162,9]	13,8 [1,53]	[147,1]	[44,7]	[189,88]	10	[18,01]	[148,0]	9,71 [1,08]
1977-1980 (4 Jahre) Durchschnitt d. 4 J.	21,2 [5,3]	[155,0]	10,1 [2,53]	[165,4]	[47,7]	[229,76]	21	[23,07]	[128,1]	5,13 [1,28]
darunter 1980	6,2 *)		3,2 *)		[51,6]	240 *)		[25,83]		
Insgesamt	[72,87]		[33,71]		[46,3]					[22,81]
1980 gegenüber Durchschnitt 1949-1960 (%)		[1215,7]		[1523,8]	[125,2]		auf (%) [190,5]		[637,8]	

(Fortsetzung siehe folgende Seite)

(Fortsetzung von Übersicht 26)

1978 <7> 1980	4,9 6,74 *)	 [137,6]	2,2 3,98 *)	 [180,9]	[44,9] [59,1]	202 253 *)	auf (%) [125,3]	[24,28] [26,64]	 [109,8]	 [2,38] <8>
	nach: "Heilongjiang [...] jieshao", 1985 <9>									
1949-1957 (9 Jahre) Durchschnitt d. 9 J.	2,4 [0,27]		1,1 0,12		[44,4]	135		[2,00]		
1958-1966 (9 Jahre) Durchschnitt d. 9 J.	14,9 [1,66]	[614,8]	6,6 0,73	[608,3]	[44,0]	144	auf (%) [106,7]	[11,53]	[576,5]	[9,53]
1967-1975 (9 Jahre) Durchschnitt d. 9 J.	29,7 [3,3]	[198,8]	13,9 1,54	[211,0]	[46,7]	179	auf (%) [124,3]	[18,44]	[159,9]	[6,91]
1976-1983 (8 Jahre) Durchschnitt d. 8 J.	41,2 [5,15]	[156,1]	20,0 2,5	[162,3]	[48,5]	204	auf (%) [114,0]	[28,73]	[155,8]	[10,29]
darunter 1983 <10>	5,86		3,83		[65,4]	255		[22,98]		
Insgesamt	[88,2]		[41,6]		[47,2]					[26,73]
1983 gegenüber Durchschnitt 1949-1957 (%)		[2170,4]		[3191,7]	[147,3]		auf (%) [188,9]		[1149,0]	
1984	4,762		2,33		[48,9]	218		24,19		

Anmerkungen siehe folgende Seite

Anmerkungen zu Übersicht 26:

Die Angaben in rechteckigen Klammern wurden errechnet.

*) Die Angaben der beiden Quellen für 1980 stimmen nicht überein.

<1> Summarize Experience To Hasten Progress in Building Commercial Food Grain Bases, a. a. O. Der Begriff "food grains and beans" wurde mit "Getreide" übersetzt und der Begriff "commercial food grains" wurde mit "Marktgetreide" übersetzt.

<2> Getreide und [Soja-] Bohnen. In der englischsprachigen Übersetzung des chinesischen Ursprungstextes wurde z. T. statt des Begriffs "harvest" der Begriff "yield" verwandt. A. a. O. Der Begriff "harvest" wurde mit "Getreideernte" wiedergegeben, der Begriff "yield" mit "Ertrag".

<3> Mit dem Begriff "Marktgetreide" wurde der Begriff "commercial food grains [...] submitted to the state" wiedergegeben. (Summarize Experience To Hasten Progress in Building Commercial Food Grain Bases, a. a. O.) Diesem Begriff entsprachen in anderen Quellen folgende Begriffe gleicher Bedeutung: "grain and beans sold to the state" (Zao Xuezhi, a. a. O., S. 72) und "commodity grain handed over [to] the higher authorities" (Sun Panqi, a. a. O.). In chinesischen Originaltexten vorkommende Begriffe gleicher Bedeutung lauteten "shangjiao liang dou" [= Übergabe von Getreide und [Soja-] Bohnen an die Obrigkeit] (Heilongjiang sheng guoying nongchang zongju qingkuang jieshao (Kurze Darstellung des Generalamts für Staatsgüter der Provinz Heilongjiang), a. a. O, S. 5.) und "liangshi jiaoshou liang" [= Menge des an den Staat verkauften Getreides] (Zhongguo Nongye Nianjian 1984, a. a. O., S. 139). Alle diese Begriffe sagen nichts darüber aus, zu welchem Preis das Marktgetreide verkauft wurde und ob dies freiwillig oder widerstrebend geschah. 1986 wurde erstmals in einem landwirtschaftlichen Jahrbuch Chinas für die Jahre 1983 und 1984 zwischen einer Getreidemenge mit der Bezeichnung "Sold grain and beans to the state" und einer Teilmenge davon mit der Bezeichnung "Turned over to the state" unterschieden, jedoch nichts über die Definition dieser Mengen mitgeteilt. Der Anteil der kleineren Menge an der größeren Menge betrug 82,7 Prozent im Jahr 1983 und 75,9 Prozent im Jahr 1984. Editorial Board of China Agriculture Yearbook, a. a. O., S. 182.

(Fortsetzung siehe folgende Seite)

(Fortsetzung der Anmerkungen zu Übersicht 26)

<4> Die Staatsgüter Heilongjiangs trugen zur Sojaproduktion aller Staatsgüter Chinas 93,5 Prozent im Jahr 1980 (Zhongguo Nongye Nianjian 1981, a. a. O., S. 53) und 91,9 Prozent im Jahr 1982 (Zhongguo Nongye Nianjian 1983, a. a. O., S. 94) bei. Dieser große Soja-Anteil verzerrt die Angaben über den Getreide-Ertrag der Staatsgüter Heilongjiangs.
1980 betrug die Getreidefläche der Staatsgüter Heilongjiangs 27 932 000 mu, der Ertrag betrug 241 jin pro mu und die Erntemenge 6 744 300 000 jin. 9 497 000 mu der Getreidefläche, mehr als 34 Prozent, entfielen auf Soja. Der Soja-Ertrag lag bei 168 jin pro mu. Zhongguo Nongye Nianjian 1981, a. a. O.
1982 betrug die Getreidefläche der Staatsgüter Heilongjiangs 25 656 900 mu, der Ertrag betrug 184 jin pro mu und die Erntemenge 4 725 615 000 jin. 12 145 200 mu der Getreidefläche, mehr als 47 Prozent, entfielen auf Soja. Der Soja-Ertrag lag bei 168 jin pro mu. Zhongguo Nongye Nianjian 1983, a. a. O.
Für die Jahre vor, zwischen und nach 1980 und 1982 lagen keine entsprechenden Angaben vor.

<5> In Heilongjiang gibt es keine Mehrfachernten innerhalb eines Jahres. Deshalb ist die Getreideernte das Produkt aus Ertrag und Erntefläche. Die Zuwächse der errechneten Ernteflächen stimmen annähernd mit den Angaben über die Neulandgewinnung überein.

<6> Im angegebenen Zeitraum hinzugewonnenes Neuland.

<7> Die folgenden Angaben gehen zurück auf: Sun Panqi, a. a. O., S. 3.

<8> seit 1978

<9> Die folgenden Angaben gehen zurück auf: Heilongjiang sheng guoying nongchang zongju qingkuang jieshao (Kurze Darstellung des Generalamts für Staatsgüter der Provinz Heilongjiang), a. a. O., S. 6.

<10> Die Getreideernte des Jahres 1983 war höher als alle Getreideernten zuvor. a. a. O., S. 5.

240 jin pro mu [= 1,8 t/ha] wie im Jahr 1980 erbracht hätten, wären auf diesem Neuland 2,4 Milliarden jin [= 1,2 Millionen Tonnen] zu ernten gewesen. Dies wäre mehr gewesen als die Differenz zwischen der Getreideernte von 6,2 Milliarden jin [= 3,1 Millionen Tonnen] im Jahr 1980 und der angestrebten Getreideernte von 8,5 Milliarden jin im Jahr 1985. Der folgende Bericht erweckt den Eindruck, als sei bereits in den 1970er Jahren ein Ertrag von mehr als 240 jin pro mu erreicht worden:

> "Die Praxis zeigt, daß innerhalb kurzer Zeit Neulandgewinnung eine wirksame Maßnahme ist, um die Ernte-Menge und die Menge des Marktgetreides zu steigern. Nehmen wir die sechs Jahre von 1974 bis 1979 als Beispiel: [...] Die Gesamtfläche urbar gemachten Ödlandes dieser Jahre betrug 6,37 Millionen mu [= 424 667 Hektar]. [...] Ein Vergleich von 1979 mit 1974 zeigt, daß die gesamte Ernte-Menge um 1,645 Milliarden jin [= 822 500 Tonnen] stieg. 1,55 Milliarden jin [= 775 000 Tonnen] dieses gestiegenen Ernte-Zuwachses entstammten der Ernte auf erweiterten Flächen kultivierten Landes infolge Neulandgewinnung und machten 91,5 Prozent des gesamten Ernte-Zuwachses aus. Die Zunahme des Marktgetreides betrug 935,68 Millionen jin [= 467 840 Tonnen]. Davon entstammten 750 Millionen jin [= 375 000 Tonnen] der Ernte auf erweiterten Flächen kultivierten Landes infolge Neulandgewinnung und machten 80 Prozent der gesamten Steigerung aus. Dies zeigt: In den letzten Jahren ist die Steigerung des Ertrags pro mu einer der Faktoren gewesen, der unserem Neulandgewinnungsgebiet ermöglichte, fortgesetzte Zunahmen von Nahrungsgetreide und [Soja-] Bohnen in großem Maßstab zu verzeichnen, aber der Hauptfaktor ist noch immer das Vertrauen auf die Ausdehnung der Fläche kultivierten Landes durch Neulandgewinnung. Daher sollten wir bis 1985 fortfahren, Neuland zu gewinnen als wichtige Maßnahme, um die Schaffung von Marktgetreide-Basen zu beschleunigen [...]." <403>

Eine Getreideernte von 1,55 Milliarden jin auf 6,37 Millionen mu entspricht einem Ertrag von 243,3 jin pro mu [mehr als 1,8 t/ha]. Nicht unmöglich ist, daß bereits 1974 dieses Ertragsniveau erreicht wurde, denn

selbst der Durchschnittsertrag der vier Jahre 1977-1980 lag um nur um etwa eine Dezitonne niedriger.
Falls 1974 tatsächlich ein Ertrag von mehr als 1,8 t/ha erreicht wurde, wäre dieses Beispiel irreführend, indem ein außergewöhnlich gutes Jahr für den Vergleich zugrundegelegt würde und der Beitrag der folgenden Ertragssteigerung zum Zuwachs der Getreideernte gegenüber dem Beitrag der Neulandgewinnung zum Zuwachs der Getreideernte klein erscheinen würde.

Sun Panqis Zahlen (vgl. S. 224ff., Übersicht 26) lassen den Beitrag der Ertragssteigerung zum Zuwachs der Getreideernte wichtiger erscheinen als den Beitrag der Neulandgewinnung zum Zuwachs der Getreideernte. Der Erntezuwachs um 37,6 Prozent in den Jahren 1978 bis 1980 gliedert sich rechnerisch in: etwa zwei Drittel, die aus Ertragssteigerung resultierten, etwa ein Viertel, das aus Neulandgewinnung resultierte und etwa ein Zwölftel, das aus Erreichen des erhöhten Ertragsniveaus auf dem Neuland resultierte. Etwa zwei Drittel des Erntezuwachses resultierten aus Ertragssteigerung, etwa ein Viertel aus Neulandgewinnung und etwa ein Zwölftel aus Erreichen des erhöhten Ertragsniveaus auf dem Neuland. Ob Sun Panqis Zahlen nur willkürlich gewählt sind oder ob sich darin eine Abkehr von der Neulandgewinnung hin zu intensiver Wirtschaftsweise als Hauptquelle zusätzlichen Getreides zeigt, ist aus den Zahlen der Übersicht 26 nicht zu ermessen, solange nichts über die Kosten der Neulandgewinnung und den Ertrag von Neuland im ersten Jahr seiner Inkulturnahme sowie über die Verfügbarkeit und Preise von Inputs bekannt ist. Der Leitartikel der Volkszeitung vom 15. Juli 1980 stellte fest:

> "Jetzt hat der Staat die Entscheidung getroffen, mit der Inkulturnahme großer Landgebiete in der Provinz Heilongjiang fortzufahren, um ihre marktfähige Getreideerzeugung energisch zu erhöhen. [...] das Gebiet [Nordost-Chinas] zu einer Haupt-Basis für Marktgetreide auszubauen, wird begrenzte Investitionen erfordern, aber große Gewinne und schnelle Ergebnisse bringen." <404>

Anders als dieser Leitartikel sprechen Sun Panqis Zahlen dafür, daß über Ertragssteigerung mehr Getreide zu produzieren ist als über Neulandgewinnung allein. Ob Neulandgewinnung oder Ertragssteigerung der Vorzug zu geben ist, oder ob am besten beide Maßnahmen zu kombinieren sind, läßt sich nicht ausmachen. Zumindest ist in der Provinz Heilongjiang das Potential der Ertragssteigerung größer als das der Neulandgewinnung. Bei einem Ertrag von 253 jin/mu [= 1,8975 t/ha] scheint langfristig eine Ertragsverdoppelung möglich zu sein. Eine Verdoppelung der kultivierten Fläche ist nach Angaben des Generalamts für Staatsgüter der Provinz Heilongjiang vom Juni 1985 nicht mehr möglich. Seinen Angaben zufolge betrug die kultivierte Fläche 26,647 Millionen mu [= 1,777 Millionen Hektar] - diese Angabe stimmt fast genau mit der von Sun Panqi überein - und die Neulandreserve 13,094 Millionen mu [= 872 933 Hektar]. <405> (S. auch S. 218f., Übersicht 24.) Allerdings ist die Getreideproduktion durch Neulandgewinnung vermutlich rascher zu erhöhen als durch Ertragssteigerung.

6.3 Kautschuk

Übersicht 27 (S. 232f.) enthält Angaben zu den wichtigen Bereichen der Pflanzenproduktion der Staatsgüter auf insgesamt 4 121 800 Hektar Saatfläche <406> und anderer Produktionsfläche. Unter diesen ist die Gummibaum-Fläche hervorzuheben. Für das Jahr 1984 lagen erstmals Daten vor, die die Einschätzung der Bedeutung der Kautschuk-Produktion für die Staatsgüter erlaubten. An der Waldfläche der Staatsgüter hatte die Kautschuk-Fläche in jenem Jahr einen Anteil von 8 Prozent in Fujian, 64,2 Prozent in Guangdong, 43,2 Prozent in Guangxi und 93 Prozent in Yunnan. (Vgl. S. 218f., Übersicht 24.) Der Bruttoproduktionswert der Forstwirtschaft der Staatsgüter betrug in Fujian 157,2 Yuan/ha, in Guangdong 2144,6 Yuan/ha, in Guangxi 579,9 Yuan/ha und in Yunnan 2604,2 Yuan/ha. (Vgl. S. 249f., Übersicht 31 und S. 218f., Übersicht 24.) Je höher der Anteil der Kautschuk-Fläche an der Waldfläche der Staatsgüter war, desto höher war der Bruttoproduktionswert pro Hektar Waldfläche. Daraus ist zu schließen, daß der Bruttoproduktionswert von Kautschuk höher war als der der übrigen Produkte der Forstwirtschaft. Selbst wenn der Bruttoproduktionswert von Kautschuk nur 2604,2 Yuan/ha - dies ist der Bruttoproduktionswert pro Hektar der gesamten Forstwirtschaft der Staatsgüter Yunnans, in denen die Waldfläche fast ganz aus Kautschukbäumen bestand - betragen hätte, würde bei einem Ertrag von durchschnittlich 457,6 kg/ha (vgl. S. 232f., Übersicht 27) ein Kilogramm Trocken-Kautschuk einen Wert von 5,7 Yuan darstellen. Den durchschnittlichen Ertrag von 457,6 Kilogramm und einheitliches Preisniveau von Trocken-Kautschuk in allen Landesteilen unterstellt, läßt sich aus diesem Wert für das Jahr 1984 schätzen, daß allein die Staatsgüter Guangdongs auf ihrer Kautschuk-Fläche von 287 600 Hektar mehr als 130 Millionen Kilogramm Trocken-Kautschuk im Wert von mehr als 750 Millionen Yuan produzierten. Dieser errechnete Produktionswert beträgt mehr als drei Viertel des Bruttoproduktionswerts der Forstwirtschaft der Staatsgüter Guangdongs und liegt aufgrund vorsichtiger Schätzung eher unter als über seinem tatsächlichen Niveau. Dennoch übertrifft er die Produktionswerte von Landwirtschaft und Industrie der Staatsgüter in jedem einzelnen Landesteil mit Ausnahme lediglich von Heilongjiang, Shanghai, Hubei und Xinjiang. Vor 1982 machte die Kautschuk-Erzeugung der Staatsgüter 90 Prozent der gesamten Kautschuk-Erzeugung Chinas aus, wie ein chinesischer Bericht meldete, <407> und 1984, als die Staatsgüter 168 389,02 Tonnen Kautschuk produzierten, 89,2 Prozent. <408>

Der damalige Ministerpräsident Zhou Enlai äußerte sich nach einem chinesischen Bericht 1961 über die Kautschuk-Produktion in Yunnan folgendermaßen:

> "Gummi ist ein wichtiges strategisches Gut, für das im Staatsplan und wegen des Wohlergehens des Volkes großer Bedarf besteht. Genossen, denkt an die ungeheure Menge, die gebraucht wird, um jedem im Land ein Paar Gummischuhe zu geben. Jetzt produziert China nicht viel Gummi, und die Imperialisten haben eine Blockade gegen uns verhängt." <409>

1983 ging ein chinesischer Rundfunkbericht in ähnlicher Weise auf die Bedeutung der Kautschuk-Produktion ein:

> "Gummi ist ein strategisches Material für die nationale Wirtschaft und das Wohlergehen des Volkes. Ferner ist es ein Produkt mit relativ hohen wirtschaftlichen Ergebnissen." <410>

Zhou Enlais Zitat wirkt treuherzig, hat aber den Hintergrund, daß für Kraftfahrzeug-Bereifung Gummi weniger entbehrlich war als für die Ausstattung der Bevölkerung mit Schuhwerk. Nach Aussagen des Präsidenten der Südchinesischen Forschungsakademie für Tropenpflanzen liegt der Kautschukertrag der Staatsgüter auf der zur

Übersicht 27

Saatfläche, Erzeugung und Ertrag wichtiger Nutzpflanzen und Nutzpflanzen-Produkte von Staatsgütern, landesweit, 1983 und 1984

Nutzpflanzen bzw. Nutzpflanzen-Produkt	Saatfläche (Hektar)		Erzeugung (Tonnen)		Ertrag pro Hektar (kg)	
	1983 <1>	1984 <2>	1983 <1>	1984 <2>	1983 <1>	1984 <2>
Getreide und [Soja-] Bohnen <3>	3 428 893	3 101 900	8 146 253	7 460 500	2 377,5	2 470,5
Baumwolle <4>	217 580	224 300	145 240,9	1 830,9	667,5	817,5
Ölsaaten <5>	190 700	194 000	136 495	172 000	712,5	885,0
Zucker-Pflanzen <6>	93 220	90 000	2 726 434	2 934 400	29 242,5	32 610,0
Obst			.	333 227	.	.
Tee			.	25 677	.	.
Trocken-Kautschuk <7>			.	168 389	.	457,6
Sisal-Hanf			.	18 050	.	.

Anmerkungen siehe folgende Seite

Anmerkungen zu Übersicht 27:

<1> Die Zahlen für 1983 beruhen auf: Zhongguo Nongye Nianjian 1984, a. a. O., S. 138f.

<2> Die Zahlen für 1984 gehen auf Angaben des Hauptbüros für Staatsgüter (Bureau of State Farms and Land Reclamation) im chinesischen Landwirtschaftsministerium zurück. Editorial Board of China Agriculture Yearbook, a. a. O., S. 185ff.

<3> Die Definition von Getreide ist auf S. 35 der vorliegenden Arbeit in Anmerkung <22> wiedergegeben. Wichtigstes Erzeugungsgebiet der Staatsgüter für Getreide war Heilongjiang.

<4> Die Baumwollerzeugung von 1984 ist anscheinend um den Faktor 100 zu niedrig angegeben. Sie liegt wahrscheinlich in der Größenordnung von 180 000 Tonnen. Der Erlös der Staatsgüter aus Baumwolle belief sich 1983 auf 464,8 Millionen Yuan und 1984 auf schätzungsweise 585,9 Millionen Yuan, legt man einen Preis von 3 200 Yuan pro Tonne Baumwolle zugrunde. Guangdong sheng nongken zongju (Generalamt für Staatsgüter der Provinz Guangdong): Guoying nongchang shengchandui hesuan (Rechnungsführung der Produktionsgruppen von Staatsgütern), Beijing 1984, S. 183. Wichtigstes Erzeugungsgebiet der Staatsgüter für Baumwolle war Xinjiang.

<5> Zu Ölsaaten zählen Erdnüsse, Raps, Sesam, Leinsamen und Sonnenblumenkerne. Vgl. Editorial Board of China Agriculture Yearbook, a. a. O., S. 112. Wichtigstes Erzeugungsgebiet für Ölsaaten der Staatsgüter war Xinjiang.

<6> Zu Zuckerpflanzen zählen Zuckerrohr und Zuckerrüben. Vgl. a. a. O.

<7> Der Kautschuk-Ertrag wurde aus Kautschuk-Erzeugung und Kautschuk-Fläche errechnet. (Vgl. S. 218f. Übersicht 24, Anmerkung <2>.)

Provinz Guangdong gehörenden Insel Hainan doppelt so hoch wie auf den Parzellen, die von den Bauern bewirtschaftet werden, und kann nochmals verdoppelt werden. <411>

6.4 Milchproduktion

Übersicht 28 (S. 235) zeigt Daten über Tierhaltung und Tierproduktion von Staatsgütern. Die Daten über die Milchproduktion der Staatsgüter sagen mehr aus, wenn sie auf die entsprechenden Daten der Volksrepublik China insgesamt bezogen werden. 1984 betrug die gesamte Kuh- und Ziegenmilch-Erzeugung der Volksrepublik China 2 596 500 Tonnen, wovon ca 85 % Kuhmilch waren, von der wiederum die Staatsgüter 22,75 % erzeugten. Die Staatsgüter von Beijing, der Hauptstadt, erzeugten mehr als ein Fünftel der Milch aller Staatsgüter. 1984 erzeugten in Beijing die Staatsgüter 86,8 Prozent der Milch, in Shanghai 57,9 Prozent. <412> 1979 kam der größte Teil der Milch, die in Stadt-Gebiete geliefert wurde, aus Staatsgütern. <413> In einem chinesischen Bericht wurde gemeldet, daß 80 % der Frischmilch-Lieferungen in große und mittelgroße Städte aus Staatsgütern stammten. <414>

Die Milchproduktion der Staatsgüter wäre zu steigern, wenn die falsch organisierte Futtergewinnung und -bereitung verbessert würde. Ein Milch produzierendes Staatsgut mit dem Namen "Jianjiagang" in der Nähe von Harbin, das einen Bestand von 470 Milchkühen hatte, von denen 250 Milch gaben, fütterte seine Kühe u. a. mit Maissilage. Diese Maissilage wurde aus kaum drei Monate altem Mais bereitet, der zwar mehr als zwei Meter hoch war, aber kleine Kolben mit weichen Kernen besaß, deren flüssiger Inhalt auf Druck verspritzte. Mit modernen importierten Häckslern wurde solch unreifer Mais Ende August geerntet und zu Silage verarbeitet, die zu Recht als "Grünfutter" bezeichnet wurde. Infolge seines geringen Trockenmasse-Anteils und niedrigen Stärke-Gehalts entstand aus diesem Mais sehr saures Futter, das von den Kühen nicht gern aufgenommen wurde. Trotz des modernen Erntegeräts war dieser Mais nur unzureichend zerkleinert. <415> Nicht nur das Staatsgut "Jianjiagang", sondern auch viele andere Staatsgüter Heilongjiangs, beispielsweise das Staatsgut Nr. 597, gewannen auf diese Weise ihr Futter. <416> Rigide Vorschriften über zu späten Saat- und zu frühen Erntezeitpunkt und

Übersicht 28

Tierhaltung und Tierproduktion von Staatsgütern, landesweit, 1983 und 1984

Bestände (Stück)			Erzeugung (Tonnen)		
	1983 <1>	1984 <2>		1983 <1>	1984 <2>
Schweine	3 742 200	3 350 500	Fleisch	262 387	259 300
Rinder	.	1 485 100	Milch <3>	450 508	497 400
darunter:					
Milchkühe	276 600	282 800	Schaf- und Ziegen-Wolle	17 750	16 767
Schafe und Ziegen	7 810 200	7 809 300	Eier	.	86 972
			Fischereiprodukte <4>	41 163	49 577

<1> Die Zahlen für 1983 beruhen auf: Zhongguo Nongye Nianjian 1984, a. a. O., S. 140.

<2> Die Zahlen für 1984 gehen auf Angaben des Hauptbüros für Staatsgüter (Bureau of State Farms and Land Reclamation) im chinesischen Landwirtschaftsministerium zurück. Editorial Board of China Agriculture Yearbook, a. a. O., S. 188f.

<3> Diese Angabe bezieht sich für 1983 ausdrücklich auf Kuhmilch. Für 1984 gibt es keine solche Präzisierung.

<4> Dieser Begriff wurde zur Wiedergabe des englischen Begriffs "Aquatic products" gewählt. a. a. O., S. 189.

Unkenntnis in grundlegenden Bereichen der Futtergewinnung und -konservierung sowie der Tierernährung trugen verbreitet zu schlechter Fütterung des Milchviehs bei. Ein Milch-Farmer aus den USA, der China häufig besucht hatte, berichtete, daß es ihm einmal gelungen war, den Leiter eines Staatsguts in der Inneren Mongolei dazu zu überreden, den Staatsplan zu verletzen und einen Teil Silage-Mais so früh wie möglich zu säen und so spät wie möglich zu ernten. Im folgenden Frühjahr sei Kühen aus diesem Mais bereitetes Futter angeboten worden, das sie gern gefressen hätten, während sie das aus grünem Mais bereitete Futter verschmähten. <417>

6.5 Ernährungs-Industrie

Unter den in Übersicht 29 (S. 237) aufgeführten Industrie-Produkten ist Zucker als Produkt der Ernährungs-Industrie zu erwähnen, weil 1984 die Staatsgüter 6,95 Prozent zur gesamten Zuckerproduktion Chinas beitrugen. <418> Auch in anderen Bereichen der Ernährungs-Industrie setzten Staatsgüter ihre Produkte ab. Sie schlossen im April 1984 während ihrer Verkaufsmesse Geschäfte im Wert von 29 Millionen Yuan über verarbeitete Nahrungsmittel und Getränke ab. Die Guangdong-Agrar-Industrie-Handels-Gesellschaft ging ein Joint Venture mit einer Firma aus den USA ein, um eine moderne Kinderkost-Fabrik im Wert von 7 Millionen Dollar zu errichten. In Heilongjiang wurde mit dem Bau der ersten Fabrik für lösliches [Soja-] Bohnenpulver in China durch ein Staatsgut in Zusammenarbeit mit einer Nahrungsmittel-Fabrik begonnen. Obwohl die Investitionssumme nur 5 Millionen Yuan betrug, wurde ein [jährlicher] Netto-Gewinn von 1,5 Millionen Yuan erwartet. <419> Über den Abschluß eines Vertrages zur Errichtung einer Sojaöl-Extraktionsanlage in Heilongjiang berichteten deutsche Ingenieure. Diese Anlage ist auf eine Jahreskapazität von mehr als 100 000 Tonnen Sojabohnen angelegt und wird wahrscheinlich vorwiegend die Soja-Produktion der Staatsgüter aufnehmen. (S. auch S. 152.) <420> Zu den Betrieben der Ernährungsindustrie der Staatsgüter gehörten auch Fabriken für Fleischverarbeitung und Herstellung von Milchpulver und Spirituosen. <421>

Unter diesen Umständen hatten die Staatsgüter Chinas eine gute Ausgangsposition für die weitere Entwicklung

Übersicht 29

Erzeugung wichtiger Industrieprodukte von Staatsgütern landesweit, 1984 <1>

Elektrizität (1 000 kw)	772 930	Baumwolltuch (1 000 m)	129 471
Kohle (Tonnen)	5 673 411	Papier (Tonnen)	132 122
Synthetischer Ammoniak (Tonnen)	107 165	Zucker (Tonnen)	264 101
Chemischer Dünger (Tonnen)	103 415	Spirituosen (Tonnen)	228 833
Zement (Tonnen)	1 081 842	Molkerei-Produkte (Tonnen)	42 960
Ziegel-Steine (1 000 000)	5 983	Speiseöl (Tonnen)	73 815

<1> Diese Übersicht geht auf Angaben des Hauptbüros für Staatsgüter [Bureau of State Farms and Land Reclamation] im chinesischen Landwirtschaftsministerium zurück. Editorial Board of China Agriculture Yearbook, a. a. O., S. 192f.

ihrer Ernährungs-Industrie. Der stellvertretende Handelsminister gab 1985 bekannt, daß fortgeschrittene Technik und Maschinen dringend importiert werden müßten, um Öl-Extraktion, Fleischverarbeitung und die Produktion von Nahrungs-Zusatzstoffen zu verbessern. Dies müsse kombiniert werden mit der Steigerung der Exporte von Nahrungsmitteln, Öl und Getreide. Der Staat werde die Besteuerung verringern oder aussetzen für Firmen, die sich mit der Verarbeitung von Fleisch, Getreide, Speiseöl, Süßigkeiten, Backwaren, Sojasoße, Essig, [Soja-] Bohnenprodukten, Gewürzen, konserviertem Obst, Obstsaft und Kinderkost befassen. Er sagte, die Nahrungsmittel-Industrie sei die vielversprechendste Industrie des Landes und werde im Verlauf der Verbesserung des Lebensstandards die "Industrie Nr. 1" werden. <422>

In den Bereichen der Ernährungsindustrie, die der stellvertretende Handelsminister nannte, produzierten die Staatsgüter bereits, so daß ihre Teilnahme an der weiteren Entwicklung der Ernährungsindustrie zu erwarten ist. Die Milchversorgung der Städte wurde von Staatsgütern fast völlig dominiert (vgl. S. 234) und auch der Soja-Export zu einem großen Teil. Dies hat deshalb für die Entwicklung der Ernährungsindustrie Bedeutung, weil nach den Aussagen des stellvertretenden Handelsministers ein Junktim zwischen erforderlichen Anlagen-Importen und Getreide-Exporten bestand - vermutlich aus Gründen der Finanzierung, um Devisen zu sparen. 1979 exportierten die Staatsgüter 140 000 Tonnen Soja, angeblich einen wichtigen Teil der gesamten Soja-Exporte Chinas <423>, 1980 exportierten sie 156 000 Tonnen <424> und 185 000 Tonnen im Jahr 1981. <425> Soja wurde unter den wichtigsten Exportprodukten der Staatsgüter im Jahr 1980 und 1981 an erster Stelle genannt. <426> 1982 betrugen die gesamten Soja-Exporte Chinas 126 918 Tonnen im Gesamtwert von 36 660 000 US-Dollar bei einem Preis von 288,9 US-Dollar/t, 1983 betrugen sie 333 853 Tonnen im Gesamtwert von 86 380 000 US-Dollar bei einem Preis von 258,7 US-Dollar/t. <427> Falls die Soja-Exporte der Staatsgüter 1982 und 1983 in der gleichen Größenordnung lagen wie in den zwei Jahren zuvor, machten sie einen großen, wenn nicht den überwiegenden Teil der gesamten Soja-Exporte Chinas aus. Im Vergleich sowohl zum Gesamtwert der Getreide-Exporte Chinas als auch zum Wert der gesamten Exporte der

Staatsgüter nahmen sich deren Soja-Exporte nicht klein aus: 1982 betrug der Wert der Soja-Exporte der Staatsgüter nur etwa ein Zehntel, 1983 schon etwa ein Fünftel des Gesamtwerts der Getreide-Exporte Chinas <428>; 1980 betrug der Wert der gesamten Exporte der Staatsgüter 450 Millionen Yuan <429>, 1981 betrug er 506 Millionen Yuan <430>. In beiden Fällen entfiel ca. ein Drittel auf den Wert der Soja-Exporte der Staatsgüter, wenn ein Preis von 250 bis 300 US-Dollar pro Tonne Soja zugundegelegt und ein US-Dollar mit drei Yuan gleichgesetzt wird, was dem damaligen Umrechnungskurs etwa entspricht.

6.6 Wachstum der Bruttoproduktionswerte von Staatsgütern und Gesamtwirtschaft im Vergleich

Übersicht 30 (S. 240ff.) zeigt, wie sich die Bruttoproduktionswerte der Staatsgüter und der Gesamtwirtschaft <431>in den Jahren 1978 bis 1985 veränderten. Auffällig ist, daß in beiden Bereichen überwiegend zweistellige Zuwachsraten erreicht wurden. Aus den Angaben über den Bruttoproduktionswert der Landwirtschaft der Gesamtwirtschaft (zu diesem sonst unüblichen Ausdruck vgl. Anmerkung <431>) im Jahr 1979 ist zu erkennen, daß die Agrarpreise 1979 stark stiegen. Die Agrarpreise stiegen in den folgenden Jahren ebenfalls (die Angabe für 1980 ist eine Unregelmäßigkeit, vgl. Anmerkung <5> der Übersicht 30) und stiegen 1983 und 1984 auch im Verhältnis zu den Industriepreisen, wie die Unterschiede zwischen den Angaben der in Anmerkung <g> und <h> aufgeführten Quellen einerseits und den Angaben der in Anmerkung <f> aufgeführten Quelle andererseits zeigen. 1981 wies der Bruttoproduktionswert von Industrie und Landwirtschaft der Staatsgüter wie auch der der Gesamtwirtschaft ein niedrigeres Wachstum als in den früheren und folgenden Jahren auf.

Dem nachstehenden Vergleich des Wachstums der Bruttoproduktionswerte der Landwirtschaft der Staatsgüter mit dem der Landwirtschaft der Gesamtwirtschaft ist folgendes vorauszuschicken:

Innerhalb des Staatsgütersektors war der Anteil des Bruttoproduktionswertes der Industrie am gesamten Bruttoproduktionswert ihrer Ausrichtung gemäß niedriger als in der Gesamtwirtschaft. Der Bruttoproduktionswert

Übersicht 30

Bruttoproduktionswerte der Staatsgüter und der Gesamtwirtschaft <1>

Jahr	Bruttoproduktionswert von Landwirtschaft und Industrie, BPW(LI) <2>		Davon: Bruttoproduktionswert der Landwirtschaft, BPW(L)				Bruttoproduktionswert der Industrie, BPW(I)		Anteil des BPW(L) am BPW(LI)	Anteil des BPW(I) am BPW(LI)
	(RMB)	Zuwachs um (%)	(RMB)	Zuwachs um (%)	(RMB)	Zuwachs um (%)	(RMB)	Zuwachs um (%)	(%)	(%)
	Staatsgüter (Millionen Yuan bzw. %)									
	in Preisen von 1970 <3>									
1978	[7 310] <a>		3 776 <a>				3 534 <a>		51,7	48,3
1979	[8 143] <a>	11,4 <a>	4 215 <a>	11,6 <a>			[3 926] <a>	11,1 <a>	51,8	48,2
1980	8 603 <b>	5,7	4 782 <b>	13,5			3 821 <b>	-2,7	55,6	44,4
1981	8 619 <b>	0,2 <b>	4 447 <b>	-7,0 <b>			4 171 <b>	9,2 <b>	51,6	48,4
	in Preisen der 1980er Jahre <4>									
1982	11 620 <c>	34,8	6 637 <c>	49,3			4 984 <c>	19,5	57,1	42,9
1983	13 090 <d>	12,7	7 370 <d>	11,0			5 720 <d>	14,8	56,3	43,7
1984	14 680 <d>	12,2	7 740 <d>	5,0			6 940 <d>	21,3	52,7	47,3
1985	16 700 <e>	13,8								

(Fortsetzung siehe folgende Seite)

(Fortsetzung von Übersicht 30)

	Gesamtwirtschaft (Milliarden Yuan bzw. %) <5>									
	in laufenden Preisen		in Preisen von 1970		in lfdn. Preisen		in laufenden Preisen			
1978	563,4 <f>		145,9 <g>		156,7 <f>		406,7 <f>		27,8	72,2
1979	637,9 <f>	13,2	158,4 <g>	8,6	189,6 <f>	21,0	448,3 <f>	10,2	29,7	70,3
			in Preisen von 1980							
1980	707,7 <f>	10,9	222,3 <g>	40,3	218,0 <f>	15,0	489,7 <f>	9,2	30,8	69,2
1981	758,0 <f>	7,1	236,9 <g>	6,6	246,0 <f>	12,8	512,0 <f>	4,6	32,5	67,5
1982	829,1 <f>	9,4	263,2 <g>	11,1	278,5 <f>	13,2	550,6 <f>	7,5	33,6	66,4
1983	921,1 <f>	11,1			312,3 <f>	12,1	608,8 <f>	10,6	33,9	66,1
			288,4 <g>	9,6			616,4 <h>	12,0	31,9	68,1
1984	1 079,7 <f>	17,2			318,0 <f>	1,8	761,7 <f>	25,1	29,4	70,6
					(375,5)<f>	20,2	(704,2)<f>	15,7	34,8	65,2
			280,1 <g>	-2,9			760,6 <h>	23,4	26,9	73,1
			(337,7)<g>	17,1			(703,0)<h>	14,0 <h>	32,4	67,6
1985	1 326,9 <i>	22,9			357,5 <i>	12,4	969,4 <i>	27,3	26,9	73,1
					(451,0)<i>	20,1	(875,9)<i>	24,4	34,0	66,0

Anmerkungen siehe folgende Seite

Anmerkungen zu Übersicht 30:

<1> Die Zahlen in runden Klammern geben den BPW(L) einschließlich des Produktionswertes der von Dörfern betriebenen Industriebetriebe und den BPW(I) ohne den Produktionswert der von den Dörfern betriebenen Industriebetriebe an. Die Zahlen in eckigen Klammern wurden aufgrund von Angaben in Quellen errechnet. Die Prozentangaben sind errechnet, sofern bei ihnen keine Quellen angeführt sind.
Der Bruttoproduktionswert enthält Doppel- und Mehrfachzählungen, weil er Vorleistungen einschließt. Er läßt die Industrie im Vergleich zur Landwirtschaft bedeutender erscheinen, als sie ist. Beispielsweise ist der Bruttoproduktionswert einer Mehlmühle größer als der des Getreides, das von ihr verarbeitet wird. Louven, E: Chinesische Wirtschaftsterminologie: Definitionen und Kompatibilitätsprobleme, Teil I, in: China aktuell, April 1983, S. 235ff.

<2> Der BPW(LI) ist ein Teil des Gesellschaftlichen Gesamtproduktes (vgl. S. 99, Schaubild 4), das sich aus dem Bruttoproduktionswert von Landwirtschaft, Industrie, Bauwesen, Transport und Handel zusammensetzt. Erstmals wurde von chinesischer Seite 1983 der Betrag des Gesellschaftlichen Gesamtprodukts veröffentlicht. Landwirtschaft und Industrie trugen 1982 mehr als 83 % zum Gesellschaftlichen Gesamtprodukt bei. Louven, E, a. a. O.
Der BPW(L) umfaßt Erzeugung aus der Pflanzenproduktion, dem Forstwesen, der Viehzucht, dem Nebengewerbe und der Fischerei. Im Nebengewerbe ist bis einschließlich 1983 die ländliche Fabrikproduktion enthalten, die beginnend mit dem Jahr 1984 als industrielle Erzeugung geführt wird. State Statistical Bureau: China: A Statistics Survey in 1985, Beijing 1985, S. 30.
Der BPW(I) enthält den Wert aller Fertigprodukte und Halbwaren und aller industriellen Arbeiten, die für Auftraggeber ausgeführt werden. Die Industrie umfaßt in China fogende Bereiche: Extraktion natürlicher Ressourcen, Weiterverarbeitung landwirtschaftlicher und nebengewerblicher Produkte, Herstellung industrieller Produkte und deren Reparatur sowie Bereitstellung von Wasser, Gas und Elektrizität. Louven, E, a. a. O.

(Fortsetzung nächste Seite)

(Fortsetzung der Anmerkungen zu Übersicht 30)

<3> Keine der in den Anmerkungen <a> und <b> aufgeführten Quellen bezeichnet das Preisniveau, das für die Berechnung der Bruttoproduktionswerte der Jahre 1978 bis 1981 zugrundegelegt wurde. Doch gibt eine andere chinesische Quelle Aufschluß darüber, daß der BPW(LI), in konstanten Preisen von 1970, seit 1978 innerhalb von drei Jahren um 17,6 Prozent auf 8,6 Milliarden Yuan stieg. Diese Zahlen stimmen mit denen der Übersicht 30 überein. Summarize Experiences; Add to Achievements; and Advance on the Crest of Victory, a. a. O., S. 6. In der Angabe des Zeitraums ist diese Quelle ungenau - "innerhalb von drei Jahren" schließt das Jahr 1981 weder mit Sicherheit ein noch aus. In einer weiteren chinesischen Quelle wurde der BPW(LI), in konstanten Preisen von 1970, auf 8,6 Milliarden Yuan für 1981 beziffert. General Condition of Agricultural and Reclamation Production Construction in China, in: Zhongguo Nongken (State Farms and Land Reclamation in China), Nr. 5, 24. Mai 1982, S. 3-5, englisch in: JPRS, CRA Nr. 219, 6. Aug. 1982, S. 101.

<4> Den Quellen, die Angaben über die Bruttoproduktionswerte der Staatsgüter von 1982, 1983, 1984 und 1985 enthalten, war nicht zu entnehmen, ob sie sich auf das Preisniveau eines bestimmten Jahres oder auf laufende Preise bezogen. Die BPW(L) der Staatsgüter von 1982, 1983 und 1984 sind gegenüber deren in Preisen von 1970 berechnetem BPW(L) um ein ähnliches Maß höher wie die in Preisen von 1980 berechneten Bruttoproduktionswerte der Gesamtwirtschaft jener Jahre gegenüber deren in Preisen von 1970 berechneten Bruttoproduktionswerten. Daraus ist zu schließen, daß die Bruttoproduktionswerte der Staatsgüter jener Jahre in Preisen der 1980er Jahre berechnet wurden. Die starke Steigerung des BPW(L) ist vermutlich z. T. auf die Steigerung der Agrarpreise zurückzuführen. (Vgl. S. 93 u. S. 128.)

<5> BPW(I), die aus der in Anmerkung <h> aufgeführten Quelle entnommen sind, wurden in Preisen von 1980 berechnet. Ungeklärt ist, warum der BPW(I) der Gesamtwirtschaft im Jahr 1983 in laufenden Preisen niedriger ist als in Preisen von 1980, obwohl es keinen Hinweis auf eine Senkung des Niveaus der Industriepreise im Jahr 1983 gibt. Unklar ist auch, warum die Angaben über den BPW(L) der Gesamtwirtschaft des Jahres 1980 verschieden sind, obwohl gleiches Preisniveau zugrundegelegt wurde. Der BPW(L) der Gesamtwirtschaft

(Fortsetzung nächste Seite)

(Fortsetzung von Anmerkung 5 zu Übersicht 30)

des Jahres 1980 in Preisen von 1970 betrug 164,6 Milliarden Yuan. Sein Zuwachs, in Preisen von 1970, betrug 3,9 Prozent gegenüber 1979. Die in dieser Übersicht angegebenen 40,3 Prozent Zuwachs des BPW(L) von 1980 gehen somit zum größten Teil auf Preissteigerung zurück. Editorial Board of China Agriculture Yearbook: China Agriculture Yearbook 1985, Beijing 1986, S. 76.
In vergleichbaren Preisen berechnet, betrug 1985 das Wachstum des BPW(LI) 16,4 Prozent, das des BPW(L) ohne den BPW der Dorfindustrie 3,0 Prozent, das des BPW(L) einschließlich des BPW der Dorfindustrie 13,0 Prozent, das des BPW(I) einschließlich des BPW der Dorfindustrie 21,4 Prozent und das des BPW(I) ohne den BPW der Dorfindustrie 18 Prozent. Daraus folgt, daß der BPW der Dorfindustrie schneller wuchs als der BPW(L) und auch schneller wuchs als der BPW(I).

<a> Zao Xuezhi, a. a. O., S. 72.
<b> Zhongguo Nongye Nianjian 1982, Beijing 1983, S. 66f.
<c> Zhongguo Nongye Nianjian 1983, Beijing 1984, S. 93.
<d> Editorial Board of China Agriculture Yearbook: China Agriculture Yearbook 1985, Beijing 1986, S. 179.
<e> China aktuell, a. a. O.
<f> State Statistical Bureau: China: A Statistics Survey in 1985, Beijing 1985, S. 8.
<g> A. a. O., S. 30.
<h> A. a. O., S. 44.
<i> Staatliches Statistikamt der Volksrepublik China: Kommuniqué über die Ausführung des Plans für die volkswirtschaftliche und gesellschaftliche Entwicklung 1985, in: Beijing Rundschau, Jg. 23, Nr. 12, 25. März 1986, S. II u. III.

der Landwirtschaft der Staatsgüter wuchs in einigen Jahren schneller, in anderen Jahren langsamer als der Bruttoproduktionswert der Industrie der Staatsgüter, wahrscheinlich zum Teil bedingt durch Schwerpunkte ihrer Agrarproduktion in bestimmten Landesteilen und durch die daraus resultierende Abhängigkeit von lokalen Wettereinflüssen. (Vgl. S. 249f., Übersicht 31.) Im Unterschied dazu wuchs der Bruttoproduktionswert der Landwirtschaft der Gesamtwirtschaft, in laufenden Preisen, mit Ausnahme des Jahres 1985 stets schneller als der Bruttoproduktionswert der Industrie der Gesamtwirtschaft (wenn der Produktionswert der von den Dörfern betriebenen Industriebetriebe zum Bruttoproduktionswert der Landwirtschaft gerechnet wird). Der Anteil des Produktionswertes der von den Dörfern betriebenen Industriebetriebe am Bruttoproduktionswert der Landwirtschaft der Gesamtwirtschaft betrug in der Zeit von 1978 bis 1985 in den einzelnen Jahren:

Jahr	1978	1979	1980	1981	1982	1983	1984	1985
%	11,7	12,5	14,6	11,7	11,6	13,0	15,3	20,7

<432>

Daher ist gerechtfertigt, den Produktionswert der von den Dörfern betriebenen Industriebetriebe vom Bruttoproduktionswert der Landwirtschaft der Gesamtwirtschaft abzuziehen und zum Bruttoproduktionswert der Industrie hinzuzuzählen, um Vergleichbarkeit mit den entsprechenden Bruttoproduktionswerten der Staatsgüter herzustellen. Derart korrigiert enthalten die Zeitreihen der Bruttoproduktionswerte der Gesamtwirtschaft folgende Zahlen:

J a h r							
1978	1979	1980	1981	1982	1983	1984	1985
Bruttoproduktionswert der Landwirtschaft (Mrd. Yuan)							
138,4	165,9	186,2	217,2	246,2	271,7	318,0	357,5
Zuwachs um (%)							
.	19,9	12,2	12,1	13,4	10,4	17,0	12,4

(Fortsetzung siehe folgende Seite)

(Fortsetzung von der vorhergehenden Seite)

Jahr							
1978	1979	1980	1981	1982	1983	1984	1985
Bruttoproduktionswert der Industrie (Mrd. Yuan)							
425	472	521,5	540,8	582,9	649,4	761,7	969,4
Zuwachs um (%)							
.	11,1	10,5	5,2	7,8	11,4	17,3	27,3

<433>

Ein Vergleich dieser Zeitreihen ergibt, daß der Bruttoproduktionswert der Landwirtschaft der Gesamtwirtschaft von 1978 bis 1982 stets schneller zunahm als der Bruttoproduktionswert der Industrie der Gesamtwirtschaft. Von 1983 bis 1985 war es umgekehrt. Dieser Umschwung ist zu einem erheblichen Teil das starke Wachstum des Bruttoproduktionswerts der von den Dörfern betriebenen Industriebetriebe in den Jahren 1983 bis 1985 zurückzuführen. Der Bruttoproduktionswert dieses Industrie-Bereichs entwickelte sich wie folgt:

Jahr							
1978	1979	1980	1981	1982	1983	1984	1985
Bruttoproduktionswert der von den Dörfern betriebenen Industriebetriebe (Mrd. Yuan)							
18,3	23,7	31,8	28,8	32,3	40,6	57,5	93,5
Zuwachs um (%)							
.	29,5	34,2	19,0	12,2	25,7	41,6	62,6

<434>

Die Wachstumsraten der Bruttoproduktionswerte der Landwirtschaft der Gesamtwirtschaft sind lediglich für die Jahre 1979 und 1980 sowie 1983 und 1984 mit den entsprechenden Wachstumsraten der Bruttoproduktionswerte der Landwirtschaft der Staatsgüter zu vergleichen, denn unterschiedliche Preise und Unterbrechung der Zeitreihe lassen die Einbeziehung der Jahre 1981 und 1982 nicht zu. Verglichen werden diese Wachstumsraten im folgenden unter der Prämisse, daß die Bruttoproduktionswerte der Landwirtschaft der Staatsgüter ebenso wie die Bruttoproduktionswerte der Landwirtschaft der Gesamtwirtschaft 1983 und 1984 entweder in Preisen von 1980 oder in laufenden Preisen angegeben wurden.

Das Wachstum des Bruttoproduktionswerts der Landwirtschaft der Staatsgüter in Preisen von 1970 lag 1979 und 1980 höher als das des Bruttoproduktionswerts der Landwirtschaft der Gesamtwirtschaft (s. Anmerkung <5> zu Übersicht 30, S. 243f.) - sowohl mit als auch ohne Dorfindustrie. <435> Es lag 1983 höher und 1984 niedriger als das des jeweils entsprechenden Bruttoproduktionswertes der Landwirtschaft der Gesamtwirtschaft, falls der Bruttoproduktionswert der Landwirtschaft der Staatsgüter jeweils in Preisen von 1980 angegeben wurde, jeweils sowohl mit als auch ohne Dorfindustrie. <436> Falls die Bruttoproduktionswerte der Landwirtschaft der Staatsgüter 1983 und 1984 in laufenden Preisen angegeben wurden, muß deren Wachstum mit dem Wachstum der entsprechenden Bruttoproduktionswerte der Landwirtschaft der Gesamtwirtschaft in laufenden Preisen verglichen werden. Dazu ist erforderlich, von den Bruttoproduktionswerten der Landwirtschaft der Gesamtwirtschaft in laufenden Preisen der Jahre 1982, 1983 und 1984 den Beitrag der Dorfindustrie abzuziehen. Er lag 1982 bei 11,6 Prozent, 1983 bei 13,0 Prozent und 1984 bei 15,3 Prozent. (Vgl. S. 245.) Die entsprechend korrigierten Bruttoproduktionswerte der Landwirtschaft der Gesamtwirtschaft lauten: 246,2 Milliarden Yuan für 1982, 271,7 Milliarden Yuan für 1983 und 318,0 Milliarden Yuan für 1984. Daraus ergibt sich, daß der Bruttoproduktionswert der Landwirtschaft der Gesamtwirtschaft um 10,4 Prozent im Jahr 1983 wuchs und um 17,0 Prozent im Jahr 1984. Folglich war das Wachstum des Bruttoproduktionswerts der Landwirtschaft der Staatsgüter in laufenden Preisen 1983 höher und 1984 niedriger als das entsprechende Wachstum des Bruttoproduktionswerts der Landwirtschaft der Gesamtwirtschaft.

In den Jahren 1984 und 1985 blieb das Wachstum des Bruttoproduktionswerts von Landwirtschaft und Industrie des Staatsgütersektors deutlich hinter dem des Bruttoproduktionswerts von Landwirtschaft und Industrie der Gesamtwirtschaft zurück. Dies ist hauptsächlich darauf zurückzuführen, daß die Industrie der Gesamtwirtschaft schneller wuchs als deren Landwirtschaft und daß der Anteil der Industrie am Bruttoproduktionswert von Landwirtschaft und Industrie der Gesamtwirtschaft größer war als am Bruttoproduktionswert von Landwirtschaft und Industrie der Staatsgüter. Staatsgüter wiesen einen im Vergleich zur Gesamtwirtschaft niedrigen Industrie-Anteil auf. Doch waren sie als ländliche Wirtschaftsform wesentlich stärker industrialisiert als die Landwirtschaft Chinas insgesamt, wenn als Maßstab das Verhältnis von landwirtschaftlichem und industriellem Bruttoproduktionswert der Staatsgüter einerseits und das Verhältnis von landwirtschaftlichem Bruttoproduktionswert und Bruttoproduktionswert der Dorfindustrie der Gesamtwirtschaft andererseits zugrundegelegt wird. 1984 machte die Industrie etwa die Hälfte des Bruttoproduktionswerts von Landwirtschaft und Industrie der Staatsgüter aus, dagegen machte 1984 die Dorfindustrie nur 15,3 Prozent des Bruttoproduktionswerts der Landwirtschaft in laufenden Preisen aus. Als Folge der raschen Entwicklung der Dorfindustrie in den Jahren 1983, 1984 und 1985 zeichnete sich ab, daß die Unterschiede zwischen dem Industrialisierungs-Niveau der Staatsgüter und der übrigen ländlichen Gebiete Chinas kleiner werden.

Übersicht 31 (S. 249f.) zeigt die Zusammensetzung des Bruttoproduktionswerts von Landwirtschaft und Industrie der Staatsgüter nach den Beiträgen der Produktionsbereiche in den Jahren 1981 und 1984 und der Provinzen im Jahr 1984. Insgesamt überwog 1981 und 1984 der Bruttoproduktionswert der Landwirtschaft der Staatsgüter den Bruttoproduktionswert von deren Industrie, doch in 13 von 29 Landesteilen war es 1984 umgekehrt. Innerhalb des Bruttoproduktionswerts der Landwirtschaft der Staatsgüter dominierte 1981 und 1984 insgesamt die Pflanzenproduktion, jeweils gefolgt von der Forstwirtschaft, der Tierproduktion, dem Nebengewerbe <437> und der Fischerei. 1984 herrschte in den Staatsgütern der meisten Landesteile die Pflanzenproduktion vor, in Guangdong und Yunnan die Forstwirtschaft, in Tianjin, Shanxi, Shanghai und Sichuan die Tierproduktion und in Beijing das Nebengewerbe. Der Bruttoproduktionswert der Landwirtschaft der Staatsgüter gliederte sich 1981 und 1984 wie folgt (siehe S. 251):

Übersicht 31

Bruttoproduktionswerte von Landwirtschaft und Industrie der Staatsgüter nach Provinzen, in 1 000 000 Yuan

Provinz	Bruttoproduktionswert von Landwirtschaft und Industrie, (BPW(LI)	Bruttoproduktionswert der Landwirtschaft, BPW(L)	Davon im Bereich:					Bruttoproduktionswert der Industrie, BPW(I)	Anteil des BPW(L) am BPW(LI) (%)	Anteil des BPW(I) am BPW(LI) (%)
			Pflanzenproduktion	Forstwirtschaft	Tierproduktion	Nebengewerbe	Fischerei			
Insgesamt										
1981 <a>	8 600,000	4 400,000	2 500,000	890,000	610,000	420,000	20,000	4 200,000	51,2	48,8
1984 <b>	14 677,652	7 737,840	4 655,100	1 294,780	1 043,920	676,320	67,720	6 939,812	52,7	47,3
Zuwachs (%)	70,7	75,9	86,2	45,5	71,1	61,0	238,6	65,2		
Beijing	687,520	354,860	111,710	3,280	102,180	134,740	2,950	332,660	51,6	48,4
Tianjin	164,850	41,410	6,450	360	31,260	3,170	170	123,440	25,1	74,9
Hebei	362,436	150,550	93,350	1,320	25,950	26,820	3,110	211,886	41,5	58,5
Shanxi	36,853	17,980	4,980	260	9,830	2,910	.	18,873	48,8	51,2
Inn. Mongol.	339,651	273,530	165,920	4,840	70,360	30,890	1,520	66,121	80,5	19,5
Liaoning	640,613	441,010	291,410	7,050	70,590	59,130	12,850	199,583	68,8	31,2
Jilin	271,094	185,960	110,070	3,650	41,730	30,250	260	85,134	68,6	31,4
Heilongjiang	2 326,067	1 450,830	1 264,440	37,470	98,490	46,840	3,590	875,237	62,4	37,6

(Fortsetzung siehe folgende Seite)

(Fortsetzung von Übersicht 31)

Shanghai	943,433	122,410	46,820	890	53,480	17,490	3,730	821,023	13,0	87,0
Jiangsu	526,307	207,790	161,330	4,030	17,000	23,170	2,260	318,517	39,5	60,5
Zhejiang	225,817	65,670	43,490	1,840	14,950	5,000	390	160,147	29,1	70,9
Anhui	139,380	93,230	78,500	750	8,230	4,930	820	46,150	66,9	33,1
Fujian	163,929	99,100	60,440	7,830	13,430	15,850	1,550	64,829	60,4	39,6
Jiangxi	600,834	179,210	93,690	23,460	22,800	36,950	2,310	421,624	29,8	70,2
Shandong	29,539	24,290	18,690	170	1,670	3,730	30	5,249	82,2	17,8
Henan	106,212	60,730	46,330	1,110	4,340	8,820	130	45,482	57,2	42,8
Hubei	958,637	510,000	400,160	5,310	61,010	31,580	11,940	448,637	53,2	46,8
Hunan	484,392	274,120	198,700	3,070	46,680	16,560	9,110	210,272	56,6	43,4
Guangdong	1 933,016	1 214,980	138,060	961,430	77,280	35,020	3,190	718,036	62,8	37,2
Guangxi	191,803	84,280	46,590	19,310	13,930	4,130	320	107,523	43,9	56,1
Sichuan	112,468	42,250	10,720	60	25,500	5,610	360	70,218	37,6	62,4
Guizhou	31,141	16,290	7,390	70	5,030	3,680	120	14,851	52,3	47,7
Yunnan	304,907	228,340	21,590	173,700	16,930	15,160	960	76,567	74,9	25,1
Tibet	34,200	14,000	8,920	460	4,610	.	10	20,200	40,9	59,1
Shaanxi	80,230	38,900	24,430	470	13,250	600	150	41,330	48,5	51,5
Gansu	87,770	43,200	34,150	4,280	3,810	960	.	44,570	49,2	50,8
Qinghai	26,771	20,500	12,030	160	5,630	2,680	.	6,271	76,6	23,4
Ningxia	108,180	53,350	43,470	2,400	6,270	1,110	100	54,830	49,3	50,7
Xinjiang	2 759,602	1 429,050	1 111,270	25,750	177,700	108,540	5,790	1 330,552	51,8	48,2

<a> General Condition of Agricultural and Reclamation Production Construction in China in 1981, in: Zhongguo Nongken (State Farms and Land Reclamation in China), Nr. 5, 24. Mai 1982, S. 3-5, englisch in: JPRS, CRA Nr. 219, 6. Aug. 1982, S. 101. Diese Quelle bietet die einzige bekannte Vergleichsmöglichkeit zu den Angaben für das Jahr 1984 in Übersicht 31.

<b> Die Zahlen für 1984 gehen auf Angaben des Hauptbüros für Staatsgüter (Bureau of State Farms and Land Reclamation) im chinesischen Landwirtschaftsministerium zurück. Editorial Board of China Agriculture Yearbook, a. a. O., S. 183.

Jahr	Pflanzen-produktion	Forst-wirtschaft	Tier-produktion	Neben-gewerbe	Fischerei
1981	56,2 %	20,0 %	13,9 %	9,5 %	0,4 %
1984	60,2 %	16,7 %	13,5 %	8,7 %	0,9 %

<438>

1981 stammten 760 Millionen Yuan (85,4 Prozent) des Bruttoproduktionswerts der Forstwirtschaft der Staatsgüter aus dem Gummi-Anbau. <439> Immerhin waren dies 13,7 Prozent des Bruttoproduktionswerts der Landwirtschaft der Staatsgüter.

1984 leisteten die Staatsgüter Xinjiangs und Heilongjiangs die größten Beiträge zum Bruttoproduktionswert der Landwirtschaft und der Industrie des gesamten Staatsgütersektors. Sie waren auch in der Pflanzenproduktion führend. In der Forstwirtschaft führten die Staatsgüter Guangdongs und Yunnans, in der Tierproduktion die Xinjiangs und Beijings und diese im Nebengewerbe - in anderer Reihenfolge - ebenfalls. In der Fischerei führten die Staatsgüter Liaonings und Hubeis.

6.7 Überlegenheit oder Bevorzugung - Vergleich von Arbeitsproduktivität und Flächenproduktivität der Staatsgüter und der Landwirtschaft der Gesamtwirtschaft

In chinesischen Quellen wurden die Staatsgüter 1958 konkret als überlegen gegenüber bäuerlichen Siedlern (vgl. S. 47f.) dargestellt oder 1980 ohne Vergleich als überlegen bezeichnet. <440> Ohne Erläuterung sagt diese Bezeichnung ebensowenig aus wie die isolierte Behauptung einer anderen chinesischen Quelle von 1980, der zufolge sozialistisches kollektives Eigentum auf dem Land den Staatsgütern angeblich offensichtlich überlegen ist. <441> Im folgenden wird deshalb auf Arbeits- und Flächenproduktivität - über Kapitalproduktivität liegen keine Daten vor - der Staatsgüter im Vergleich zur Landwirtschaft der Gesamtwirtschaft Chinas eingegangen. Dies ist auch erforderlich, weil mehrfach in chinesischen Quellen Modellfunktion und Führungsrolle der Staatsgüter erwähnt wurden, so beispielsweise 1982:

> "Die wichtigsten vom Staat festgelegten Aufgaben der Staatsgüter waren: [...] ein Beispiel für Bauern zu geben mit profitablen wirtschaftlichen Ergebnissen hoher Erträge und niedriger Kosten; [...] die Über-

legenheit der Massen-Kollektiv-Produktion zu demonstrieren, damit die Bauern veranlaßt werden, sich zu organisieren und den Weg der Kollektivierung einzuschlagen." <442> Diese Aufgaben wurden schon zu Beginn der 1950er Jahre, etwa 1953, festgelegt.

Ein Regierungsbericht, den der damalige Ministerpräsident Hua Guofeng im Februar 1978 dem 5. Nationalen Volkskongreß vorlegte, hob hervor:

> "Staatsgüter sind landwirtschaftliche Unternehmen im Volkseigentum, die wirklich eine Modellrolle im Prozeß des Aufbaus sozialistischer großbetrieblicher Landwirtschaft spielen sollten." <443>

In einem Leitartikel der Volkszeitung vom 20. August 1977 hieß es:

> "Ferner symbolisieren Staatsgüter die Richtung, in die sozialistische Landwirtschaft sich entwickeln wird." <444>

Ein weiterer Leitartikel der Volkszeitung vom 16. März 1979 war überschrieben mit "Staatsgüter sollen Schrittmacher der Modernisierung der Landwirtschaft sein". <445>

Mit der Einführung des Systems der Produktionsverantwortlichkeit und der Familien-Betriebe in den Staatsgütern war deren Vorbildrolle für die kollektiv-großbetriebliche Landwirtschaft beendet.

Doch im Bereich der Integration von Landwirtschaft, Industrie und Handel bestand die Vorbildrolle der Staatsgüter fort.

1980 wurde in einer Quelle als Mittel für die Führungsrolle der Staatsgüter deren integrierte Agrar-Industrie-Handels-Unternehmen angegeben <446> und deren Überlegenheit als erwiesen hingestellt. (Vgl. S. 144.) <447> 1981 wurde in einer weiteren Quelle behauptet, solche Unternehmen repräsentierten den Trend der wirtschaftlichen Entwicklung. <448> Über die integrierten Agrar-Industrie-Handels-Unternehmen sind keine umfassenden Statistiken der Jahre 1983 bis 1985 bekannt, lediglich einige Erfolgsmeldungen:

- Die Changjiang AIC [= agriculture - industry - commerce] Corporation (vermutlich identisch mit dem Agro-Industrie-Kombinat Changjiang, vgl. S. 146) in Chongqing erwirtschaftete 6,8 Millionen Yuan Gewinn im Jahr 1984, 31 Prozent mehr als im Jahr zuvor. Der Gewinn der Tianjin AIC Corporation stieg (1984) um 18 Prozent auf 34 Millionen Yuan. Der Gewinn der Zhejiang AIC Corporation stieg von 1983 bis 1984 um 14 Prozent auf 24 Millionen Yuan. <449>

- 1982 wurde die "China AHIC [= animal husbandry - industry - commerce] Corporation" gegründet als ein spezialisiertes Unternehmen staatlicher Tierproduktion unter dem Landwirtschafts-Ministerium. Die China AHIC Corporation gründete 29 AHIC-Unternehmen und mehr als 150 Agenturen, die sich mit Produktion und Vermarktung von Geflügel, Eiern, Fleisch oder Milchprodukten befaßten. Der Umsatz dieser Unternehmen belief sich 1984 auf mehr als 200 Millionen Yuan bei einem Netto-Gewinn von über 20 Millionen Yuan.
  Die China AHIC Corporation traf eine Vereinbarung mit Partnern aus der Bundesrepublik Deutschland, um einen modernen Schlachthof zu betreiben. <450> Das einzige derartige chinesisch-deutsche Gemeinschaftsvorhaben, das bekannt wurde, hat ein Volumen von 5 Millionen US-Dollar. <451> Für Fleisch-Produkte bestanden 1985 gute Absatzmöglichkeiten: 1985 wurden nur 300 000 Tonnen Fleisch zu Würsten, Schinken und anderen Fleischprodukten verarbeitet. Dies machte nur 10 Prozent der Gesamtmenge der Schlachttiere aus und befriedigte den Bedarf Chinas nur zur Hälfte. <452>

Die Arbeitsproduktivität der Staatsgüter ist aufgrund vorliegender Daten nur insgesamt zu messen, indem die Bruttoproduktionswerte von Landwirtschaft und Industrie der Staatsgüter auf die Zahl von deren Arbeitskräften bezogen werden. Die Zahl der Arbeitskräfte der Staatsgüter liegt nicht nach landwirtschaftlichen und industriellen Arbeitskräften gegliedert vor. Für 1984 ergeben sich folgende Werte der Staatsgüter (vgl. S. 216f., Übersicht 23 u. S. 249f., Übersicht 31):

$$\frac{\text{Bruttoproduktionswert von Landwirtschaft und Industrie}}{\text{Zahl der Arbeitskräfte}} = \frac{14\ 677\ 652\ 000\ \text{Yuan}}{4\ 927\ 900\ \text{AK}} = 2978{,}5\ \text{Yuan/AK}$$

Die entsprechenden Werte der Landwirtschaft der Gesamtwirtschaft lauten <453>:

$$\frac{\text{Bruttoproduktionswert von Landwirtschaft und Industrie}}{\text{Zahl der Arbeitskräfte}} = \frac{357\,500\,000\,000 \text{ Yuan}}{359\,676\,000 \text{ AK}} = 1044{,}0 \text{ Yuan/ha}$$

Die Arbeitsproduktivität der Staatsgüter war nach diesem Maßstab durchweg höher als die der Landwirtschaft der Gesamtwirtschaft.

Um die Bereiche der Entstehung des Bruttoproduktionswerts von Landwirtschaft und Industrie in Staatsgütern und Gesamtwirtschaft zu vergleichen, ist nachstehend die Struktur dieser Bruttoproduktionswerte aufgeführt:

Bruttoproduktionswert			vom Bruttoproduktionswert der Landwirtschaft:				
von Landwirtschaft und Industrie	der Industrie	der Landwirtschaft	Pflanzenproduktion	Tierproduktion	Forstwirtschaft	Nebengewerbe	Fischerei
Staatsgüter							
100 %	47,3 %	52,7 %	60,2 %	13,5%	16,7 %	8,7 %	0,9%
Gesamtwirtschaft							
100 %	15,3 %	84,7 %	68,8 %	18,3%	5,0 %	5,4 %	2,7%

<454>

Wegen der ungleichen Struktur des Bruttoproduktionswerts der Landwirtschaft von Staatsgütern und Gesamtwirtschaft ist die Berechnung der Flächenproduktivität nur sinnvoll, wenn die Bereiche der Pflanzenproduktion verglichen werden, weil diese sich aufgrund ihrer großen und ungefähr gleichen Bedeutung mehr als die übrigen Bereiche zum Vergleich eignen. Bezieht man jeweils den Bruttoproduktionswert der Pflanzenproduktion auf die entsprechende Saatfläche <455>, ergeben sich folgende Werte:

$$\frac{\text{Bruttoproduktionswert der Pflanzenproduktion der Staatsgüter}}{\text{Saatfläche der Staatsgüter}} = \frac{4\,655\,100\,000 \text{ Yuan}}{4\,121\,800 \text{ ha}} = 1129{,}4 \text{ Yuan/ha}$$

$$\frac{\text{Bruttoproduktionswert der Pflanzenproduktion der Gesamtwirtschaft}}{\text{Saatfläche der Gesamtwirtschaft}} = \frac{218\ 165\ 000\ 000 \text{ Yuan}}{144\ 221\ 000 \text{ ha}} = 1512{,}7 \text{ Yuan/ha}$$

Die Flächenproduktivität der Pflanzenproduktion der Gesamtwirtschaft lag nach diesem Maßstab um über 33 Prozent höher als die der Staatsgüter. Dies war nicht überall so, wenn ein Bericht über ein Staatsgut in Jiangsu zutrifft, dessen Nahrungsgetreide-Ertrag mit 9,63 t/ha über 30 Prozent mehr als der der umgebenden Kommunen betrug. <456> 1952 hatte der durchschnittliche Weizenertrag mechanisierter Staatsgüter den Landesdurchschnitt um 21,7 Prozent überstiegen und ihr durchschnittlicher Baumwoll-Ertrag war um 48,7 Prozent, ihr durchschnittlicher Sojaertrag um 11 Prozent höher als der Landesdurchschnitt gewesen. <457> 1984 dagegen lag der Baumwoll-Ertrag im Landesdurchschnitt um 10,6 Prozent über dem der Staatsgüter und der Getreideertrag (Daten über einzelne Getreidearten sind nicht verfügbar) lag im Landesdurchschnitt um 49,9 Prozent über dem der Staatsgüter. <458>

Bezogen auf die Saatfläche war die Landwirtschaft der Gesamtwirtschaft mit ca. 2,5 Arbeitskräften pro Hektar ausgestattet - mit etwa der doppelten Zahl im Vergleich zu den Staatsgütern, die ca. 1,2 Arbeitskräfte pro Hektar aufwiesen.

Bei der Beurteilung der jeweiligen Arbeits- und Flächenproduktivität ist folgendes zu bedenken:

1. Arbeits- und Flächen-Produktivität der Landwirtschaft der Gesamtwirtschaft wurden durch den überproportional hohen Anteil am Anbau von Produkten mit niedrigem Erlös pro Flächeneinheit (Getreide ohne Soja) beeinträchtigt, wogegen Staatsgüter einen überproportional großen Teil Soja und Kautschuk produzierten, die einen hohen Erlös pro Flächeneinheit erzielten. (Vgl. die Übersichten 9 bis 14, S. 108 bis 113 und S. 230ff.) 1982 trugen die Staatsgüter 12,2 Prozent zur gesamten Soja-Produktion Chinas bei. <459> Staatsgüter produ-

zierten den überwiegenden Teil des Kautschuks Chinas. (Vgl. S. 231.)

2. Arbeits- und Flächenproduktivität der Staatsgüter wurden durch ungünstige natürliche Bedingungen beeinträchtigt. (Vgl. S. 64.) Bäuerliche Siedler hätten unter solchen Bedingungen vermutlich erheblich niedrigere Arbeits- und Flächenproduktivität als die Staatsgüter erzielt. (Vgl. S. 47f..) Andererseits gediehen gerade unter den Natur-Bedingungen der Neuland-Gebiete Kulturen mit hohem Erlös pro Flächeneinheit (Soja und Kautschuk) besonders gut. Staatsgüter waren der Schlüssel zu diesen lukrativen Kulturen in Neuland-Gebieten, mußten aber gelegentlich Einbußen durch Witterungseinflüsse hinnehmen.

3. Die relativ hohe Getreide-Vermarktungsquote der Staatsgüter war sicher z. T. bedingt durch deren relativ große Getreide-Saatfläche, bezogen auf deren Arbeitskräfte. Die Staatsgüter vermarkteten 1984 ca. eine Tonne Getreide pro Hektar Saatfläche, die Landwirtschaft der Gesamtwirtschaft nur ca. eine halbe Tonne. Pro Arbeitskraft vermarkteten die Staatsgüter in jenem Jahr ca. 0,7 Tonnen Getreide, viermal mehr als die Landwirtschaft der Gesamtwirtschaft. Der Eigenverbrauch lag jeweils bei knapp einer Tonne je Arbeitskraft. <460> Obwohl die Flächenproduktivität der Pflanzenproduktion der Gesamtwirtschaft größer war als die der Staatsgüter, war die Getreide-Vermarktungsquote der Staatsgüter höher als die der Landwirtschaft der Gesamtwirtschaft. (Vgl. S. 212.) M. a. W.: Die im Vergleich zu den Staatsgütern hohe Flächenproduktivität der Pflanzenproduktion der Gesamtwirtschaft wurde durch die im Vergleich zu den Staatsgütern hohe Arbeitskräfte-Ausstattung pro Flächeneinheit erkauft und kam durch überproportional hohen Arbeitskräfte-Einsatz zustande: sie lag nur um ca. 33 Prozent höher als die der Staatsgüter, doch bezogen auf die Saatfläche lag die Arbeitskräfte-Ausstattung der Landwirtschaft der Gesamtwirtschaft um ca. 100 Prozent über der der Staatsgüter. Folglich entschied die Arbeitsproduktivität maßgeblich über die Vermarktungsquote. Im folgenden wird deshalb auf Bestimmungs-

gründe der Arbeitsproduktivität eingegangen, um Ursachen für deren Verschiedenheit in der Landwirtschaft der Staatsgüter und der Gesamtwirtschaft herauszufinden.

Angaben über physische Konstitution und Bildungsgrad lagen nicht vor. Verhältnismäßig detaillierte Zahlen gab es über industrielle Inputs. Reisch gab an, daß die Staatsgüter 1979, als sie rund 4 Prozent der Anbaufläche (gemeint ist vermutlich die kultivierte Fläche Chinas) bewirtschafteten, über 70 Prozent des Gesamtbestandes der Mähdrescher, 8 Prozent der mittleren und großen Schlepper und 2 Prozent der Kleinschlepper verfügten und daß sie pro 1000 Hektar bebautes Land (vermutlich ist kultivierte Fläche gemeint) 11,66 mittlere und große Schlepper, 5,85 Kleinschlepper, 3,41 Mähdrescher und 4,65 Dreschmaschinen besaßen. Staatsgütern seien 1,17 Millionen Tonnen Dünger im Jahr 1979 zugeteilt worden. Dies habe 262,5 kg/ha Anbaufläche im Vergleich zu 90 kg/ha in der übrigen Landwirtschaft entsprochen. <461> Die Staatsgüter waren 1979, gemessen an der von Reisch angegebenen Anbaufläche, unterproportional mit Kleinschleppern und überproportional mit mittleren und großen Schleppern und Mähdreschern ausgestattet. Über den Anteil der Staatsgüter an den Dreschmaschinen und die jeweilige Zahl der Maschinen der übrigen Landwirtschaft pro 1000 Hektar bebautes Land sowie Art und Zusammensetzung des Düngers machte Reisch keine Angaben.

Übersicht 32 (S. 258) gibt für das Jahr 1984 Aufschluß über Maschinen-Ausstattung von Staatsgütern und Landwirtschaft der Gesamtwirtschaft. Obwohl Staatsgüter nur 2,9 Prozent der Saatfläche der Landwirtschaft der Gesamtwirtschaft bestellten <462>, verfügten sie über 3,6 Prozent der PS der Landmaschinen der Landwirtschaft der Gesamtwirtschaft. Darüber hinaus unterschied sich die Struktur des Landmaschinenbestandes der Staatsgüter von dem der Landwirtschaft der Gesamtwirtschaft: auf die Staatsgüter entfielen 48,9 Prozent der Mähdrescher, 9,3 Prozent der Lastwagen, 6,6 Prozent der großen und mittelgroßen Traktoren und 1,3 Prozent der kleinen Traktoren und Handtraktoren. Bezogen auf die Saatfläche waren die Staatsgüter somit von diesen Landmaschinen lediglich mit kleinen Traktoren und Handtraktoren unterproportional ausgestattet. Dieser Struktur-Unterschied ist

Übersicht 32

Wichtige Landmaschinen von Staatsgütern und Landwirtschaft der Gesamtwirtschaft, 1984 <1>

	Staatsgüter		Landwirtschaft der Gesamtwirtschaft	
	Anzahl, %	% <2>	Anzahl, %	% <2>
Gesamt - PS der Landmaschinen	9 497 000		265 088 000	
Große und mittelgroße Traktoren	56 172	6,6	854 000	100
PS	2 432 247,6		36 977 000	
durchschnittl. PS	43,3		43,3	
% der Gesamt - PS	25,6		14,0	
Kleine Traktoren und Handtraktoren	43 514	1,3	3 298 000	100
PS	517 816,6		39 256 000	
durchschnittl. PS	11,9		11,9	
% der Gesamt - PS	5,5		14,8	
Mähdrescher	17 609	48,9	36 000	100
PS	1 068 866,3		2 185 000	
durchschnittl. PS	60,7		60,7	
% der Gesamt - PS	11,3		0,8	
Lastwagen	32 578	9,3	349 900	100
PS	3 124 230,2		33 484 000	
durchschnittl. PS	95,9		95,9	
% der Gesamt - PS	32,9		12,6	

<1> Editorial Board of China Agriculture Yearbook, a. a. O., S. 190 und S. 195f.
Zu den übrigen motorgetriebenen Landmaschinen gehörten u. a. Drainage- und Bewässerungs-Maschinen, Reisumpflanzer, Sprühgeräte und Fischerboote.
Die Angaben über die durchschnittlichen PS der Landmaschinen in der Gesamtwirtschaft wurden errechnet. Aufgrund dieser Durchschnittszahlen wurden die PS der einzelnen Maschinen-Arten der Staatsgüter sowie alle Prozent-Angaben errechnet.

<2> Anteil am Bestand der Landwirtschaft der Gesamtwirtschaft.

auch an dem Anteil, den 1984 die jeweiligen Maschinen-Arten an den Gesamt-PS der Landmaschinen hatten, abzulesen:

- im Staatsgütersektor entfielen 32,9 Prozent auf Lastwagen, 25,6 Prozent auf große und mittelgroße Traktoren, 11,3 Prozent auf Mähdrescher und 5,5 Prozent auf kleine Traktoren und Handtraktoren - insgesamt 75,3 Prozent.
- in der Landwirtschaft der Gesamtwirtschaft entfielen 14,8 Prozent auf kleine Traktoren und Handtraktoren, 14,0 Prozent auf große und mittelgroße Traktoren, 12,6 Prozent auf Lastwagen und 0,8 Prozent auf Mähdrescher - insgesamt 42,2 Prozent.

Im Landmaschinen-Bestand der Staatsgüter überwogen große Maschinen, die hauptsächlich die Arbeitsproduktivität steigerten, während im Landmaschinen-Bestand der Landwirtschaft der Gesamtwirtschaft kleine Maschinen überwogen, die mehr als die großen die Flächenproduktivität steigerten. Die PS der Motoren für Drainage und Bewässerung der Landwirtschaft der Gesamtwirtschaft machten 1984 allein 29,6 Prozent der Gesamt-PS aus - mehr als alle Traktoren zusammen. <463>

Wenn von Bevorzugung der Staatsgüter bei der Ausstattung mit Landmaschinen <464> überhaupt die Rede sein kann, dann gilt dies nur für große Landmaschinen und dann muß auch auf Benachteiligung der Staatsgüter bei der Ausstattung mit kleinen Landmaschinen hingewiesen werden, die sich für Familien-Betriebe gravierend auswirkt. Es gab unter den ca. 1 000 000 Arbeitslosen der Staatsgüter (vgl. S. 149) sicher viele, die kleine Landmaschinen bedient hätten, um neben der Arbeits- auch die Flächenproduktivität der Staatsgüter zu steigern, wenn sie solche Maschinen zur Verfügung gehabt hätten. Bestimmt ist die unterschiedliche Maschinenausstattung von Staatsgütern und Landwirtschaft der Gesamtwirtschaft z. T., wenn nicht völlig, aus unterschiedlichen natürlichen und wirtschaftlichen Bedingungen in einzelnen Landesteilen Chinas zu erklären.

Auf die Provinz Heilongjiang entfielen

- von den 35 861 Mähdreschern der Gesamtwirtschaft:
  21 130 Stück = 58,9 % <465>,
- von den 17 609 Mähdreschern der Staatsgüter:
  11 082 Stück = 62,9 % <466>,

- von der Getreide-Saatfläche der Gesamtwirtschaft:
  7 235 000 Hektar = 6,4 % <467>,
- von der Getreide-Saatfläche der Staatsgüter:
  1 480 800 Hektar = 47,7 % <468>.

Daraus ergibt sich, daß in Heilongjiang in der Landwirtschaft der Gesamtwirtschaft 2,92 Mähdrescher auf 1000 Hektar Saatfläche entfielen, im Staatsgüter-Sektor 7,48 Mähdrescher - mehr als die doppelte Zahl. Es gab Gründe, die für die Bevorzugung der Provinz Heilongjiang in der Ausstattung mit Mähdreschern sprachen. Ein chinesischer Bericht nannte sie deutlich:

> "Die große Song-Liao Ebene in Nordost-China mit ihrer großen Ausdehnung fruchtbaren Landes und reicher Ressourcen ist die größte der drei großen Ebenen in China. Die Fläche kultivierten Landes in dieser Ebene macht ein Sechstel der von ganz China aus und beläuft sich auf durchschnittlich 24 mu [= 1,6 Hektar] pro landwirtschaftliche Arbeitskraft, fünfmal mehr als im Landesdurchschnitt. [...] Die Bedingungen in Nordost-China sind sehr verschieden von denen in den meisten Gebieten diesseits von Shanhaiguan. [Shanhaiguan ist ein Paß in der Großen Mauer, der Nordost-China mit dem Rest Chinas verbindet.] Bei der Entwicklung der Landwirtschaft in Nordost-China muß vor allem auf die Mechanisierung der Landwirtschaft geachtet werden. Unser Land ist gegenwärtig wegen Beschränkungen seiner finanziellen und materiellen Ressourcen wie auch anderer Bedingungen nicht in der Lage, die landwirtschaftliche Mechanisierung auf breiter Front voranzutreiben. Es ist auch praktisch unmöglich, unsere begrenzten Ressourcen gleichmäßig über das Land zu verteilen, was wie das Pfefferstreuen aus einem Pfefferstreuer wäre, wobei jedes Gebiet nur einen Tropfen [sic] abbekäme. Wir müssen und sollen einige Gebiete auswählen, wo die Überlegenheit der Mechanisierung der Landwirtschaft am besten ins Spiel gebracht werden kann, um unsere Kräfte dort zu konzentrieren. Das Gebiet Nordost-Chinas ist solch ein Schlüssel-Gebiet, das am besten für die Mechanisierung geeignet ist." <469>

Heilongjiang ist Teil Nordost-Chinas, und ein großer Teil der Song-Liao-Ebene befindet sich in dieser Provinz. Das Ödland Heilongjiangs wiederum war - unter den Organisationsformen, die zur Auswahl standen - am besten durch Staatsgüter zu erschließen. (Vgl. S. 47f.) Folglich ist die relativ gute Ausstattung der Staatsgüter mit Landmaschinen eine wirtschaftlich sinnvolle Maßnahme. Ob die Staatsgüter als Betriebsform (z. B. innerhalb der Provinz Heilongjiang) in der Versorgung mit Landmaschinen bevorzugt wurden, läßt sich nicht eindeutig erkennen, und es läßt sich auch nicht eindeutig erkennen, ob sie benachteiligt wurden, d. h. ob sie aus gesamtwirtschaftlichen Gründen mehr Landmaschinen hätten erhalten müssen, als sie erhielten - besonders angesichts ihrer relativ hohen Vermarktungsquote und ihrer relativ guten Nutzung der Traktoren:

Die von Traktoren gepflügte Fläche der Staatsgüter betrug 3 264 100 Hektar im Jahr 1984 und deren maschinell abgeerntete Fläche 2 208 600 Hektar. <470> Die entsprechenden Angaben für die Landwirtschaft der Gesamtwirtschaft lauten: 34 922 000 Hektar und 4 775 100 Hektar. <471> Daraus folgt, daß von den großen und mittelgroßen Traktoren ein Traktor im Staatsgüter-Sektor durchschnittlich 58,1 Hektar pflügte, in der Landwirtschaft der Gesamtwirtschaft aber nur 40,9 Hektar, das Pflügen mit kleinen Traktoren und Handtraktoren nicht eingerechnet. Die Produktivität der Mähdrescher läßt sich nicht genau vergleichen, weil die maschinell abgeerntete Fläche der Landwirtschaft der Gesamtwirtschaft nur auf Mähdrescher und andere Erntemaschinen zusammen bezogen werden kann, für Staatsgüter aber nur Angaben über Mähdrescher vorliegen. Wenn dennoch die maschinell abgeerntete Fläche auf die Zahl der Mähdrescher bezogen wird, ergibt sich, daß im Staatsgütersektor auf einen Mähdrescher 125,4 Hektar maschinell abgeernteten Landes entfielen, in der Landwirtschaft der Gesamtwirtschaft 132,6 Hektar. Dazu ist anzumerken, daß es in der Landwirtschaft der Gesamtwirtschaft mehr als doppelt so viele motorgetriebene Erntemaschinen wie Mähdrescher gab und daß sie zum weitaus größten Teil in Shandong, Henan und Hebei eingesetzt wurden <472>, wo sich nur ca. 3 % der Getreide-Saatfläche der Staatsgüter befanden. (Vgl. S. 218f., Übersicht 24.) Wahrscheinlich wurden also auch die Mähdrescher im Staatsgütersektor besser genutzt als in der Landwirtschaft der Gesamtwirtschaft.

Reisch zufolge wurden Staatsgüter 1979 bei der Düngerversorgung bevorzugt. <473>
1984 betrug der Verbrauch chemischen Düngers nach chinesischen Angaben:

1. In Staatsgütern:
   322,5 kg pro Hektar Saatfläche (ob Reinnährstoff oder Handelsware geht nicht aus der Angabe selbst hervor),
   1 521 512 t insgesamt für landwirtschaftliche Zwecke. <474>
2. In der Landwirtschaft der Gesamtwirtschaft:
   74 959 000 t. Diese Menge entsprach 17 398 000 t an Wirkstoffen (vermutlich Reinnährstoff). <475>

   Bezogen auf die Saatfläche der Landwirtschaft der Gesamtwirtschaft ergibt sich daraus ein Verbrauch von 519,8 kg/ha oder 120,6 kg/ha Wirkstoff. Von den 17 398 000 Tonnen Wirkstoff waren 12 153 000 Tonnen (69,9 Prozent) Stickstoff, 3 286 000 Tonnen (18,9 Prozent) Phosphat und 694 000 Tonnen (4,0 Prozent) Kali, der Rest (7,3 Prozent) Düngergemisch. Richter bezifferte den Düngerverbrauch chinesischer Bauern 1983 auf 12 Millionen Tonnen Stickstoff-Dünger, 3,1 Millionen Tonnen Phosphate und 700 000 Tonnen Kali. <476> Dies bestätigt, daß der Verbrauch der Landwirtschaft der Gesamtwirtschaft Chinas von 120,6 kg Wirkstoff pro Hektar Saatfläche eine realistische Angabe ist.

Der Düngerverbrauch der Staatsgüter wurde nicht nach Art und Zusammensetzung unterschieden und läßt sich daher nur unter Vorbehalt mit dem der Landwirtschaft der Gesamtwirtschaft vergleichen. Unter der Annahme, daß die Staatsgüter 322,5 kg Wirkstoff je Hektar Saatfläche verbrauchten, was nahezu dem Verbrauch Japans von 387 kg/ha entspräche <477>, scheinen die Staatsgüter tatsächlich bevorzugt worden zu sein. Erstaunlich ist, daß der durchschnittliche Getreide-Ertrag der Staatsgüter mit ca. 24 dt/ha Saatfläche (vgl. S. 218f., Übersicht 24) deutlich unter dem der Landwirtschaft der Gesamtwirtschaft von ca. 36 dt/ha Saatfläche im Jahr 1984 blieb. <478> Warum die Staatsgüter gegenüber der Landwirtschaft der Gesamtwirtschaft bei - dieser Annahme zufolge - zweieinhalbfachem Düngerverbrauch nur zwei Drittel des Ertrags erreichten, bedarf der Erklärung.

Zum Teil besteht diese Erklärung darin, daß 1984 der Getreide-Ertrag der Landwirtschaft der Gesamtwirtschaft in Heilongjiang ca. 24 dt/ha Saatfläche betrug (zwei Drittel des Landesdurchschnitts), doch auf die Provinz Heilongjiang nur 6,5 Prozent der gesamten Getreide-Saatfläche der Landwirtschaft der Gesamtwirtschaft entfielen. <479> Im Staatsgütersektor dagegen betrug 1984 der Getreide-Ertrag in Heilongjiang ca. 16 dt/ha Saatfläche (zwei Drittel des Durchschnitts des Staatsgütersektors Gesamtchinas), doch entfielen auf die Staatsgüter Heilongjiangs 48,0 Prozent der gesamten Getreide-Saatfläche des Staatsgütersektors. <480> Der Düngerverbrauch der Landwirtschaft der Gesamtwirtschaft in Heilongjiang lag 1984 bei 63,4 kg/ha Getreide-Saatfläche und machte insgesamt nur 2,7 Prozent des Düngerverbrauchs der Landwirtschaft der Gesamtwirtschaft aus. <481> Der Düngerverbrauch in den Staatsgütern Heilongjiangs lag 1984 bei 206,6 kg/ha Getreide-Saatfläche und machte insgesamt nur 20,1 Prozent des Düngerverbrauchs des Staatsgütersektors aus. <482> Aus diesen Angaben folgt:

1. Fast die Hälfte der Getreide-Saatfläche der Staatsgüter gehörte zu einem - gemessen am Landesdurchschnitt und am Durchschnitt des Staatsgütersektors - ertragsarmen Gebiet.
2. In der Landwirtschaft der Gesamtwirtschaft und innerhalb des Staatsgütersektors folgte man offensichtlich der Logik, ertragsarme Fläche <483> wenig zu düngen, wenn auch in unterschiedlichem Maß.

6.8 Grenzland-Aufbau und militärische Aufgaben

Durch Demobilisierung von einer Million Soldaten wird die chinesische Armee angeblich bis Ende 1986 um etwa ein Viertel ihres Bestandes abgebaut. Im Rahmen dieser Truppenreduktion seien auch militärische Einrichtungen wie Staatsgüter in den zivilen Sektor überführt worden. <484> Wieviele Staatsgüter von dieser Maßnahme betroffen und ob militärische Staatsgüter ganz abgeschafft wurden, ist unklar. Zumindest teilweise ändert sich damit ihre Funktion. Über direkte und indirekte militärische Aufgaben und Erfolge der Staatsgüter gibt es chinesische Berichte:

"Die Entwicklung der Staatsgüter und Neulandgewinnung hat einen wichtigen Beitrag zu Ausbeutung, Aufbau und Verteidigung des Grenzlandes, Blüte von Wirtschaft und Kultur in den Grenzgebieten und zur Stärkung der nationalen Einheit geleistet." <485>

Unter den Pflichten der Staatsgüter wurde in einer chinesischen Veröffentlichung "Stationierung von Truppen, um Ödland zu erschließen" genannt und ausgeführt:
"In den Provinzen entlang Chinas Grenzen ist ein 'Band von Grenz-Farmen' geschaffen worden. Staatsgüter haben eine wichtige Rolle beim Aufbau, beim Schutz und beim Gedeihen der Grenzgebiete gespielt. Staatsgüter-Arbeiter haben ethnische Solidarität mit Minderheits-Nationalitäten für neue Beziehungen gegenseitiger Hilfe und gegenseitiger Freundschaft begründet. In den chinesisch-sowjetischen, chinesisch-indischen und chinesisch-vietnamesischen Gegenangriffen spielten Staatsgüter die Rolle 'militärischer Depots' für unsere Selbstverteidigung. Die Miliz in Staatsgütern verband sich mit unserer Volksbefreiungsarmee zu heftigen Attacken gegen die Eindringlinge. Noch heute sind der Grenzland-Aufbau, der Schutz der Grenzen und die Stationierung von Truppen, um Ödland im Grenzgebiet zu erschließen, nach wie vor eine ruhmvolle Pflicht der Staatsgüter." <486>

Aus diesen Berichten geht hauptsächlich hervor, daß die Staatsgüter Grenzgebiete erschlossen und verteidigten und zur ethnischen Integration Chinas (s. S. 280f.) beitrugen.

<396> Du Runsheng, a. a. O., S. 18f.

<397> Staatliches Statistisches Büro: Kommuniqué über die Erfüllung des Volkswirtschaftsplans 1981, in: Beijing Rundschau, 19., Nr. 20, 18. Mai 1982, S. 15.

<398> Zhongguo Nongye Nianjian 1982 (Landwirtschaftsjahrbuch Chinas 1982), a. a. O., S. 31.
1981 waren die Getreideernte und die Marktgetreide-Menge der Staatsgüter ungewöhnlich niedrig, denn deren Getreideernte lag um mehr als 20 % und deren Marktgetreide-Menge um mehr als 30 % unter der des Jahres 1980 und der folgenden Jahre (vgl. S. 214f., Übersicht 22), wogegen die gesamte chinesische Getreideernte 1981 um 1,4 Prozent gegenüber 1980 zunahm. Doch selbst wenn die Staatsgüter 1981 ebensoviel Marktgetreide wie 1980 vermarktet hätten, hätten sie nur 6,25 Prozent zur vermuteten Marktgetreide-Menge Chinas im Jahr 1981 beigetragen.

<399> United States Department of Agriculture: China Review of Agriculture in 1981 and Outlook for 1982, Washington, D. C. 1982, S. 31.

<400> Vgl. Cartactual (Budapest), 13., Nr. 65, 3/1977, S. II und a. a. O., 18., Nr. 95, 3/1982, S. IV.

<401> Summarize Experience To Hasten Progress in Building Commercial Food Grain Bases, in: Zhongguo Nongken (Chinese Agricultural Reclamation), 24. Jan. 1981, S. 5, englisch in: JPRS, CRA Nr. 148, 25. Juni 1981, S. 1.

<402> A. a. O., S. 4.

<403> A. a. O., S. 3. 1,55 Milliarden jin von 1,645 Milliarden jin sind 94,2 Prozent, nicht 91,5 Prozent.

<404> A Measure of Strategic Importance for All of Agriculture, in: Renmin Ribao (Volkszeitung), 15. Juli 1980, englisch in: JPRS, CRA Nr. 93, 30. Juli 1980, S. 2.

<405> Heilongjiang sheng guoying nongchang zongju (Generalamt für Staatsgüter der Provinz Heilongjiang), a. a. O., S. 3.

<406> Editorial Board of China Agriculture Yearbook, a. a. O., S. 185ff.

<407> Yu Xin: State Farm and Land Reclamation System To Have New Production Breakthroughs This Year, in: Zhongguo Nongmin Bao (Chinesische Bauernzeitung), 25. Feb. 1982, S. 1, englisch in: JPRS, CRA Nr. 206, 21. Mai 1982, S. 1.

<408> Editorial Board of China Agriculture Yearbook, a. a. O., S. 83 und 187.

<409> Loving Care and Gigantic Development, in: Zhongguo Nongken (Chinese Agricultural Reclamation), 24. Jan. 1980, S. 6ff., englisch in: JPRS, CRA Nr. 108, 30. Okt. 1980, S. 12.
Unter der Blockade, auf die Zhou Enlai sich bezog, ist das während des Korea-Krieges am 18. Mai 1951 ausgesprochene weltweite Embargo der UN-Vollversammlung zu verstehen, das den Transport von Waffen und Kriegsmaterial nach China untersagte. Jenner, W. J. F. u. Wilkinson, E. P. (Hrsg.), Mackerras, C., u. Chan, R.: Modern China, London 1982, S. 448.

<410> JPRS, CRA Nr. 251, 2. März 1983, S. 196.

<411> China aktuell, (Hamburg), 15., Juni 1986, S. 360.

<412> Vgl. Editorial Board of China Agriculture Yearbook, a. a. O., S. 142, 148 und S. 189.

<413> Qian Tiefang, a. a. O.

<414> Yu Xin, a. a. O. Yu Xin machte zur Einwohnerzahl der von ihm genannten Städte keine Angaben.

<415> Nach Angaben von Leitungs-Personal des Staatsguts "Jianjiagang" am 27. 8. 1985.

<416> Silo-Mais wurde im Staatsgut Nr. 597 im Juni gesät, damit er im Herbst noch grün war. Auch dieses Staatsgut verfügte über importierte Mais-Erntemaschinen.

<417> Mündliche Auskunft dieses Milch-Farmers Ende Juli/Anfang August 1985 in Jiamusi.

<418> Vgl. State Statistical Bureau: China: A Statistics Survey in 1985, Beijing 1985, S. 47.

<419> Wang Zhenliang: The Booming Agricultural-Industrial-Commercial Enterprises in State Farm, in: Editorial Board of China Agriculture Yearbook, a. a. O., S. 50ff.

<420> Ende Juli/Anfang August 1985 in Jiamusi. 1982 betrug die Soja-Produktion Heilongjiangs 2,605 Millionen Tonnen. Dazu trugen die Staatsgüter mehr als eine Million Tonnen bei. Zhongguo Nongye Nianjian 1983 (Landwirtschaftsjahrbuch Chinas 1983), a. a. O., S. 42 u. 94. Waren in Heilongjiang die Transportverhältnisse der Staatsgüter schon nicht gut, so waren die der Bauern eher schlechter als besser, um die kontinuierliche Beschickung dieser Anlage mit mehreren hundert Tonnen Sojabohnen täglich zu gewährleisten. (Vgl. mit S. 194, S. 196 und S. 258, Übersicht 32, der vorliegenden Arbeit.)

<421> Zhongguo Nongken Nong Gong Shang Lianhe Zong Gongsi (China State Farms Corporation of Agriculture, Industry and Commerce (China AIC Corporation)) (Hrsg.), a. a. O., passim.

<422> Liu Dizhong: State set to feed huge investment into food industry, in: China Daily, 5., Nr. 1291, Do., 12. Sept. 1985, S. 1.

<423> Liu Liangyu, a. a. O., S. 15.

<424> Planning Bureau of the Ministry of State Farms and Reclamation: National Agricultural Reclamation Achievements in 1980, in: Zhongguo Nongken (Chinese Agricultural Reclamation), Nr. 6, 24. Juni 1981, S. 2ff., englisch in: JPRS, CRA Nr. 165, S. 4.

<425> General Condition of Agricultural and Reclamation Production Construction in China in 1981, in: Zhongguo Nongken (State Farms and Land Reclamation in China), Nr. 5, 24. Mai 1982, S. 3-5, englisch in: JPRS, CRA Nr. 219, 6. Aug. 1982, S. 101.

<426> Planning Bureau of the Ministry of State Farms and Reclamation, a. a. O. u. General Condition of Agricultural and Reclamation Production Construction in China in 1981, a. a. O.

<427> Zhongguo Dui Wai Jingji Maoyi Nianjian (Außenhandels-Jahrbuch Chinas) 1984, Beijing 1984, S. IV-121.

<428> A. a. O.

<429> Planning Bureau of the Ministry of State Farms and Reclamation, a. a. O.

<430> General Condition of Agricultural and Reclamation Production Construction in China in 1981, a. a. O.

<431> In chinesischen Statistiken ist meist nicht zu erkennen, ob die Staatsgüter zur Landwirtschaft der Gesamtwirtschaft hinzugerechnet werden oder nicht. Angaben über Staatsgüter werden meist nicht in Form von Gliederungszahlen als Teil der Angaben über die Landwirtschaft der Gesamtwirtschaft ausgedrückt, sondern beide Bereiche nebeneinander gestellt. Angaben über die Landwirtschaft der Gesamtwirtschaft ist deshalb weder anzusehen, ob sie eindeutig nur den nicht-staatlichen Sektor betreffen, noch ist ihnen anzusehen, ob sie eindeutig sowohl den staatlichen als auch den nicht-staatlichen Sektor betreffen. Bei Bildung und Interpretation von Verhältniszahlen ist dies zu berücksichtigen.

<432> Editorial Board of China Agriculture Yearbook, a. a. O., S. 76. Die Angaben für die Jahre 1978 bis 1980 wurden in Preisen von 1970 gemacht, die Angaben für 1981 bis 1983 wurden in Preisen von 1980 gemacht, die Angaben für 1984 und 1985 in laufenden Preisen. Vgl. S. 244, Übersicht 30, Anmerkungen <f> und <i>.

<433> Editorial Board of China Agriculture Yearbook, a. a. O. Alle Angaben in laufenden Preisen. Die Angaben für 1984 und 1985 wurden den unter den Anmerkungen <f> und <i> aufgeführten Quellen der Übersicht 30, S. 244, entnommen.

<434> Bruttoproduktionswerte errechnet aus den Zeitreihen der Übersicht 30, S. 240f., und den auf S. 245f. wiedergegebenen Zeitreihen.

<435> In Preisen von 1970 wuchs der Bruttoproduktionswert der Landwirtschaft der Gesamtwirtschaft ohne Dorfindustrie 1979 um 7,6 Prozent und 1980 um 1,4 Prozent. Errechnet nach Editorial Board of China Agriculture Yearbook, a. a. O., S. 76.

<436> In Preisen von 1980 wuchs der Bruttoproduktionswert der Landwirtschaft der Gesamtwirtschaft ohne Dorfindustrie 1983 um 7,8 Prozent und 1984 um 11,6 Prozent. Errechnet nach Editorial Board of China Agriculture Yearbook, a. a. O.

<437> Als Nebengewebe wird, hinsichtlich Produktion und Wirtschafts-Führung von Agrar-Produktions-Einheiten, das neben dem Haupt-Wirtschaftszweig bestehende Gewerbe bezeichnet. Diese Definition überschneidet sich z. T. mit anderen Wirtschaftsbereichen, die gesondert aufgeführt sind. Im einzelnen umfaßt Nebengewerbe nach chinesischer Definition u. a.: Transport, Dienstleistung, Sammeln (wildwachsende Arzneigrundstoffe, Fasern, Stärke u. a.), Jagd, Verarbeitung von Agrar- und Nebenprodukten (Reis-Schälen und -Polieren, Entkernen, Öl-Pressen u. a.), Manufaktur (Alkohol-Herstellung, Essig-Brauen, Zucker-Raffinieren, Stärke-Raffinieren u. a.) und Handwerk (Bergbau, Backstein-Brennen, Kalk-Brennen, Schneidern, Papier-Herstellung, Weben (oder Flechten oder Stricken) und Sticken). Jingji Guanli Jianming Cidian (Kurzes Wörterbuch Wirtschaft und Betriebsführung), a. a. O., S. 98.

<438> Die Angaben für 1981 sind entnommen aus: General Condition of Agricultural and Reclamation Production Construction in China in 1981, a. a. O. Die Angaben für 1984 gehen zurück auf Editorial Board of China Agriculture Yearbook, a. a. O., S. 183. Vgl. S. 249f., Anmerkung <b> zu Übersicht 31.

<439> General Condition of Agricultural and Reclamation Production Construction in China in 1981, a. a. O.

<440> Struggle To Achieve an Overall Improvement in the State Farm Economy, a. a. O., S. 2.

<441> Yu Guangyuan: Grundlegende Haltung zum sozialistischen Eigentum, in: Beijing Rundschau, 17., Nr. 49, 9. Dez. 1980, S. 14.

<442> Guo Chunhua, a. a. O., S. 407.

<443> Zao Fang u. Ding Lushu, a. a. O., S. 2. Vgl. auch S. 23f. der vorliegenden Arbeit, Anmerkungen <15> und <16> und S. 56.

<444> We Must Run State Farms Well, a. a. O., S. 9.

<445> Renmin Ribao (Volkszeitung), 16. März 1979. Zitiert und übersetzt nach Woodward, D., a. a. O., S. 239.

<446> Liu Liangyu, Kong Qingzhi u. Xia Hanxin, a. a. O., S. 72.

<447> A. a. O., S. 73. Auch in diesem Fall wurde kein Vergleichsobjekt genannt.

<448> Sun Panqi, a. a. O., S. 5f. Tan Qilong, der Erste Parteisekretär der Provinz Sichuan, sagte: "Die Errichtung von Agro-Industriekombinaten ist der Weg für alle Farmen des Landes." Beijing Rundschau, 17., Nr. 31, 5. Aug. 1980, S. 25.

<449> Editorial Board of China Agriculture Yearbook, a. a. O., S. 50.

<450> A. a. O., S. 49.

<451> The China Business Review, (Denville, N. J.), Juli-August 1985, S. 62.

<452> Liu Dizhong, a. a. O.

<453> S. 240ff., Übersicht 30 u. Editorial Board of China Agriculture Yearbook, a. a. O., S. 97f. u. 111. 88,1 Prozent der ländlichen Arbeitskräfte der Gesamtwirtschaft arbeiteten im Bereich Pflanzenproduktion, Tierproduktion, Forstwirtschaft, Nebengewerbe und Fischerei, der Rest in der Industrie.

<454> S. 240ff., Übersicht 30 u. Editorial Board of China Agriculture Yearbook, a. a. O., S. 111.

<455> S. 218, Übersicht 24 u. S. 249f., Übersicht 31 u. Editorial Board of China Agriculture Yearbook, a. a. O., S. 111f.

<456> We Must Run State Farms Well, a. a. O., S. 8.

<457> Wang Chen, a. a. O., S. 15.

<458> Editorial Board of China Agriculture Yearbook, a. a. O., S. 116, 121 u. 185.

<459> Zhongguo Nongye Nianjian 1983, a. a. O., S. 37, 42 u. 94.

<460> Errechnet nach Editorial Board of China Agriculture Yearbook, a. a. O., S. 97, 112, 179f, 182 u. Du Runsheng, a. a. O.

<461> Reisch, E. M.: Faktoren und Komponenten der Entwicklung der chinesischen Landwirtschaft, in: Reisch, E. M. (Hrsg.), a. a. O., S. 177.

<462> S. S. 254f. der vorliegenden Arbeit.

<463> Editorial Board of China Agriculture Yearbook, a. a. O., S. 195.

<464> Reisch, E. M., a. a. O.

<465> Editorial Board of China Agriculture Yearbook, a. a. O., S. 204.

<466> A. a. O., S. 190.

<467> A. a. O., S. 114.

<468> A. a. O., S. 185.

<469> A Measure of Strategic Importance for All of Agriculture, a. a. O., S. 2f.

<470> Editorial Board of China Agriculture Yearbook, a. a. O., S. 191.

<471> A. a. O., S. 227.

<472> A. a. O., S. 204.

<473> Reisch, E. M., a. a. O.

<474> Editorial Board of China Agriculture Yearbook, a. a. O.
Daraus ergibt sich eine Saatfläche von 4 717 866,7 Hektar, über 12 Prozent mehr als an anderer Stelle derselben Quelle angegeben. a. a. O., S. 185.

<475> A. a. O., S. 231 u. 233.

<476> Richter D.: The Facts about Fertilizer, An in-depth look at the countryside's hottest commodity, in: The China Business Review, (Denville, N. J.), Januar-Februar 1985, S. 43.

<477> A. a. O.

<478> Editorial Board of China Agriculture Yearbook, a. a. O., S. 112.

<479> A. a. O., S. 116.

<480> A. a. O., S. 185.

<481> A. a. O., S. 116 u. S. 233.

<482> A. a. O., S. 185 u. S. 191.

<483> Zhongguo kexueyuan dili yanjiusuo jingji dili yanjiushi (Chinesische Akademie der Wissenschaften, Geographisches Forschungsinstitut, Abteilung für Wirtschaftsgeographie), Hrsg.: Zhongguo nongye dili zonglun (Abriß der Agrargeographie Chinas), 1980, Kapitel I "Yi liyong he ke liyong de tudi" (Genutzter und nutzbarer Boden), zit. n.: Machetzki, R.: Chinas Landwirtschaft: Wandel zur alten Form? in: China aktuell, (Hamburg), August 1986, S. 505 u. 518.

<484> Dengs Reform in der chinesischen Armee, in: Neue Zürcher Zeitung, Fernausgabe, Nr. 165, 20./21. Juli 1986, S. 6.

<485> Guo Chunhua, a. a. O., S. 408.

<486> Zao Feng u. Ding Lushu, a. a. O., S. 5.

7 Zusammenfassende Einschätzung

7.1 Sonderrolle in der Neulandgewinnung, hohe Vermarktungsquote und Vorbild für die Modernisierung der Landwirtschaft

1. Nach allem, was über die Staatsgüter Chinas bekanntgeworden ist, sind sie für die Neulandgewinnung die beste der chinesischen Organisationsformen und erfüllen wichtige Aufgaben bei der Grenzsicherung. Die Neulandgewinnung durch Staatsgüter wird fortgesetzt. <487> Würden sie all das Ödland urbar machen, das in den 1950er Jahren als mit vergleichsweise niedrigem Kapitaleinsatz erschließbar bezeichnet wurde, so würde sich ihr Anteil an der Saatfläche Chinas auf 20 bis 25 Prozent belaufen. 1984 betrug dieser aber nur 2,9 Prozent.

2. Staatsgüter hatten nichtsdestoweniger eine monopolartige Stellung in den Bereichen Milchversorgung der Städte und Kautschuk-Produktion und leisteten einen weit überproportionalen Beitrag zu Soja-Produktion und -Export sowie zur Getreide-Vermarktung.

3. Ihre Funktion als Modell und Schrittmacher für die Modernisierung der Landwirtschaft Chinas wurde in chinesischen Darstellungen hervorgehoben. Nach Dezentralisierungs-Maßnahmen innerhalb der Staatsgüter bestand diese Funktion zwar nicht mehr im Bereich kollektiv-großbetrieblicher Landwirtschaft, blieb aber im Bereich der Integration von Landwirtschaft und Industrie und Handel bestehen. Diese Funktion und die Form, in der die Staatsgüter sie wahrnahmen, verdienen wegen ihrer Komplexität noch einmal nähere Betrachtung (vgl. Kapitel 5.1).
Über die Zusammenarbeit zwischen Staatsgütern und nicht-staatlicher Landwirtschaft ist - abgesehen von integrierten Agrar-Industrie-Handels-Unternehmen - außer Aufforderungen an die Staatsgüter, hilfreich, erziehend und als Beispiel zu wirken, nichts bekannt. Die Beziehungen zwischen Staatsgütern und nicht-staatlicher Landwirtschaft waren nicht immer freundschaftlich. <488>
Als beispielgebend galten die integrierten Agrar-Industrie-Handels-Unternehmen der Staatsgüter. Ein Be-

obachter urteilte, die Gestaltung der Landwirtschaft in deren Richtung sei "eine Aufgabe für Generationen" vor allem wegen des hohen Kapital- und Infrastruktur-Bedarfs der Ernährungs- und Betriebsmittel-Industrie. <489> Immerhin hatten integrierte Agrar-Industrie-Handels-Unternehmen außerhalb des Staatsgütersektors viele Nachahmer gefunden, wenn die Angabe zutrifft, daß 80 Prozent aller solcher Unternehmen sich im August 1980 in Kollektiveigentum befanden, der Rest in Staatseigentum. <490>
Im Staatsgütersektor entstanden diese Unternehmen zuerst in sehr abgelegenen, rückständigen Gebieten, boten der nicht-staatlichen Landwirtschaft Möglichkeiten, die Verarbeitungsindustrie der Staatsgüter zu nutzen, und wirkten so als Initiator ländlicher Industrialisierung, Keime der Warenproduktion und Einkommensquelle der Bauern. Vermutlich wären die Agrar-Industrie-Handels-Unternehmen der Staatsgüter nicht entstanden, hätten nicht die Staatsgüter, aus denen diese Unternehmen hervorgingen, umfangreiche staatliche Mittel erhalten <491> und hätte nicht der Staat lange Zeit Defizite der Staatsgüter ausgeglichen.
Integrierte Agrar-Industrie-Handels-Unternehmen weisen mehrere Vorteile für die Staatsgüter auf, darunter: Spezialisierung und Arbeitsteilung, Nutzung von economics of scale, Einsatz überschüssiger Arbeitskräfte, Erweiterung der Rohstoffbasis und des Produktionsprogramms, Gewinnsteigerung durch eigene Verarbeitung und Vermarktung, Erschließung entfernter Absatzgebiete und Nutzung ausländischen Kapitals. (Vgl. S. 153.)
1980 nahm der landwirtschaftliche und industrielle Bruttoproduktionswert der integrierten Agrar-Industrie-Handels-Unternehmen mehr zu als der der übrigen Staatsgüter und der Gesamtwirtschaft. Integrierte Agrar-Industrie-Handels-Unternehmen erwiesen sich damit als dynamisches Element der Wirtschaft Chinas. Sie stellten zu jener Zeit eine Wirtschaftsform dar, die für die ländliche Wirtschaft insgesamt erst für einen viel späteren Zeitpunkt vorgesehen war. <492> Die starke Belebung der Dorf-Industrie in den Jahren 1983-1985 deutet weniger auf die Entbehrlichkeit von Staatsgütern und deren integrierten Agrar-Industrie-Handels-Unternehmen hin als sie deren Modellcharakter - ländliche Wirtschaftsform mit hohem Industrie-Anteil - bestätigt.
Außerdem ist unklar, in welchem Maß die Staatsgüter direkt zum Bruttoproduktionswert der Dorfindustrie

beigetragen haben. Noch 1986 wurden wirtschaftliche Zusammenschlüsse zwischen ländlichen Genossenschaften und staatlichen Unternehmen weder dem staatlichen noch dem nicht-staatlichen Sektor eindeutig zugerechnet, sondern weitere Untersuchung zur Bestimmung des Charakters dieser Zusammenschlüsse verlangt. Doch wurde die Überlegenheit dieser Zusammenschlüsse festgestellt. <493>

7.2 Rückkehr zur Gewinnerwirtschaftung

Beginnend mit dem Jahr 1979 warfen Staatsgüter wieder Gewinne ab, nachdem sie ca. ein Jahrzehnt lang mit Verlusten gewirtschaftet hatten. Ein chinesischer Beobachter teilte die Zeit des Bestehens der Staatsgüter in folgende Phasen ein, die den Übergang zu einer Verlust-Periode im Jahr 1967 und deren Ende im Jahr 1979 erkennen lassen:

1949-66: In elf von diesen achtzehn Jahren machten die Staatsgüter Gewinn und in sieben Jahren Verlust. Insgesamt überwogen im ganzen Zeitraum dieser achtzehn Jahre die Gewinne die Verluste um 700 Millionen Yuan. Verluste entstanden hauptsächlich zu Beginn der 1950er Jahre aus Erfahrungsmangel, einseitiger Wirtschaftsweise und Preisdisparität zwischen Industrie- und Agrarprodukten sowie zu Beginn der 1960er Jahre durch Naturkatastrophen.

1967-76: In diesen zehn Jahren machten die Staatsgüter ununterbrochen Verluste (vgl. S. 95), die sich per Saldo auf 3,196 Milliarden Yuan beliefen.

1977-80: 1977: 400 Millionen Yuan Verlust
1978: 93 Millionen Yuan Verlust
1979: 390 Millionen Yuan Gewinn
1980: 600 Millionen Yuan Gewinn <494>

Für die Rückkehr zur Gewinnerwirtschaftung gab es folgende Gründe:

1. Staatsgüter waren das Experimentierfeld für die Einführung finanzieller Verantwortlichkeit (vgl. S. 160ff.) in chinesischen Staatsbetrieben, denn sie waren die ersten solchen Betriebe, in denen nach 1978 das System der finanziellen Verantwortlichkeit galt.

2. Die Kombination von Landwirtschaft, Industrie und Handel gehörte schon vor der Expansion des Staatsgütersektors in den 1950er Jahren zu den Maßnahmen, die die Staatsgüter vor Verlusten bewahrten - später selbst während der Natur-Katastrophen der frühen 1960er Jahre. (Vgl. S. 145) Daher ist die Forderung, sämtliche Staatsgüter in integrierte Agrar-Industrie-Handels-Unternehmen zu überführen, als sinnvoll anzusehen. <495>

3. Die wichtigste Voraussetzung für die Gewinne der Staatsgüter nach 1978 war die Preiserhöhung für Agrar-Produkte im Jahr 1979. (Vgl. S. 93.) Ohne sie wäre die Intensivierung der landwirtschaftlichen Produktion auf profitable Weise nicht in dem Maß möglich gewesen, wie sie nach 1979 vor sich ging. (Vgl. S. 195, Übersicht 21.) Auch nach der Preiserhöhung von 1979 wurde gefordert, der Staat müsse die Erzeugerpreise für Agrar-Produkte anpassen, damit Staatsgüter in der Lage wären, ihr Einkommen zu erhöhen. <496>
Einheitliche Erzeugerpreise für alle Anbieter gab es nicht, sondern Preise, die nach dem Organisationsgrad der Anbieter abgestuft waren. Ob dies bei den unmittelbaren Produzenten, den Familien-Betrieben innerhalb der Staatsgüter, die mit den niedrigsten Preisen vorlieb nehmen mußten, zu Produktionsverweigerung oder im Gegenteil zu Mengenanpassung führte, verdient weitere Untersuchung.
Preise wurden zu den wichtigsten Informationsträgern für die unmittelbaren Produzenten, als staatliche Hindernisse für Entscheidungen und Motivation innerhalb der Staatsgüter verringert oder beseitigt wurden, doch unterlagen sie auch dann noch staatlichen Eingriffen. Dies gilt auch für Input-Preise, die auf Staatsgüter und nicht-staatliche Landwirtschaft gleich wirkten, wenn sie, was nach bisherigen Kenntnissen anzunehmen ist, einheitlich waren. Doch erlaubten sie Staatsgütern, aufgrund deren im Vergleich zur nicht-staatlichen Landwirtschaft hoher Vermarktungsquote, einen größeren Teil der Inputs als die nicht-staatliche Landwirtschaft zu kaufen.

7.3 Warenproduktion und Industrialisierung

Eine hohe Vermarktungsquote, weniger eine hohe Flächenproduktivität, war Voraussetzung für die Beschaffung

von Inputs in überdurchschnittlichem Maß. Ertragssteigernde Inputs wiederum trugen zu einem hohen Niveau der landwirtschaftlichen Warenproduktion bei. Einnahmen aus Verkäufen landwirtschaftlicher Produkte wurden für die Anschaffung von Industrie-Anlagen verwandt, die ihrerseits auch die industrielle Warenproduktion der Staatsgüter förderten, indem sie Rohstoff-Verarbeitung ermöglichten und Arbeitskräften, die in der Landwirtschaft entbehrlich waren, Beschäftigung boten. Ob sich in der vergleichsweise guten Ausstattung der Staatsgüter mit Inputs mehr staatliche Bevorzugung oder mehr der auf marktorientierter Produktion beruhende wirtschaftliche Erfolg ausdrückt, muß weiteren Untersuchungen vorbehalten bleiben.
Wenn die in chinesischen Quellen hervorgehobene Überlegenheit der Staatsgüter und deren integrierter Agrar-Industrie-Handels-Unternehmen der Wirklichkeit entspricht, dann basiert diese Überlegenheit vermutlich auf Abwendung von der Subsistenzwirtschaft, Ausdehnung der Warenproduktion - vorwiegend durch Steigerung der Arbeitsproduktivität, weniger durch Steigerung der Flächenproduktivität - und Industrialisierung.

7.4 Integration von Landwirtschaft, Industrie und Handel in einer "geschlossenen Gesellschaft"

Bei generell unterentwickelter Warenproduktion Chinas (vgl. S. 154) und noch geringer überregionaler Arbeitsteilung sind besonders die integrierten Agrar-Industrie-Handels-Unternehmen eine sinnvolle Form der Integration von Rohstoffproduktion, Verarbeitung und Vermarktung. Sie ermöglichen durch eigenen Verkauf industrieller Erzeugnisse die Erwirtschaftung von Gewinnen, die für die Erweiterung der Rohstoffbasis und Verarbeitungskapazität verwandt werden.
Der gegenüber der Gesamtwirtschaft hohe Industrie-Anteil der Staatsgüter und ihrer integrierten Agrar-Industrie-Handels-Unternehmen ist ein Erfordernis der durch unzureichende Infrastruktur - selbst in Stadtnähe - bedingten Insel-Situation der Staatsgüter.
Ferner stellen Staatsgüter und deren integrierte Agrar-Industrie-Handels-Unternehmen Organisationsformen dar, die der Zellen-Struktur der chinesischen Gesellschaft gerecht werden. Die chinesische Gesellschaft ist vertikal in Einheiten unterteilt, zwischen denen nur wenige, meist bürokratisch vorgegebene, horizontale Austausch-

und Interaktionsbeziehungen existieren. (Vgl. S. 153f.) Sie besteht aus "Danweis" (= Grundeinheiten), die - nach Weggel - die einzigen außerfamiliären Institutionen sind, in denen Demokratie und Mitbestimmung funktionieren. Sie sind meist Produktions- und Wohnbereich in einem, in deren Angelegenheiten sich die Obrigkeit nur einmischt, wenn dies unvermeidbar ist. Im allgemeinen beschränkt sich der Zuständigkeitsbereich der Obrigkeit auf den Trans-Danwei-Bereich. Die zwischen Danwei-Bereich und Trans-Danwei-Bereich verlaufende Grenze ist eine soziale Gegebenheit, zu der Weggel feststellte: "Wer sie mißachtet, ist zum Scheitern verurteilt." <497> Integration mehrerer Danweis zu Agrar-Industrie-Handels-Unternehmen baut Danwei-Grenzen ab. Solche Integration ist sinnvoll, solange Beziehungen der Danweis untereinander entweder nicht bestehen oder durch die Obrigkeit, statt durch den Austausch von Waren und Dienstleistungen vermittelt sind.

7.5 Rückzug des Staates aus der Landwirtschaft - Staatsgüter als verbleibende staatliche Einfluß-Sphäre auf dem Land

Der staatliche Ankaufpreis für Agrarprodukte lag 1983 im Vergleich zu 1978 um 47,7 Prozent höher. <498> Diese Erzeugerpreis-Steigerung war zweifellos die alle anderen Einflüsse überragende Haupt-Ursache für den Anstieg der Einkommen landwirtschaftlicher Produktionsgruppen und Bauern aus dem Verkauf von Agrarprodukten. Diese Einkommen stiegen um 63,0 Prozent von 92,1 Milliarden Yuan im Jahr 1978 auf 150,1 Milliarden Yuan im Jahr 1984. <499> Doch eine Forschungsgruppe des Staatsrats erkannte: "Weder die Kaufkraft der Bevölkerung noch die Finanzkraft des Staates läßt es zu, daß die Politik, mehr Getreide und Baumwolle zu höheren Preisen anzukaufen, weiter verfolgt wird." <500> Mit weiterer, durch staatliche Preissetzung bedingter Einkommenssteigerung, die den weitaus größten Teil der landwirtschaftlichen Einkommenssteigerung ausgemacht hat, ist folglich nicht zu rechnen.
Damit entfällt auch die vermutlich wichtigste Finanzquelle für das ländliche produzierende Gewerbe, den in den Jahren 1983 bis 1985 dynamischsten Teil des Wirtschaftsbereichs, der dem Landwirtschafts-Ministerium unterstand. <501> Staatliche Investitionen in die Landwirtschaft und - wichtiger noch - Abgaben und Arbeits-

einsätze der ländlichen Kollektive in Form staatlich organisierter Kampagnen für Investitionszwecke gingen beginnend mit dem Jahr 1980 zurück. <502> 1986 galt als gravierendstes Problem des ländlichen produzierenden Gewerbes der Mangel an Geld, Energie und Rohstoffen. <503> Unter solchen Umständen wird die vielversprechende, aber kapitalintensive Ernährungsindustrie (vgl. S. 238 und S. 274f.) im nicht-staatlichen Bereich kaum in der Lage sein, sich ohne staatliche Hilfe zu entwickeln.

Durch den Rückzug des Staates aus der Agrar-Preisgestaltung und aus der landwirtschaftlichen Investitionstätigkeit werden die Staatsgüter zu einem der letzten Bereiche direkten staatlichen Einflusses im Agrarsektor Chinas. Ob diese Entwicklung vorübergehend oder dauerhaft sein wird oder ob - außer für Neulandgewinnungszwecke - auch die Staatsgüter aufgegeben werden, ist ungewiß.

7.6 Ethnische Integration

Ethnische Integration ist für China wichtiger als sie aufgrund der Überzahl der der Han-Nationalität angehörenden Chinesen erscheint. Die Han-Nationalität hatte 1984 einen Anteil an der chinesischen Bevölkerung von 93,3 Prozent, doch die übrigen 55 Nationalitäten in China bewohnten über die Hälfte von Chinas 9,6 Millionen Quadratkilometern. Diese nationalen Minderheiten waren vorwiegend in der Inneren Mongolei, Xinjiang, Tibet, Guangxi, Ningxia, Heilongjiang, Jilin, Liaoning, Gansu, Qinghai, Sichuan, Yunnan, Guizhou, Guangdong, Hunan und Fujian konzentriert <504>, d. h. vorwiegend außerhalb des Dreiecks, das von den Städten Beijing, Chengdu und Guangzhou markiert wird.

Ein chinesischer Bericht brachte deutlich zum Ausdruck, daß Staatsgüter der ethnischen Integration dienten:

> "Die meisten Staatsgüter sind in den Regionen der Bruder-Nationalitäten in Grenzgebieten verteilt. Während die verlegten Soldaten Produktion und Aufbau gut bewerkstelligen, tun sie aktiv Gutes für die Bruder-Nationalitäten und fördern die Einheit aller Nationalitäten. Als Premier Zhou Xinjiang besuchte, wies er die Führungs-Genossen in der Xinjiang Armee für Aufbau und Produktion <505> an, daß sie stand-

haft die Nationalitäten-Politik der Partei durchführen, die Gewohnheiten der Bruder-Nationalitäten respektieren, die Sprachen der Bruder-Nationalitäten studieren, Kader-Personal aus den Völkern der Bruder-Nationalitäten ausbilden, der Rekrutierung von Genossen aus nationalen Minderheiten in die Partei Aufmerksamkeit schenken und Jugendliche nationaler Minderheiten als Arbeiter in landwirtschaftlichen Betrieben und Industrie-Unternehmen rekrutieren müssen. Premier Zhou belehrte Angehörige des Kaders der Han-Nationalität, daß sie sich mit den verschiedenen nationalen Minderheiten identifizieren, in Harmonie mit ihnen leben, gegen Gefühle der Arroganz wachsam sein und Gedanken des Han-Chauvinismus überwinden müssen." <506>

Der größte Teil der Bevölkerung der Staatsgüter lebte in den Gebieten, in denen auch die nationalen Minderheiten vorwiegend lebten. (Vgl. S. 216f., Übersicht 23.)

<487> Ein Weltbank-Darlehen von 70 Millionen US-Dollar wurde für Neulandgewinnung in der Provinz Heilongjiang verwandt und sollte im Lauf des Jahres 1986 ausgegeben werden. Persönliche Mitteilung eines chinesischen Beamten, der sich auf einen Bericht des Generalamts für Staatsgüter der Provinz Heilongjiang vom Dezember 1985 bezog.

<488> Ein chinesischer Bericht beschrieb, wie Kommune-Mitglieder beschlossen, eine Meinungsverschiedenheit mit einem Staatsgut auszutragen, indem sie 200 Hektar Zitrus-Bäume und mehr als 60 Hektar Bambus dieses Staatsguts fällten und Orangen stahlen. [State-operated] Farms Should Handle Their Relationship With Commune-Brigades Well to March Forward Together, in: Zhongguo Nongken (State Farms and Land Reclamation in China), Nr. 4, 24. Apr. 1982, S. 4ff., englisch in: JPRS, CRA Nr. 219, 6. Aug. 1982, S. 99.

<489> Reisch, E. M., a. a. O., S. 186.

<490> Wegener, I.: Chinas neue Agrarpolitik, Berichte des Bundesinstituts für ostwissenschaftliche und internationale Studien, 29-1981, Köln 1981, S. 14f. Die Beschreibung, die Wegener von den Agrar-Industrie-Handels-Unternehmen (nonggongshang qiye) gab, stimmt mit Beschreibungen über Agrar-Industrie-Handels-Unternehmen der Staatsgüter überein.

<491> Nach 1949 wurden 16 Milliarden Yuan für Staatsgüter und -weidebetriebe ausgegeben. Jingji Yanjiu (Wirtschaftsforschung), Nr. 2/1980, S. 12, zit n. Hsu, R. C.: Agricultural Financial Policies in China, 1949-80, in: Asian Survey, (Berkeley), XXII., Nr. 7, Juli 1982, S. 646.

<492> Dieses Konzept geht auf Du Runsheng zurück, der als Nestor der Reformen in der chinesischen Landwirtschaft nach 1978 angesehen wird. Vgl. S. 176f.

<493> Editorial Board of China Agriculture Yearbook, a. a. O., S. 27f. Gegenüber welchen anderen Wirtschaftsformen diese Überlegenheit bestand, wurde nicht mitgeteilt.

<494> Guo Chunhua, a. a. O., S. 416.

<495> A. a. O., S. 417. S. auch S. 145 der vorliegenden Arbeit.

<496> Sun Panqi, a. a. O., S. 7.

<497> Dieses Zitat und die Erläuterungen zu den Danweis sind entnommen aus: Weggel, O.: Sozialismus - oder was sonst?, in: China aktuell, (Hamburg), August 1985, S. 17. Besser als die Begriffe "Danwei-Bereich" und "Trans-Danwei-Bereich" kennzeichnen die Begriffe "intra-Danwei-Bereich" und "inter-Danwei-Bereich" die verschiedenen von Weggel gemeinten Sphären. Doch wird Weggels Gedanke in ursprünglicher Formulierung wiedergegeben.

<498> Liu Guoguang: Ziele und Trends der chinesischen Preisreform, in: Beijing Rundschau, 23., Nr. 32, 12. August 1986, S. 16.

<499> Forschungsgruppe für die landwirtschaftliche Entwicklung Chinas: Wirtschaftliches Wachstum und landwirtschaftliche Entwicklung, in: Beijing Rundschau, 23., Nr. 10, 11. März 1986, S. 15. Die Forschungsgruppe untersteht dem Forschungszentrum für landwirtschaftliche Entwicklung beim Staatsrat.
Den Angaben über diese Einkommen in den Jahren 1978 und 1984 ist nicht zu entnehmen, ob Nominal- oder Real-Einkommen gemeint sind. Ein Preisindex der Lebenshaltung der Bezieher dieser Einkommen ist nicht bekannt.

<500> A. a. O.

<501> Bauern investierten in die Industrie und trugen damit zur Steigerung der industriellen Produktion bei. A. a. O.
Guo Zhongshi: China's township enterprises thrive on export sales, in: China Daily, 6., Nr. 1590, Freitag, 29. August 1986, S. 1.

<502> Machetzki, R.: Chinas Landwirtschaft: Wandel zur alten Form? in: China aktuell, (Hamburg), August 1986, S. 515.

<503> Guo Zhongshi, a. a. O. 40 Prozent der Motor-Fahrzeuge der Provinz Shanxi blieben ungenutzt wegen Kraftstoffmangels. Das Einkommen der Transport-Unternehmen dieser Provinz sank im ersten Halbjahr 1986 um 33,1 Prozent. Im Kreis Baodi bei Tianjin gab es monatlich ca. tausend Stromausfälle.

<504> Über die Xinjiang Armee für Aufbau und Produktion heißt es in einer chinesischen Quelle:
"Die ursprüngliche Xinjiang Produktions- und Aufbau-Armee war eine zusammengesetzte Einheit, die aus Industrie-, Landwirtschafts-, Handels- und Lehrtruppen bestand für den Betrieb großer integrierter Landwirtschafts-, Forstwirtschafts-, Tierzucht-, Nebengewerbe- und Fischerei-Unternehmen mit unabhängig geführten Pflanzen- und Tierproduktions-Betrieben, Verarbeitungs-Industrien für Pflanzen- und Tierprodukte, Landmaschinen-Reparatur und -Herstellung und anderem produzierenden Gewerbe und Bergbau, Bauwesen, Verkehr und Transport, Handel sowie Kultur-, Erziehungs- und wissenschaftlichen Forschungs-Einrichtungen. [...] In Schlachten zur Verteidigung der Grenzen spielte[n] sie [die Xinjiang Produktions- und Aufbau-Armee] auch eine wichtige Rolle." Loving Care and Gigantic Development, a. a. O., S. 9.

<505> A. a. O., S. 10.

<506> China's Minority Nationalities (1), Beijing 1984, S. 5 u. 268ff.

Verzeichnis der Übersichten

Verzeichnis der Schaubilder

Alphabetisches Verzeichnis der verwendeten Quellen und Literatur

1. Accelerate New Upsurge of Production in State Farms, in: **Gongren Ribao** (Worker's Daily), Peking, 18. Juli 1965, S. 3, englisch in: **Joint Publications Research Service, Translations on communist China's Food and Agriculture** No. 76, 24. Aug. 1965, S. 7-9.

2. A Look at China's State Farms--Their Organization and Finance, in: **Yong Jingji Banfa Guanli Nongken Qiye** (Use Economic Measures to Manage State Farms and Reclamation Enterprises), englisch in: **JPRS, CRA** Nr. 150, 2. Juli 1981, S. 1-6.

3. A Measure of Strategic Importance for All of Agriculture, in: **Renmin Ribao** (Volkszeitung), 15. Juli 1980, englisch in: **JPRS, CRA** Nr. 93, 30. Juli 1980, S. 1-4.

4. Application of Marginal Analysis to Improvement of Economic Effectiveness, in: **Zhongguo Nongken** (State Farms & Land Reclamation in China), Nr. 8/1982, S. 12f., englisch in: **JPRS, CRA** Nr. 233, 21. Okt. 1982, S. 42-46.

5. **Beijing Rundschau**, Beijing, (Wochenschrift).

6. Biehl, M.: **Die chinesische Volkskommune**, Hamburg 1965.

7. Broadbent, K.: **A Chinese/English Dictionary of China's Rural Economy**, Farnham Royal 1978.

8. Bureau of Planning, Ministry of Agriculture and Land Reclamation: General Condition of Agricultural and Reclamation Production Construction in China in 1981, in: **Zhongguo Nongken** (Chinese Agricultural Reclamation), Nr. 5, 24. Mai 1982, S. 3-5, englisch in: **JPRS, CRA** Nr. 219, 6. Aug. 1982, S. 101.

9. **Cartactual**, (Budapest), erscheint zweimonatlich.

10. **China Agriculture Yearbook** 1985. S. Editorial Board of China Agriculture Yearbook.

11. **China aktuell**, (Hamburg), Monatsschrift.

12. **China Daily**, (Beijing), Tageszeitung.

13. China Handbook Editorial Committee: **China Handbook Series, Economy**, Beijing 1984.

14. **China's Minority Nationalities** 1, Beijing 1984.

15. Chinn, D. L.: Diligence and Laziness in Chinese Agricultural Production Teams, in: **Journal of Development Economics**, (Cambridge, MA) 7. Nr. 3, Sept. 1980.

16. Chung Min Pang und De Boer, A. J.: Management Decentralization on China's State Farms, in: **American Journal of Agricultural Economics**, Ames/Iowa, 65. 1983, 4.

17. Dengs Reform in der chinesischen Armee, in: **Neue Zürcher Zeitung**, Nr. 165, 20./21. Juli 1986, S. 6.

18. Ding Lushu: Improving Economic Results Is an Important Current Problem in the Operation of State Farms, in: **Zhongguo Nongken** (Chinese Agricultural Reclamation), Nr. 10, 24. Okt 1980, S. 7-10, englisch in: **JPRS, CRA** Nr. 137, 7. Mai 1981, S. 3-6.

19. Disaster Situation Serious But Situation Good, in: **Zhongguo Nongken** (State Farms and Land Reclamation in China), Nr. 12, Dez. 1981, S. 2, englisch in: **JPRS, CRA** Nr. 199, 13. April 1982, S. 10-12.

20. Du Runsheng: Guter Anfang für die Reform des Wirtschaftssystems auf dem Lande, in: **Beijing Rundschau**, 18. Nr. 48, 1. Dez. 1981.

21. Editorial Board of China Agriculture Yearbook: **China Agriculture Yearbook 1985**, Beijing 1986.

22. Experimente in Chinas Landwirtschaft, in: **Neue Zürcher Zeitung**, Nr. 289, 12. Dez. 1980, S. 18.

23. Financial Contracts and the Production Responsibility System Have Mobilized The Enthusiasm of the Broad Number of Workers; the Yunnan State Farm System Turned Losses into Profits in One Year, in: **Renmin Ribao**

(Volkszeitung), 7. Aug. 1981, S. 1, englisch in: **JPRS, CRA** Nr. 170, 28. Okt. 1981, S. 40-41.

24. Forschungsgruppe für die landwirtschaftliche Entwicklung Chinas: Wirtschaftliches Wachstum und landwirtschaftliche Entwicklung, in: **Beijing Rundschau**, 23., Nr. 10, 11. März 1986.

25. Friedrichs, J.: **Methoden empirischer Sozialforschung**, Reinbek 1973.

26. Fu Shuben: Kenqu tuixing jingying chengbao zerenzhi huigu (Überblick über die Anwendung des Management-Systems der vertragsgebundenen Arbeits-Verantwortlichkeit), in: **Guoying nongchang changshi ziliao** (Dokumente der Entwicklung der Staatsgüter), o. O., 1984, S. 7ff.

27. General Condition of Agricultural and Reclamation Production Construction in China in 1981, in: **Zhongguo Nongken** (State Farms and Land Reclamation in China), Nr. 5, 24. Mai 1982, S. 3-5, englisch in: **JPRS, CRA** Nr. 219, 6. Aug. 1982, S. 101.

28. Great New Beginning Made After One Year's Practice of Responsibility System Assigning Responsibilities on a large Scale, in: **Zhongguo Nongmin Bao**, 16. Jan. 1983, S. 1f., englisch in: **JPRS, CRA** Nr. 252, 28. März 1983, S. 54-56.

29. Groen, H. J. und Kilpatrick, J. A.: China's Agricultural Production, in: Joint Economic Committee: **Chinese Economy Post-Mao**, Bd. 1, Washington 1978.

30. Guo Shutian: State Farms Must Take the Road of Integrated Agricultural, Industrial, and Commercial Operations, in: **Nongye Jingji Wenti** (Agrarökonomische Probleme), Nr. 5/1980, S. V21-V26, englisch in: **JPRS, CRA** Nr. 143, 5. Juni 1981, S. 2-6.

31. Guo Chunhua, China's State Farm and Land Reclamation Sector, in: **Almanach of China's Economy**, Hongkong 1982.

32. Guo Zhongshi: China's township enterprises thrive on export sales, in: **China Daily**, 6., Nr. 1590, Freitag, 29. August 1986, S. 1.

33. Guoying Nongchang Gongzuo Tiaoli (Arbeitsregeln für Staatsgüter), in: **Guoying Nongchang Jingji Guanli Xue Cankao Ziliao** (Nachschlagewerk für Verwaltungslehre der Staatsgüter), 1.-August-Universität für Staatsgüter Heilongjiangs, 1982.

34. **Heilongjiang Ribao**, 17. Aug. 1982, S. 1, englisch in: **JPRS, CRA** Nr. 242, 17. Dez. 1982, S. 27-28.

35. **Heilongjiang Sheng Guoying Nongchang Jingji Fazhan Shi** (Entwicklungsgeschichte der Wirtschaft der Staatsgüter Heilongjiangs), Harbin 1984.

36. Heilongjiang sheng guoying nongchang zongju (Generalamt für Staatsgüter der Provinz Heilongjiang): **Heilongjiang sheng guoying nongchang zongju qingkuang jieshao** (Kurze Darstellung des Generalamts für Staatsgüter der Provinz Heilongjiang), o. O. 1985.

37. Hu Yaobang: **China Youths Daily**, 1. September 1955, englisch in: **Tien, H. Y., a. a. O., S. 142f.**

38. Hu Yimin: Preliminary Remarks on Economic Accounting in State-Owned Farm Production Teams, in: **Zhongguo Nongken** (State Farms and Land Reclamation in China), Nr. 8 1982, S. 14f., englisch in: **JPRS, CRA** Nr. 234, 27. Okt. 1982, S. 21-24.

39. Improvement in Living Conditions, in: **Zhongguo Nongken** (Chinese Agricultural Reclamation), Nr. 5/1981, S. 14, englisch in: **JPRS, CRA** Nr. 157, 10. Aug. 1981, S. 13-14.

40. Intensification of Cost Management Is a Major Link in the Economic Management of Farms, in: **Zhongguo Nongken** (Chinese Agricultural Reclamation), Nr. 3, 24. März 1980, S. 5f., englisch in: **JPRS, CRA** Nr. 120, 29. Jan. 1981, S. 15-17.

41. International Liaison Department of the Research Centre for Rural Development of the State Council: **The**

Rural Economic and Social Statistics of China, o. O. o. J.

42. Investigation and Review Office of Guangdong Provincial CCP Committee General Office: Integrated Management of Agriculture, Industry, and Commerce Imperative, in: **Nanfang Ribao** (Südchinesische Zeitung), 18. März 1980, S. 1f., englisch in: **JPRS, CRA** Nr. 84, 27. Mai 1980, S. 17-22.

43. Ishikawa, S.: China's Food and Agriculture: Performance and Prospects, in: Reisch, E. M. (Hrsg.): **Agricultura Sinica**, Berlin 1982.

44. Jenner, W. J. F. u. Wilkinson, E. P. (Hrsg.), Mackerras, C., u. Chan, R.: **Modern China**, London 1982.

45. Jiang Dongping: Conscientiously Strengthen Management of Financial Affairs, Promote Farms, Reverse Losses, and Increase Profits, in: **Caizheng** (Finance), Nr. 5, 5. 5. 1980, S. 1ff., englisch in: **JPRS, CRA** Nr. 111, 19. Nov. 1980, S. 1-7.

46. **Jingji Guanli Jianming Cidian** (Kurzes Wörterbuch Wirtschaft und Betriebsführung), Taiyuan 1984.

47. **Jingji Yanjiu** (Wirtschaftsforschung), Nr. 2/1980, S. 12, zit. n. Hsu, R. C.: Agricultural Financial Policies in China, 1949-80, in: **Asian Survey**, (Berkeley), XXII., Nr. 7, Juli 1982.

48. Joffe, E.: The People's Liberation Army, in: **Wu, Yuan-li, a. a. O.**

49. Joint Economic Committee: China: **A Reassessment of the Economy**, Washington 1975.

50. Joint Economic Committee: **Chinese Economy Post-Mao**, Bd. 1, Washington 1978.

51. Joint Economic Committee: **People's Republic of China: An Economic Assessment**, Washington 1972.

52. **Joint Publications Research Service, China Report Agriculture (JPRS, CRA)**, Arlington, Virginia.

53. **JPRS, CRA.** S. Joint Publications Research Service, China Report Agriculture.

54. Kellerer, H.: **Statistik im modernen Wirtschafts- und Sozialleben**, Reinbek 1972.

55. König, H.: Ostforschung - Bilanz und Ausblick, in: **Osteuropa**, 25., Nr. 8/9 1975.

56. König, R.: **Handbuch der empirischen Sozialforschung**, Stuttgart 1973, Bd. 2.

57. Kong Qingzhi: State Farms in Various Places Adopt Various Forms of Joint Enterprises With Communes and Brigades To Enliven the Economy of the Farms and Develop Commune and Brigade Production, in: **Renmin Ribao** (Volkszeitung), 9. Juli 1980, S. 2, englisch in: **JPRS, CRA** Nr. 109, 6. Nov. 1980, S. 4-5.

58. Kraus, W.: **Wirtschaftliche Entwicklung und sozialer Wandel in der Volksrepublik China**, Berlin 1979.

59. **Kuaiji Cidian** (Wörterbuch des Rechnungswesens), Shanghai 1982.

60. Kuhlmann, F.: **Einführung in die Betriebswirtschaftslehre für den Agrar- und Ernährungsbereich**, Frankfurt 1978.

61. Kuo, L. T. C.: **The Technical Transformation of Agriculture in Communist China**, New York 1972.

62. Lei Yuxin, State Farms Today, in: **China Reconstructs**, Januar 1985.

63. Lei Yuxin, ohne Titel, in: **Zhongguo Nongken** (State Farms and Land Reclamation in China), Nr. 9, 24. Sept. 1981, S. 12f., englisch in: **JPRS, CRA** Nr. 178, 11. Dez. 1981, S. 7-10.

64. Li Fu-Chun: **Report on the First Five-Year Plan for Development of the National Economy of the People's Republic of China in 1953-57**, Peking 1955, englisch in: **Wu, Yuan-li, a. a. O., S. 811ff.**

65. Lingelsheim-Seibicke, W. von: **Das China-Geschäft heute und morgen**, Köln 1985.

66. Li Shixiong, Wang Jiyao u. Zhang Hongjun: Why Did Nanjiao Farm Increase the Yield But Harvest Less?, in: **Zhongguo Nongken** (Chinese Agricultural Reclamation), Nr. 1, 24. jan. 1981, S. 5, englisch in: **JPRS, CRA** Nr. 148, 25. Juni 1981, S. 6-8.

67. Liu Chenglie: Die Sanjiang-Tiefebene - eine Kornkammer Chinas, in: **China im Aufbau**, 8. Nr. 2 1985.

68. Liu Dizhong: State set to feed huge investment into food industry, in: **China Daily**, 5., Nr. 1291, Do., 12. Sept. 1985, S. 1.

69. Liu Guoguang: Ziele und Trends der chinesischen Preisreform, in: **Beijing Rundschau**, 23., Nr. 32, 12. August 1986.

70. Liu Liangyu, Kong Qingzhi u. Xia Hanxin: **Trial Operati of Integrated Agricultural, Industrial, and Commercial Enterprises**, englisch in: **JPRS, CRA** Nr. 144, 10. Juni 1981, S. 72-73.

71. Liu Liangyu: Much Greater Use Should Be Made of the Advantages of Agricultural Machanization in Reclamation Areas of Heilongjiang, in: **Zhongguo Nongken** (Chinese Agricultural Reclamation), Nr. 8, 24. Aug. 1980, S.6f., englisch in: **JPRS, CRA** Nr. 137, 7. Mai 1981, S. 15-18.

72. Liu Xiangqi: How To Do a Good Job of State Farm Readjustment; Notes Taken at Conference of Directors of State Farms and Land Reclamation Departments and Bureaus, in: **Ching-Chi Tao-Pao**, (Hongkong) 29. April 1981, S. 7, englisch in: **JPRS, CRA** Nr. 154, 23 Juli 1981, S. 57-60.

73. Louven, E.: Chinesische Wirtschaftsterminologie: Definitionen und Kompatibilitätsprobleme, Teil I; in: **China aktuell**, April 1983.

74. Loving Care and Gigantic Development, in: **Zhongguo Nongken** (Chinese Agricultural Reclamation), 24. Jan.

1980, S. 6ff., englisch in: **JPRS, CRA** Nr. 108, 30. Okt. 1980, S. 8-14.

75. Luce, R. D. u. Raiffa, H.: **Games and Decisions**, New York 1957.

76. Luo Fu: Die neuen Agro-Industriekombinate, in: **Beijing Rundschau**, Nr. 31, 5. Aug. 1980.

77. Machetzki, R.: Chinas Landwirtschaft: Wandel zur alten Form? in: **China aktuell**, (Hamburg), August 1986.

78. Mao Naishun und Ying Anli: Problems Concerning the Intensive Farming and Land Reclamation in Xinjiang, in: **Zhongguo Nongken** (State Farms and Land Reclamation in China), Nr. 3, 1982, S.26f., englisch in: **JPRS, CRA** Nr. 226, 16. Sept. 1982, S. 47-51.

79. Mao Naishun, ohne Titel, in: **Zhongguo Nongken** (State Farms and Land Reclamation in China), Nr. 9, 24. Sept. 1981, S. 10f., englisch in: **JPRS, CRA** Nr. 178, 11. Dez. 1981, S. 3-6.

80. Mao Tsetung: **Ausgewählte Werke**, Bd. 5, Peking 1978.

81. Ministry of State Farms and Land Reclamation: The Successful Experiments of Tuanshi Agriculture-Industry-Commerce Joint Enterprises of Zhejiang Province, in: **Jingji Guanli** (Economic Management), Nr. 7, 15. Juli 1980, S. 21f., englisch in: **JPRS, CRA** Nr. 102, 23. Sept. 1980, S. 16-20.

82. **National Programme for Agricultural Development 1956-1967**, Peking 1960.

83. Neuberger, E. u. Duffy, W. J.: **Comparative Economic Systems: A Decision-Making Approach**, Boston 1976.

84. Neuberger, E.: Libermanism, Computopia and Visible Hand: The Question of Informational Efficiency, in: **American Economic Review, Bd. 66**, Mai 1966, Nr. 2, Papers and Proceedings of the Seventyeighth Annual Meeting of the American Economic Association, New York, December 28-30, 1965, herausgegeben von Williamson, H. F. und Tait, G.

85. New Development of Province's State Farm and Land Reclamation Areas Following 3 Years of Readjustment and Restructuring; Structure of Agriculture Increasingly Rational Day by Day; Marked Rise in Economic Effectiveness; Rapid Development of Economic Diversification; and General Increase in Staff and Worker Earnings, in: **Heilongjiang Ribao** (Heilongjiang Tageszeitung), 17. Aug. 1982, S. 1, englisch in: **JPRS, CRA** Nr. 242, 17. Dez. 1982, S. 27-28.

86. Nie Lisheng: Reform of State farm system accelerates, in: **China Daily**, 4., Nr. 897, Montag, 11. Juni 1984, S. 1.

87. Nongkenbu caiwuju: **Guoying nongchang jingji huodong fenxi** (Analyse des Wirtschaftsablaufs von Staatsgütern), Beijing 1980.

88. Ou Yu: On the Question of Population Transfer and Land Reclamation, in: **Brilliance Daily**, 15. 1. 1957, englisch in: **Tien, H. Y., a. a. O., S. 145f.**

89. Perkins, D.: **Agricultural development in China**, Edinburgh 1969.

90. Perkins, D.: **Market Control and Planning in Communist China**, Cambridge 1966.

91. Petersen, W.: **Maos stählerne Transportlinien**, Augsburg 1977.

92. Planning Bureau of the Ministry of State Farms and Reclamation: National Agricultural Reclamation Achievements in 1980, in: **Zhongguo Nongken** (Chinese Agricultural Reclamation), Nr. 6, 24. Juni 1981, S. 2ff., englisch in: **JPRS, CRA** Nr. 165, 28. Sept. 1981, S. 1-5.

93. Popper, K. R.: **Der Zauber Platons, Die offene Gesellschaft und ihre Feinde, Band 1**, Bern 1957.

94. Promote the Commercial Development of Integrated Agricultural-Industrial-Commercial Enterprises by Properly Adjusting Inside-Outside Relationship, in: **Zhongguo Nongken** (Chinese Agricultural Reclamation), Nr. 9, 24.

Sept. 1980, S. 11, englisch in: **JPRS, CRA** Nr. 135, 29. Apr. 1981, S. 6-7.

95. Propaganda- und Handels-Abteilungen des Qindeli-Staatsguts in Heilongjiang, ohne Titel, in: **Renmin Ribao** (Volkszeitung), 24. Nov. 1979, S. 3., englisch in: **JPRS, CRA** Nr. 71, 22. 2. 1980, S. 29-32.

96. Qian Tiefang: State Farms and Land Reclamation, in: **Zhongguo Baike Nianjian 1980** (Yearbook of the Great Encyclopaedia of China, 1980), Beijing und Shanghai 1980, S. 336-363, englisch in: **JPRS, CRA** Nr. 144, 10. Juni 1981, S. 70-71.

97. Qiao Lin u. Dong Yunfu, ohne Titel, in: **Nongchang Jingji Guanli** (Staatsgüter-Betriebsführung), 3/1985.

98. Quanguo Nongken Gongzuo Huiyi: **Wenjian Zhi San, "Guoying Nongchang Zhigong Jiating Nongchang Zhangcheng (Shixing Zhangan) (Xiugai Gao)"** (Yi Jiu Ba Si Nian Jiu Yue Er Ri) [Gesamtchinesische Staatsgüter-Arbeitskonferenz: Dokument Nr. 3, "Staatsgüter-Familien-Betrieb-Statut (Versuchsentwurf, revidierte Fassung)", o. O., 2. Sept. 1984.].

99. Raise Management Levels in Grain, Oil, and Cotton Processing Industries, in: **Zhongguo Nongken** (State Farms and Land Reclamation in China), Nr. 11, 24. Nov. 1981, S. 21f., englisch in: **JPRS, CRA** Nr. 189, 10. Feb. 1982, S. 5-7.

100. Reclamation Area Economy Developing in the Direction of a Diversified Ownership System, in: **Heilongjiang Ribao**, 12. April 1982, S. 1, englisch in: **JPRS, CRA** Nr. 216, 27. Juli 1982, S. 16-17.

101. Reisch, E. M.: Faktoren und Komponenten der Entwicklung der chinesischen Landwirtschaft, in: **Reisch, E. M. (Hrsg.), a . a. O., S. 151-190.**

102. Reisch, E. M. (Hrsg.): **Agricultura Sinica**, Berlin 1982.

103. Resolutely Implement the Spirit of the 12th Party Congress: Fight to Open Up a New Situation in State Farms and Land Reclamation, in: **Zhongguo Nongken**

(State Farms and Land Reclamation in China), Nr. 10, 23. Okt. 1982, S. 56, englisch in: **JPRS, CRA** Jan./Feb. 1983, S. 22-25.

104. Richter D.: The Facts about Fertilizer, An in-depth look at the countryside's hottest commodity, in: **The China Business Review**, (Denville, N. J.), Januar-Februar 1985.

105. Roberge, F.: Great Leap Forward For West German China Trade, in: **Far Eastern Economic Review**, 3. Juli 1986, Advertisement Supplement.

106. Schran, P.: **The Development of Chinese Agriculture, 1950-1959**, Urbana 1969.

107. Schweizer, H.: **Sozialistische Agrartheorie und -praxis**, Bern 1972.

108. Shi Weigang: A Major Reform in the Fiscal System of Farm Reclamation Enterprises, in: **Zhongguo Nongken** (Chinese Agricultural Reclamation), Nr. 1, 24. Jan. 1980, S. 14, englisch in: **JPRS, CRA** Nr. 108, 30. Okt. 1980, S. 5-7.

109. Shu Daixin und Ju Bomin: The Problem of Seed Farms Consuming the Seeds They Produce Must Be Solved, in: **Beijing Xinhua Domestic Service**, englisch in: **JPRS, CRA** Nr. 106, 20. Okt. 1980, S. 4-5.

110. Simon, G.: Zeitgeschichtliche Sowjetunion-Forschung: Methoden- und Theorie-Probleme, in: Borcke, A. von und Simon, G.: **Neue Wege der Sowjetunion-Forschung**, Baden-Baden 1980.

111. Special Commentary on Improving Economic Efficiency in Enterprise Consolidation, in: **Zhongguo Nongken** (State Farms and Land Reclamation in China), 7/1982, S. 2f., englisch in: **JPRS, CRA** Nr. 233, 21. Okt. 1982, S. 1-5.

112. Staatliches Statistisches Büro: Kommuniqué über die Erfüllung des Volkswirtschaftsplans 1981, in: **Beijing Rundschau**, 19., Nr. 20, 18. Mai 1982.

113. [State-operated] Farms Should Handle Their Relationship With Commune-Brigades Well to March Forward Toge-

ther, in: **Zhongguo Nongken** (State Farms and Land Reclamation in China), Nr. 4, 24. Apr. 1982, S. 4ff., englisch in: **JPRS, CRA** Nr. 219, 6. Aug. 1982, S. 99.

114. State Statistical Bureau: China: **A Statistics Survey in 1985**, Beijing 1985.

115. Statistisches Zentralamt der VR China: Kommuniqué über die Erfüllung des Volkswirtschaftsplans 1980, in: **Beijing Rundschau** 18., Nr. 19, 12. Mai 1981.

116. Stavis, B.: **The Politics of Agricultural Mechanization in China**, Ithaca 1978.

117. Struggle to Achieve an Overall Improvement in the State Farm Economy, in: **Zhongguo Nongken** (Chinese Agricultural Reclamation), 29. Jan. 1980, S. 2f., englisch in: **JPRS, CRA** Nr. 108, 30. Okt. 1980, S. 1-4.

118. Summarize Experience and Promote Integration, in: **Zhongguo Nongken** (Chinese Agricultural Reclamation), Nr. 11, 24. Nov. 1980, S. 2f., englisch in: **JPRS, CRA** Nr. 135, 29. April 1981, S. 1-3.

119. Summarize Experiences; Add to Achievements; and Advance on the Crest of Victory, in: **Zhongguo Nongken** (State Farms and Land Reclamation in China), Nr. 9, 24. Sept. 1982, S. 2f., englisch in: **JPRS, CRA** Jan./Feb. 1983, S. 6-9.

120. Summarize Experience To Hasten Progress in Building Commercial Food Grain Bases, in: **Zhongguo Nongken** (Chinese Agricultural Reclamation), Nr. 1, 24. Jan. 1981, S. 5ff., englisch in: **JPRS, CRA** Nr. 148, 25. Juni 1981, S. 1-4.

121. Sun Panqi: How Has the Agricultural Reclamation System Turned From Protracted Losses To Profits?, in: **Jingji Guanli** (Wirtschaftsführung), Nr. 8, 15. Aug. 1981, S. 9ff., englisch in: **JPRS, CRA** Nr. 166, 5. Okt. 1981, S. 1-7.

122. Surls, F. M. u. Tuan, F. C.: China's Agriculture in the Eighties, in: **China under the Four Modernizations**, Bd. 1, Washington 1982.

123. **The China Business Review**, (Denville, N. J.), erscheint zweimonatlich.

124. **The China Quarterly**, (London), Vierteljahresschrift.

125. **The Constitution of the People's Republic of China**, (Promulgated for Implementation on December 4, 1982) Beijing 1983.

126. **The Important Documents of the First Plenary Session of the Chinese People's Political Consultative Conference, Peking 1949**, englisch in: Wu, Yuan-li: **China, A Handbook**, Newton Abbot 1973.

127. Tien, H. Y.: **China's Population Struggle**, Columbus 1973.

128. Tuan, F. C. und Crook, F. W.: **Planning and Statistical Systems in China's Agriculture**, Washington 1983.

129. United States Department of Agriculture: **China: Review of Agriculture in 1981 and Outlook for 1982**, Washington, D. C. 1982.

130. Wädekin, K.-E.: Agrarian Structures and Policies in the USSR, China and Hungary, in: Brada, J. C. u. Wädekin, K.-E.: **Socialist Agriculture in Transition**, Boulder, Colorado 1986.

131. Wädekin, K.-E.: "Contract" and "Normless" Labor in Soviet Farms: an Interpretation and Prognosis, in: **Radio Liberty Research**, 8. Feb. 1984.

132. Wädekin, K.-E.: **Die Bezahlung der Arbeit in der sowjetischen Landwirtschaft**, Berlin 1972.

133. Wädekin, K.-E.: **Die sowjetischen Staatsgüter**, Wiesbaden 1969.

134. Wädekin, K.-E.: **Sozialistische Agrarpolitik in Osteuropa, Bd. 2**, Berlin (West) 1978.

135. Wang Chen: China's State Farms - Production Bases of Farm and Animal Products, in: **Peking Review**, 28. 4. 1961.

136. Wang Fengzai: **Explanatory Statements on National Programme for Agricultural Development (Draft), 1956-1967**, S. 61f, englisch in: **Tien, H. Y., a. a. O., S. 144.**

137. Wang Peiwen: A Brief Discussion of Cost Management on State Farms, in: **Zhongguo Nongken** (State Farms and Land Reclamation in China), Nr. 10, 24. Okt. 1982, S. 20f., englisch in: **JPRS, CRA** Nr. 252, 28. März 1983, S. 86-89.

138. Wang Zhenliang: The Booming Agricultural-Industrial-Commercial Enterprises in State Farm, in: **Editorial Board of China Agriculture Yearbook, a. a. O.**

139. Wan Li: Über die Entwicklung der Warenproduktion auf dem Lande Chinas, in: **Beijing Rundschau**, 21. Jg., Nr. 9, 28. 2. 1984.

140. Wegener, I.: **Chinas neue Agrarpolitik**, Berichte des Bundesinstituts für ostwissenschaftliche und internationale Studien, 29-1981, Köln 1981.

141. Weggel, O.: Sozialismus - oder was sonst?, in: **China aktuell**, (Hamburg), August 1985.

142. We Must Run State Farms Well (I-ting yao pa kuo-ying nung-ch'ang kao-hao), in: **People's Daily** (Jen-min jih-pao), 20. August 1977, englisch in: **Chinese Economic Studies, Fall-Winter 1978-79 / Vol. XII**, No 1-2.

143. **Wörterbuch der Ökonomie, Sozialismus**, Berlin 1969.

144. Woodward, D.: A New Direction for China's State Farms, in: **Pacific Affairs**, Vancouver, 55. 1982, 2.

145. Wonnacott, T. H. u. Wonnacott, R. J.: **Introductory Statistics for Business and Economics**, New York 1977.

146. Wu, Yuan-li: **China, A Handbook**, Newton Abbot 1973.

147. Xiao Yu: The Reclamation of Wasteland and the Increase in Arable Land, in: **Planned Economy**, Nr. 2, 9. Februar 1958, S. 21-24, in englischer Übersetzung des ursprünglich chinesischen Textes wiedergegeben in: **Tien, H. Y., a. a. O., S. 152f.**

148. Xingluo qibu de guoying nongchang (Distribution of State Farms), in: **Zhongguo Nongken** (Chinese Agricultural Reclamation), Nr. 4, 24. April 1980, S. 28, englisch in: **JPRS, CRA** Nr. 116, 5. Jan. 1981, S. 2-3.

149. Xinjiang Production and Construction Army Wins New Victories in All Around Bumper Harvest and in Turning Losses into Profits, in: **Zhongguo Nongken** (State Farms and Land Reclamation in China), Nr. 1/1982, S. 5, englisch in: **JPRS, CRA** Nr. 212, 28. Juni 1982, S. 58-59.

150. Yeh, K. C., Agricultural Policies and Performance, in: **Wu, Yuan-li, a. a. O.**

151. Yu Guangyuan: Grundlegende Haltung zum sozialistischen Eigentum, in: **Beijing Rundschau**, 17., Nr. 49, 9. Dez. 1980.

152. Yu Xin: State Farm and Land Reclamation System To Have New Production Breakthroughs This Year, in: **Zhongguo Nongmin Bao** (Chinesische Bauernzeitung), 25. Feb. 1982, S. 1, englisch in: **JPRS, CRA** Nr. 206, 21. Mai 1982, S. 1-2.

153. Yu Xizhi: Our Province's State-Run Agricultural Reclamation Enterprises Have Established Many Forms of the Production Responsibility System; Reversing the Deficits of Many Years, Last Year a Profit of Over 1.3 Million Yuan Was Realized, in: **Shanxi Ribao** (Shanxi Tageszeitung), 5. Juli 1981, S. 3, englisch in: **JPRS, CRA** Nr. 165, 28. Sept. 1981, S. 34-35.

154. Zao Feng und Ding Lushu: Lecture 1, Character and Duties of State Farms, in: **Zhongguo Nongken** (Chinese Agricultural Reclamation), Nr. 2, 24. Feb. 1980, S. 31ff. englisch in: **JPRS, CRA** Nr. 115, 22. Dez. 1980, S. 1-5

155. Zao Xuezhi: State Farms Enterprises convert Losses into Profits, in: **Zhongguo Baike Nianjian 1980** (Yearbook of the Great Encyclopeadia of China, 1980), Beijing und Shanghai 1980, S. 336-363, englisch in: **JPRS, CRA** Nr. 144, 10. Juni 1981, S. 71-72.

156. Zhang Linchi: Need for Further Readjustments, in: **Zhongguo Nongken** (Chinese Agricultural Reclamation), Nr. 4 1981, S. 5, englisch in: **JPRS, CRA** Nr. 157, 10. Aug. 1981, S. 1-5.

157. Zhang Wenchong, Wang Jingrong u. Ban Yongfu: Why Do Economic Benefits Greatly Differ? An Investigation of Rice Costs for Two Production Teams, in: **Zhongguo Nongken** (Chinese Agricultural Reclamation), Nr. 7, 24. Juli 1980, S. 20f., englisch in: **JPRS, CRA** Nr. 136, 4. Mai 1981, S. 30-32.

158. **Zhongguo Dui Wai Jingji Maoyi Nianjian** (Außenhandels-Jahrbuch Chinas) 1984, Beijing 1984.

159. Zhongguo Nongken Nong Gong Shang Lianhe Zong Gongsi (China State Farms Corporation of Agriculture, Industry and Commerce (China AIC Corporation)) (Hrsg.): **Zhongguo Nongken Chanpin** (Produkte der chinesischen Staatsgüter), Beijing 1984.

160. **Zhongguo Nongye Nianjian** 1980 (Landwirtschafts-jahrbuch Chinas 1980), Beijing 1981.

161. **Zhongguo Nongye Nianjian** 1981 (Landwirtschafts-jahrbuch Chinas 1981), Beijing 1982.

162. **Zhongguo Nongye Nianjian** 1982 (Landwirtschafts-jahrbuch Chinas 1982), Beijing 1983.

163. **Zhongguo Nongye Nianjian** 1983 (Landwirtschafts-jahrbuch Chinas) 1983, Beijing 1984.

164. **Zhongguo Nongye Nianjian** 1984 (Landwirtschafts-jahrbuch Chinas 1984), Beijing 1985.

165. Zhu Qingyun u. Wang Nengchong: Integrated Enterprise Prospers, in: **Nanfang Ribao** (Südchinesische Zeitung), S. 1, englisch in: **JPRS, CRA** Nr. 77, 9. April 1980, S. 29-31.

Anhang:

Fragen der in Staatsgütern Heilongjiangs durchgeführten Interviews über Landwirtschaft und Staatsgüter Chinas

1. Wieviele Staatsgüter gibt es in China?

2. Wo befinden sich diese Staatsgüter und was produzieren sie?

3. Wie weit ist die Mechanisierung der Pflanzenproduktion in den Staatsgütern Chinas fortgeschritten? (PS/ha)?

4. Wie groß ist der Teil, den die Staatsgüter zur gesamten Agrarproduktion Chinas beitragen, und nimmt dieser Teil zu oder ab?

5. Strebt China an, Zahl und Fläche der Staatsgüter zu vergrößern oder zu verkleinern?

6. Um welchen Prozentsatz liegt die Produktivität der Staatsgüter über oder unter der der nicht-staatlichen Landwirtschaft?
   a) Arbeitsproduktivität
   b) Kapitalproduktivität
   c) Flächenproduktivität

7. Wird die nicht-staatliche Landwirtschaft in der Lage sein, die steigende Nachfrage nach Fleisch zu befriedigen, indem sie die dafür notwendige Verdopplung der Fleischproduktion herbeiführt?

8. Welchen Prozentsatz ihrer Erzeugung verkaufen die Staatsgüter auf dem Markt oder an den Staat?

9. Ist es in China gelungen, den individuellen Lohn der Staatsgüter-Arbeiter an deren individuellen Beitrag zur Produktion zu koppeln?

10. Ist die Errichtung moderner Nahrungsmittel-Industrie in Staatsgütern einfacher und billiger als in der nicht-staatlichen Landwirtschaft?

11. Ist Chinas eigene Futtergrundlage ausreichend, um die Fleischproduktion bis zum Jahr 2000 zu verdoppeln, wenn die Getreideproduktion bis dahin vermutlich nur um 50 Prozent steigen wird?

12. Würde es notwendig sein, große Mengen Futtergetreide zu importieren, um die Fleischproduktion zu verdoppeln?

13. Falls Futtergetreide importiert werden muß, wird dies in der nicht-staatlichen Landwirtschaft oder in den Staatsgütern veredelt werden?
Werden die Staatsgüter oder wird die nicht-staatliche Landwirtschaft importiertes Futtergetreide besser ausnutzen? Ist es ratsam, die Fleischproduktion ganz der nicht-staatlichen Landwirtschaft zu überlassen, obwohl Transport-, Verarbeitungs- und Lagerbedingungen auf dem Land ungünstig sind und durch Staatsgüter, die sich in Stadtnähe befinden, geschaffen werden können?

14. Werden Transport-, Verarbeitungs- und Lagereinrichtungen von Staatsgütern besser genutzt als von der nicht-staatlichen Landwirtschaft?

15. Ist es ratsam, die im Vergleich zu den Staatsgütern höhere Flächenproduktivität der nicht-staatlichen Landwirtschaft zum Anlaß zu nehmen, die nicht-staatliche Landwirtschaft als Vorbild zu betrachten, ohne zu bedenken, daß Nutzungskosten für landwirtschaftliche Arbeitskräfte bestehen, die in der Industrie produktiver als in der Landwirtschaft einzusetzen sind?

16. Wann wird China in der Lage sein, ohne Futterimporte seiner Bevölkerung 35 g Tierprotein pro Tag zu bieten? Ist es nicht sinnvoll, damit zu beginnen, jährlich zehn bis einhundert Millionen Tonnen Getreide zu importieren, falls China erst in ferner Zukunft in der Lage sein wird, aus eigener Produktion seiner Bevölkerung täglich 35 g Tierprotein pro Kopf zu bieten?

17. Ist es sinnvoll, auf große Getreide-Importe zu verzichten, aus Furcht, diese könnten durch ausländischen Einfluß unterbrochen werden?

18. Ist es ratsam, Chinas Industrie zu unterstützen, um Industriegüter zu exportieren und Futter- und Nah-

rungsmittel zu importieren, um komparative Vorteile zu nutzen oder ist es besser, Agrarprodukte zu exportieren, um Industriegüter zu importieren?